Musikvideo reloaded

acoustic studies düsseldorf

Herausgegeben von
Dirk Matejovski und Kathrin Dreckmann

Band 3

Musikvideo reloaded

Über historische und aktuelle Bewegtbildästhetiken zwischen Pop, Kommerz und Kunst

Herausgegeben von
Kathrin Dreckmann

d|u|p
düsseldorf university press

Dieser Sammelband wurde mit freundlicher Unterstützung durch die Anton-Betz-Stiftung der Rheinischen Post e. V. verwirklicht.

ANTON-BETZ-STIFTUNG
DER RHEINISCHEN POST EV.
GEMEINNÜTZIGER VEREIN ZUR FÖRDERUNG
VON WISSENSCHAFT UND FORSCHUNG
DÜSSELDORF

ISBN 978-3-11-072718-0
e-ISBN (PDF) 978-3-11-073062-3
e-ISBN (EPUB) 978-3-11-073070-8
ISSN 2702-8658
e-ISSN 2702-8666

Library of Congress Control Number: 2021934551

Bibliografische Information der Deutschen Nationalbibliothek
Die Deutsche Nationalbibliothek verzeichnet diese Publikation in der Deutschen Nationalbibliografie; detaillierte bibliografische Daten sind im Internet über http://dnb.dnb.de abrufbar.

d|u|p düsseldorf university press ist ein Imprint der Walter de Gruyter GmbH
Druck und Bindung: LSC Communications, United States
Cover-Credit: PerlaStudio/stock.adobe.com; Silvia Sunderer, Kommunkation & Design, Berlin
Redaktion und Satz: Bastian Schramm M. A.
Lektorat: Christoph Roolf M. A.
Übersetzungen: Özden Gülcicek (Filipczak), Markus Radermacher (Vernallis)

dup.degruyter.com

Für Dorota Filipczak (1963–2021)

Inhalt

Kathrin Dreckmann

Vorwort und Einführung

Im Musikfernsehen der 1980er Jahren erfuhr Audiovisualität – als eine intermediale Erfolgsstrategie, deren Wurzeln bis in vorhistorische Zeiten zurückreichen – eine neue Zuspitzung. Musikvideos, die zu Beginn vor allem als umsatzsteigernde Bebilderung von Pop-Songs verstanden wurden, waren plötzlich ständig für ein breites TV-Publikum verfügbar und führten zu einer Veränderung des Dispositivs Fernsehen und der Diskursstrategien von Popkultur. Die Theoretisierung des neuen Mediums ließ nicht lange auf sich warten. Im deutschsprachigen Raum wurde der frühe theoretische Diskurs – ausgehend von einer eigenen künstlerischen Praxis – vor allem durch den 1987 von Veruschka Bódy und Peter Weibel herausgegebenen Sammelband *Clip, Klapp, Bum: Von der visuellen Musik zum Musikvideo* geprägt. Diese Sammlung von innovativen Aufsätzen stellt eine der ersten Beschäftigungen mit dem Musikvideo dar, die es konsequent in eine Matrix zwischen Pop, Video, Kommerz und (Medien-)Kunst eingebettet hat. Dabei befassten sich die Beteiligten nicht nur theoretisch mit der Geschichte und Theorie des Musikvideos, sondern rückten das Musikvideo auch in den Kontext einer allgemeinen Geschichte der Audiovisualität und ihrer Ästhetik (vgl. Bódy und Weibel 1987). Besonders bemerkenswert sind die Beiträge von Peter Weibel und Dieter Daniels in jenem Band, da sie von vornherein die genrespezifische Durchlässigkeit dieses damals so neuen Mediums herausgearbeitet und erörtert sowie das Musikvideo als Medium aus seiner kulturindustriellen Verbrämung hervorgehoben und es als eigene Kunstform betrachtet haben (vgl. Weibel 1987; Daniels 1987). Dies war um 1987 nicht selbstverständlich, wie viele andere Publikationen aus der Zeit zeigen: Denn in der Regel wird gerade in den frühen Sammelbänden und in einigen Monographien eine kulturkritische Perspektive auf ein kulturindustrielles Produkt eingenommen (vgl. Fiske 1986; Kaplan 1987; Russel 1988; Goodwin 1992; Schmidt et al. 2009). Dass nun aber das Musikvideo in seiner ganzen Vielfalt ein hybrides und eben durchlässiges Medienformat ist, das jenseits der Musikkulturindustrie mehr ist als „bebilderte Musik“, also nicht nur illustrativen Charakter hat, nämlich ein eigenes Kunstwerk zwischen unterschiedlichen Gattungen und Formen darstellt, ist im laufenden Forschungsdiskurs erst sehr viel später und besonders prominent in den Arbeiten von Carol Vernallis herausgearbeitet worden. Sie beschreibt diesen Denkstilwandel beispielsweise wie folgt: „We used to define music video as a product of the record company in which images are put to a recorded pop song

https://doi.org/10.1515/9783110730623-001

in order to sell the song. None of this definition holds anymore“ (Vernallis 2013, S. 208).

Das Musikvideo ist in der Tat auch heute noch ein durchlässiges, nicht verlässliches Medium mit ganz eigenen Genres und Strukturen sowie eigenem künstlerischen Anspruch. Dies macht es umso schwieriger, einen gemeinsamen definitorischen Nenner zu finden. Genealogisch ließe sich ein medienarchäologischer Anfangspunkt schon bei den Brüdern Lumière setzen – oder noch früher, denn die Frage danach, wann das erste Mal darüber nachgedacht wurde, Musik und Bild miteinander zu verbinden, führt zurück bis zu den Cro-Magnon-Menschen und Höhlenbildern aus prähistorischen Zeiten. Ansetzen ließe sich auch bei dem zwischen Scharlatanerie und Visionismus angesiedelten deutschen Jesuitenmönch Athanasius Kircher, der um 1645 mit seiner Laterna magica ein primitives Projektionssystem entwarf, das Texte und Bilder an die Wand projizierte.

Durch Thomas Edisons medientechnische Experimente gerieten Bilder 1904 zum ersten Mal im heutigen Sinne in Bewegung. Darauf folgten bald die ersten Versuche mit künstlerischen Clip-Ästhetiken ohne Ton bei Walter Ruttmann, Viking Eggeling oder in den späteren Werbefilmen von Oscar Fischinger. Aus dieser Perspektive ist die Bewegtbildästhetik des Musikvideos deshalb immer auch schon ein Stück Avantgarde gewesen und mit ihr konstitutiv verbunden (vgl. Weibel 1987; Groos und Müller 1998; Zielinski 2010). So lässt sich sein Anfangspunkt sowohl in der Filmgeschichte als auch in der Geschichte der Clip-Ästhetik vom Soundie zum Werbeclip suchen (vgl. Rogers 2013). Genau diese medienarchäologischen Bezugnahmen auf die Gattungsgeschichte clipartiger Bewegtbildästhetiken sind es jedoch, die das Musikvideo bzw. den -clip schon sehr früh als ein künstlerisches, kommerziell erfolgreiches und auch durchlässiges Format begreifen lassen.

Diese Beobachtung deckt sich auch mit jüngeren wegweisenden Arbeiten zur Geschichte und Theorie des Musikvideos. So verweisen besonders die Untersuchungen von Holly Rogers auf die Mediengeschichte dieser Mediengattung, wenn sie die hybriden und transmedialen Strukturen des Musikvideos zwischen Film, Video und Art-Music verortet, etwa in ihrem Buch *The Music and Sound of Experimental Film* (Rogers 2017). Demnach sind intermediale Bezüge zu anderen Gattungen, Genres und Formaten und ihre gegenseitige Durchdringung Teil des genealogischen Prozesses, ob vom Film aus gedacht oder vom Format einer clip-ästhetischen Verarbeitungsstrategie.

Mathias Bonde Korsgaard greift diesen Gedanken auf, indem er über die „logic of remediation on many different levels“ des Musikvideos spricht und dessen „hybridized and intense stylistic expressions“ hervorhebt: „Music videos routinely resemble other media forms, including silent cinema [...], computer games [...], Google's search engine [...], concerts [...], and others." (Korsgaard 2013, S. 508). Das Konzept der Hybridisation beschreibt er wie Vernallis in Musik und Video als konstitutives definitorisches Element.

Geht es um die Frage nach der Durchlässigkeit und Durchdringung unterschiedlicher Bewegtbildästhetiken zwischen Musikvideos und anderen Formaten, hat Korsgaard über das transformierte Musikvideo nicht nur historisch, sondern auch für soziale Medien und deren Rezeptionspraktiken einen Zugang gefunden. Bei ihm heißt es:

> As with other areas of contemporary culture, music videos have long been involved in processes of media convergence and ‚participatory culture'; they have also accessed different media technologies, hybridized with other media forms, and functioned as part of cross promotional processes. But the new forms accelerate trend latent in the past
>
> (Korsgaard 2013, S. 507)

Der daraus resultierende Medienmix, der immer auch unter den Bedingungen veränderter historischer Rezeptions- und Produktionsbedingungen zu verstehen ist, zeichnet das Musikvideo nach seiner MTV-Hochzeit als eines aus, das durch veränderte Bild-Text-Musik-Relationen neue audiovisuelle Formen ermöglicht (vgl. Vernallis 2004).

Das Musikvideo ist spätestens seit der YouTube-Ära eines, das nicht mehr an medienspezifische technologische Rezeptionsbedingungen des Fernsehens gebunden ist, sondern sich unter den neuen Rezeptionsbedingungen von digitalen, sozialen Medien neu formiert hat und interaktive Partizipation ermöglicht: „Music videos appear in new and unexpected media, interactive games, and iPhone apps. A dizzying array of user-based content ranges from vidding and remixes to mashups. It still makes sense to call all these ‚music videos'" (Vernallis 2013, S. 208). Vernallis hebt sehr deutlich die Hybridisation des Musivideos hervor, und zwar schon seitdem es existiert:

> At the same time that we define music video inclusively and expansively, we may wish to restrict the focus. In the 30 years of music video, various sorts of ‚canon' have emerged. We can see why it is useful to flag some musicians' and directors' bodies of work, as well as particular historical moments. It is hard to be rigorous about what exactly is within this genre, and what is an outlier.
>
> (Vernallis 2013, S. 209)

Die Offenheit von Genrestrukturen, Gattungszuweisungen und „remediations" vergleicht Vernallis mit Wittgensteins „idea that genres are made up of family resemblances" (ebd.). Sie nimmt dabei die Tradition des Clips, des Films und des Videos auf. Dies ist nicht nur auf die Gattungen und Genres bezogen, sondern auch auf die Inhalte, die aufeinander verweisen, historisch geworden sind und in aktuelle Produktionen einbezogen werden.

Bemerkenswert ist, dass eben auch in popkulturellen Produktionen solche Hybridstrukturen selbst mitgedacht wurden und einzelne Musikvideoproduktionen auf das Genre und seine Geschichte selbst verweisen. Popkulturelle Stars wie David Bowie oder Madonna haben dies stets auch mitbedacht (vgl. Perrot 2019), indem etwa bei Bowie direkt auf das triadische Ballett von Oscar Schlemmer verwiesen wird – man denke an Bowies Ziggy Stardust-Jumpsuit von Kansai Yamamoto aus dem Jahre 1973: „Bowie's legacy to the realms of fashion, art and subculture can be credited in part to the inspiration he gleaned from the Italian performance troupe Commedia del'arte, which provided rich material for Bowie's allegorical use of the figure of Pierrot across his oeuvre" (Perrot 2019, S. 194). Seine Zitationen aus dem Bereich der Performance-Kunst und der Mode wurden ebenso durch die Literatur (Dandyism à la Oscar Wilde) wie auch durch den Science-Fiction-Film inspiriert. Ebenso bezieht er sich auf die Bildende Kunst:

> Bowie collected a broad array of art, including German expressionist paintings, modern British art, contemporary African Art, sculptural assemblages of found objects, postmodernist furniture and an Italian designed radiophonograph. His collection included works by Jean-Michel Basquiat, Pablo Picasso and Frank Auerbach.
>
> (Perrot 2019, S. 194)

In unterschiedlichen hybriden Musikvideo-Ästhetiken werden demnach narrativ, performativ oder assoziativ Bildfolgen (vgl. Lilkendey 2016; Korsgaard 2013) montiert, die genau unter diesen Voraussetzungen auf einen Kanon von Texten, Videos, Filmen und Clips, aber auch Haltungen, Posen, Formeln oder Körpern verweisen (vgl. Keazor und Wübbena 2010; Brandl-Risi et al. 2012; Bredekamp 2010). Somit ergibt sich eben auch eine performative, theaterwissenschaftliche und kunsthistorische Perspektive auf den darstellenden Körper. Denn: Durch performative Bezugnahmen beziehen sich einzelne Performer*innen auf Posen und Formen der Zeit der Bewegung, die körperlich gestaltet wird, sei es durch einen Bewegungsfluss, der unterbrochen wird, durch eine „Pose, die durch eine Geste verdichtet ist" (vgl. Brandl-Risi et al. 2012, S. 25), oder durch ein den Körper begleitendes Sprechen über das, was er darstellen soll, oder schließlich eine Körperhaltung eines Menschen, die auf eine Einstellung hinzuweisen hat.

So ist es die darstellende Person selbst, die gleichsam in Videokunst und Musikvideo auftritt, präsent und darüber hinaus stets auch jemand ist, der ein körperliches Sich-Zeigen ermöglicht (vgl. Brandl-Risi et al. 2012). Kunstwissenschaftlich zeigt eine bestimmte Pose den Körper in narrativen oder assoziativen

Gefügen, wobei sie häufig auch als Nachbildung eines kulturellen Bildrepertoires zu interpretieren ist. Mehr noch als das zu dechiffrierende Zeichen der Bildzitate sind es schließlich der Star selbst oder eben sein Körper, der einen Effekt produziert, der laut dem Poptheoretiker Diedrich Diederichsen (2017) indexikalisch ist. Auf diese Weise stellen sich an die hybride Bewegtbildästhetiken des Musikvideos nicht nur Fragen, die in den Performance Studies, der Theaterwissenschaft und der Kunstwissenschaft debattiert werden (vgl. Haustein 2003; Lazzarato 2019), sondern sie lassen sich mit den Dimensionen der audiovisuellen Ästhetik verknüpfen, die im Musikvideo zu sich selbst kommt.

In dieses kurz skizzierte Forschungsfeld möchte sich der vorliegende Sammelband einordnen und daran anschließen. Er ist wie folgt aufgebaut:

Zunächst werden im Beitrag von Peter Weibel die fundamentalen Zusammenhänge von Musik, Mathematik und Medien in den Blick genommen. Ausgehend von einer historischen Perspektive auf die Genealogie des Musikvideos mitsamt seinen ästhetischen sowie epistemologischen Eigenheiten, rekonstruiert er das Zusammenspiel dieser drei Paradigmen. Dabei werden neben Beispielen aus der Geschichte des experimentellen Films auch aktuelle Bezüge zu den Praktiken der Medienkunst herausgearbeitet. Diese Positionsbestimmung dient Weibel dann als Ausgangspunkt, um mögliche künftige Entwicklungen des Genres Musikvideo zu diskutieren.

Dieter Daniels fasst in seinem Beitrag aktuelle Thesen zur Videospezifik des Musikvideos zusammen. Er betrachtet das Video als erstes genuin audiovisuelles Medium, indem er akustische und visuelle Informationen gleichermaßen als elektrische Signale identifiziert und verarbeitet sieht.

Die Kunstwissenschaftlerin Renate Buschmann verortet in der Frage nach der Popularisierung und Kommerzialisierung von Videokunst durch das Format Musikvideo die Videokunst als hoch entwickelte Werbevideos. In ihrem Beitrag vertritt sie die These, dass das Musikvideo nicht ausschließlich im auf Unterhaltung und Werbeeffekten ausgerichteten Musikfernsehen stattgefunden habe. Musikvideos seien vielmehr auch Teil einer medialen Alternativkultur gewesen.

Die Medienkulturwissenschaftlerin Ann-Kathrin Allekotte behandelt aktuelle zeitgenössische Musikvideo-Produktionen vor dem Hintergrund der Frage nach Gegenkultur und Subversion. Sie sieht das Musikvideo nicht nur als Werbemittel oder Verbreitungsweg für Musik, sondern auch als ein Medium für gesellschaftliche und politische Botschaften, das gerade im Dispositiv digitaler Medien neue Relevanz erlangt.

Die Literaturwissenschaftlerin Dorota Filipczak widmet sich in einer Einzelfallanalyse der Figur „Alice“ im Wunderland der Avantgarde, verarbeitet in *Streets Fell Into My Window* von The Red Paintings. Sie vertritt die These, dass eine angemessene Würdigung der Intertextualität in Musikvideos nur stattfinden kann, wenn anerkannt wird, dass sie nicht nur Material aus anderen Videos sowie aus der klassischen und populären Musik entlehnen, sondern sie auch aus filmischen und literarischen Werken zitieren.

Die Musikwissenschaftlerin Anna Schürmer wendet sich in ihrem Beitrag den Potentialen der Bebilderung akustischer Visionen der Neuen Musik zu. Sie identifiziert eine mit dem Musikvideo aufgewachsene Generation von Musiker*innen als Vertreter*innen einer hybriden Epochenästhetik, die sich an der intersektionalen Schnittstelle von Musikvideo und Medienmusik bewegt.

In einem Beitrag der Herausgeberin des vorliegenden Bandes geht es um den von Susan Sontag geprägten Begriff des „Camp" und die darin angelegte Frage nach Zitationslogiken, die sich aus dem Konzept „Camp" ergeben. Es wird ein Transfer von Motiven ausgehend von Oskar Schlemmer über David Bowie hin zum Auftritt der schwarzen Musikerin Janelle Monáe im Jahre 2019 auf der MET-Gala nachgezeichnet. Die Herausgeberin geht davon aus, dass die Rezeption des „Camp"-Konzepts von Susan Sontag exemplarisch für die popkulturelle Wanderung von Signifikantenketten steht, die sich an den vorgestellten Beispielen nachvollziehen lässt.

Der Medienwissenschaftler Michael Fleig nimmt Musikvideos der Regisseure Michel Gondry und Spike Jonze in den Blick. Er arbeitet anhand der Videos die spezifischen ästhetischen und diskursiven Merkmale heraus, die dazu führen, dass die Regisseure nicht nur als solche wahrgenommen werden, sondern vielmehr als Auteurs des Musikvideos – ein Begriff der den diskursiven Rahmen für Fleigs Beitrag setzt und ihn in Bezug auf die Einordnung anderer Regisseur*innen anschlussfähig macht.

Die Medienwissenschaftlerin Naomie Gramlich analysiert in ihrem Beitrag die Inszenierung von Reichtum in Hip-Hop-Musikvideos von Schwarzen Künstler*innen aus einer intersektionalen Perspektive von *race*, Gender, Sexualität und Klasse am Beispiel von Musikvideos der Rapperin Young M.A. Die aus dem Gangsta-Rap entlehnte Ästhetik des „Bling-Bling" sieht sie in diesem Fall mit Konzepten von weiblicher Männlichkeit sowie von *Weißsein* als Besitz verknüpft.

Die Theaterwissenschaftlerin Maren Butte widmet sich dem Verhältnis zwischen den kulturellen Formen Musikvideo und Melodrama. Ihre These lautet, dass das Musikvideo und das Melodramatische eine Form der medien-technisch und performativ bedingten Audiovision teilen. Sie ist insofern „mehr als bebilderte Musik", als bewegte Bilder und Musik sich nicht addieren, sondern sich gegenseitig transformieren und einen spezifischen affektiven Wahrnehmungsmodus ermöglichen.

Der Kommunikations- und Medienwissenschaftler Simon Rehbach hat Sportrepräsentationen im Medium Musikvideo untersucht. Dabei untersucht er die Rolle von Faktoren wie Audiovisualität, Intermedialität und Kommerzialität und ihre Wechselwirkung mit der Darstellung von Sportmotiven. Er geht davon aus, dass das Musikvideo eine motivische und stilistische Vielfalt bei der Inszenierung von Sport zeigt, die dem Film in Nichts nachsteht.

Der Band wird von einem Beitrag der US-amerikanischen Musikvideoforscherin Carol Vernallis beschlossen. In ihren einschlägigen Monographien *Experiencing Music Video. Aesthetics and Cultural Context* (2004) und *Unruly Media. Youtube, Music Video, and the New Digital Cinema* (2013) legte sie Grundlagen für die medienkulturwissenschaftliche Musikvideoforschung. In ihrem Beitrag geht sie nun einen Schritt weiter und stellt Überlegungen zur Frage der grundsätzlichen Positionierung des Formats Musikvideo im Feld aktueller Bewegtbildästhetiken an. Sie fragt danach, was audiovisuelle Produktionen wie Musikdokumentationen zwischen TikTok und Carpool Karaoke zur Imagebildung der Musiker*innen beitragen. Dabei werden beide Formen in den Blick genommen – sowohl der klassische Musikdokumentarfilm als auch die neuen Formen popkulturell-medialer Selbst- und Fremddarstellung von Stars in sozialen Medien und auf On-Demand-Videoplattformen. Es wird aufgezeigt, wie diese neuen Formate den spezifischen gesellschaftlichen Erfordernissen und Funktionen des Starkultes angepasst sind und diesen in der Umkehrung auch verändern.

Mein Dank gilt der Anton-Betz-Stiftung der Rheinischen Post, die diese Publikation finanziell unterstützt. Ein großes Dankeschön geht an Bastian Schramm für seine wertvolle redaktionelle Mitarbeit am Sammelband. Christoph Roolf danke ich ganz herzlich für das unermüdliche Lektorat aller Beiträge. Silvia Sunderer gilt mein Dank für die Entwicklung des Cover-Designs für das vorliegende Buch. Ganz besonders danke ich Anne Sokoll, die der Herausgeberin als umsichtige und erfahrene Ansprechpartnerin beim De Gruyter Verlag mit klugen Hinweisen und Ratschlägen zur Seite stand.

Der plötzliche Tod von Dorota Filipczak Anfang 2021 hat die Musikvideoforschung persönlich und wissenschaftlich zurückgeworfen. Während der Vorbereitung dieses Bandes und eines Netzwerkes, das zwischen Łódź und Düsseldorf kooperieren wollte, haben wir eine sehr gute Wissenschaftlerin und Freundin verloren. Aus diesem Grund ist ihr dieser Band gewidmet.

Die Herausgeberin
Düsseldorf im Januar 2021

Medienverzeichnis

Literatur

Bódy, Veruschka und Peter Weibel. Hrsg. 1987. *Clip, Klapp, Bum. Von der visuellen Musik zum Musikvideo*. Köln: DuMont Buchverlag.

Brandl-Risi, Bettina, Gabriele Brandstetter und Stefanie Diekmann. Hrsg. 2012. Posing Problems. Eine Einleitung. In *Hold it! Zur Pose zwischen Bild und Performance*, hrsg. dies., 7–21. Berlin: Theater der Zeit.

Bredekamp, Horst. 2010. *Theorien des Bildaktes. Frankfurter Adorno-Vorlesungen 2007*. Berlin: Suhrkamp Verlag.

Daniels, Dieter. 1987. Die Einfalt der Vielfalt. Ein fiktives Selbstgespräch. In *Clip, Klapp, Bum. Von der visuellen Musik zum Musikvideo*, hrsg. Veruschka Bódy und Peter Weibel, 165–180. Köln: DuMont Buchverlag.

Diederichsen, Diedrich. 2017. *Körpertreffer. Zur Ästhetik der nachpopulären Künste*. Berlin: Suhrkamp Verlag.

Fiske, John. 1986. MTV: Post-Structural, Post-Modern. *Journal of Communication Inquiry* 10 (1): 74–79.

Goodwin, Andrew. 1992. From Anarchy to Chromakey. Developments in *Music Television*. In *Dancing in the Distraction Factory: Music Television and Popular Culture*, hrsg. ders., 24–48. Minneapolis: University of Minnesota Press.

Groos, Ulrike und Markus Müller. 1998. *Make It Funky. Crossover zwischen Musik, Pop, Avantgarde und Kunst*. Köln: Oktagon.

Haustein, Lydia. 2003. *Videokunst*. München: C.H. Beck.

Kaplan, E. Ann. 1987. *Rocking Around the Clock: Music Television, Postmodernism, and Consumer Culture*. New York: Methuen.

Keazor, Henry und Thorsten Wübbena. Hrsg. 2010. *Rewind, Play, Fast Forward. The Past, Present and Future of the Music Video*. Bielefeld: transcript Verlag.

Korsgaard, Mathias Bonde. 2013. Music Video transformed. In *The Oxford Handbook of New Audiovisual Aesthetics*, hrsg. John Richardson, 501–517. New York: Oxford University Press.

Lazzarato, Mauricio. 2019. *Videophilosophy. The Perception of Time in Post-Fordism*. New York: Columbia University Press.

Lilkendey, Martin. 2016. *100 Jahre Musikvideo. Eine Genregeschichte vom Frühen Kino bis Youtube*. Köln: transcript Verlag.

Perrot, Lisa. 2019. The alchemical union of David Bowie and Floria Sigismondi: 'Transmedia surrealism' and 'loose continuity'. In *Transmedia Directors. Artistry, Industry and New Audiovisual Aesthetics*, hrsg. Carol Vernallis et al., 194–220. New York/London/Oxford: Bloomsbury Press.

Rogers, Holly. 2013. *Sounding the Gallery: Video and the Rise of Art-Music*. Oxford: Oxford University Press.

Rogers, Holly. 2017. *The Music and Sound of Experimental Film*. Oxford: Oxford University Press.

Russel, Sanjek. 1988. *American Popular Music Business in the 20th Century. The First Four Hundred Years, Volume III: From 1900–1984*. New York: Oxford University Press.

Schmidt, Axel, Klaus Neumann-Braun und Ulla Autenrieth. Hrsg. 2009. *Viva MTV! reloaded: Musikfernsehen und Videoclips crossmedial*. Baden-Baden: Nomos.

Vernallis, Carol. 2004. *Experiencing Music Video. Aesthetics and Cultural Context*. New York: Columbia University Press.

Vernallis, Carol. 2013. *Unruly Media. Youtube, Music Video, and the New Digital Cinema*. Oxford: Oxford University Press.

Weibel, Peter. 1987. Von der visuellen Musik zum Musikvideo. In *Clip, Klapp, Bum. Von der visuellen Musik zum Musikvideo*, hrsg. Veruschka Bódy und Peter Weibel, 53–163. Köln: DuMont Buchverlag.

Zielinski, Siegfried. 2010. *Zur Geschichte des Videorekorders*. Polzer: Potsdam.

Teil I: Zur Epistemologie und Medienarchäologie des Musikvideos

Peter Weibel

Musik, Mathematik und Medien

Abstract: Dieser Beitrag nimmt die fundamentalen Zusammenhänge von Musik, Mathematik und Medien in den Blick. Ausgehend von einer historischen Perspektive auf die Entstehung des Genres Musikvideo, seinen ästhetischen sowie epistemologischen Eigenheiten rekonstruiert er das Zusammenspiel dieser drei Aspekte. Dabei werden neben Beispielen aus der Geschichte des experimentellen Films auch aktuelle Bezüge zu den Praxen der Medienkunst herausgearbeitet. Diese Positionsbestimmung dient dann als Ausgangspunkt, um mögliche zukünftige Entwicklungen des Genres Musikvideo zu diskutieren.

Schlüsselwörter: Musik, Mathematik, experimenteller Film, optische Musik, Synästhesie, Avantgarde

Bereits im Werk des Medienwissenschaftlers Friedrich Kittler heißt es, dass die Musik dem Geiste der Mathematik und, umgekehrt, die Mathematik dem Geist der Musik entstamme (vgl. Kittler 1987, S. 11f. und 213f.). Erstaunlicherweise hat er jedoch als Medientheoretiker die Frage der Medien in Bezug auf die Musik komplett ausgelassen. Musik und Mathematik haben eine jahrhundertelange Beziehung. Dabei wird jedoch häufig übersehen, dass dieses Verhältnis von Musik und Mathematik durch die Medien auf ganz neuartige Weise erweitert, reformiert und radikalisiert wurde. Dabei spielt insbesondere die Medialität von audiovisuellen Praktiken eine Rolle.

Mit einer Rückschau auf 2000 Jahre Musikpraxis und Musiktheorie soll in diesem Beitrag ein Vorschlag formuliert werden, wie die Erweiterung der Gleichung Musik und Mathematik um Medien in den nächsten 100 Jahren aussehen könnte. Musikvideos und Videokunst haben bei dieser Erweiterung in der Vergangenheit eine zentrale Rolle gespielt. Sie ist in vier Etappen erfolgt. Die erste Etappe war durch Synästhesie gekennzeichnet. Um 1900 haben Maler*innen und Musiker*innen entdeckt, dass es Korrespondenzen zwischen dem visuellen und dem auditiven Code gibt. In seinem berühmten Vokale-Sonett „Voyelles" (1871) hat Arthur Rimbaud den Vokalen Farben zugeordnet. Synästhetische Wahrnehmungen sind rein subjektive Empfindungen, die sich auf die Analogie von Formen und Farben einerseits und Klängen und Tönen andererseits beziehen. Man spricht daher von Klangfarbe und Farbklängen. Diese Korrespondenzen beruhen jedoch nicht auf mathematischer oder naturwissenschaftlicher Erkenntnis. Man spricht daher von Klangfarbe und Farbklängen. Maler wie Wassily Kandinsky

https://doi.org/10.1515/9783110730623-002

und Komponisten wie Arnold Schönberg, Mikalojus Konstantinas Čiurlionis und Alexander Skrjabin stehen für das Programm der Synästhesie, die ehestens physiologisch begründbar ist. Auch heute versuchen wir noch, Musik durch Formen und Farben zu bebildern und sie auf abstrakte und figurative Art und Weise zu erweitern, wie zum Beispiel in den Filmen der Disney Company wie *Fantasia* (1940) und *Fantasia 2000* (1999).

Nach der ersten Etappe, der Synästhesie, kommt mit dem Film, dem bewegten Bild, die zweite Etappe: die Synchronisation. 1913 gab es erste Entwürfe zu abstrakten Musikfilmen ohne Ton namens *Rhythme Coloré* (Léopold Survage), also der kolorierte Rhythmus (Selwood 1985, S. 237). Es vollzog sich ein Wandel von Rhythmus in Farbe zu Rhythmus in Licht bis hin zum bewegten Lichtbild. Die absoluten abstrakten Filme der 1920er Jahre werden Lichtspiele genannt, beispielsweise *Opus I* (1921) und *Opus II* (1923) von Walter Ruttmann, bei denen es sich um die ersten abstrakten, autonomen Filme handelte. In der bildenden Kunst und der Filmkunst haben sich Künstler wie Hans Richter oder Oskar Fischinger weniger mit Synästhesien als vermehrt mit der Synchronisation von Bild und Ton beschäftigt – oder eben mit Synchromie (Chromos=Farbe), also das Synästhesieren von Musik durch Farben und Formen mit Hilfe von Analogien (vgl. Weibel 1987, S. 80ff.). Der Stummfilm der 1920er Jahre wurde von Live-Musik begleitet, bevor in den 1930er Jahren der Begriff der „visuellen Musik" entstand (vgl. Weibel 1987, S. 89). Jahrzehntelang wurde abstrakt, figurativ oder auch narrativ visuelle Musik gemacht, d.h. Filme, in denen visuelle Formen zeitlich wie in der Musik und nicht räumlich wie in der Malerei komponiert wurden. Aus dieser visuellen Musik ging in den 1970er Jahren das narrative Musikvideo hervor (vgl. Weibel 1987, S. 89–140). Die Filmemacherin Mary Ellen Bute hat hier eine besondere Rolle gespielt. Sie hatte schon in den 1930er Jahren Begriffe wie „Seeing Sound" und „Visual Music" verwendet, die auf die Korrespondenz von Sehen und Hören verweisen (vgl. Bute 1930–1945). Der Ausdruck „expanded cinema" wird Gene Youngblood zugeschrieben und auf 1970 datiert. Es war aber Mary Ellen Bute, die ihn als erste in ihrem Aufsatz von 1936 verwendete (Weibel 1987, S. 89). Bereits in ihrem ersten Film *Rhythm in Light* (1935) lässt sich diese Expansion erkennen. Man sieht den Rhythmus, das musikalische Motiv.

Die dritte Etappe ist geprägt von Schnittstellen. Schnittstellen oder Interfaces können in diesem Fall als Geräte verstanden werden, die die Korrespondenz zwischen Musik und Mathematik durch mediale Schnittstellen regeln. Die Verbindung zwischen Musik und Bild wird also nicht durch Analogien von Farbe und Ton hergestellt, sondern aufgrund von naturwissenschaftlichen bzw. mathematischen und physikalischen Beziehungen. Eigentlich sollte nicht zwischen Mathematik und Physik unterschieden werden. Unbemerkt von der Öffentlichkeit verhält es sich nämlich so, dass seit 100 Jahren die Physik rein mathematisch definiert wird (Newton 1687). Joseph-Louis Lagranges Hauptwerk *Analytical Mechanics* (1811) behauptet, dass die Gesetze der Welt nur durch rein algebraische Operationen beschrieben werden können. Er schreibt im Vorwort, dass sein Buch weder Bilder noch Diagramme benötige, weil seine algebraische numerische Methode keinerlei Illustration benötige (vgl. Langrange 1997, S. 7).

Musik ist ein formales System, das durch formale Regeln wie die der Harmonielehre oder Dodekaphonie bestimmt wird. Doch alles, was durch Regeln formalisierbar und analysierbar ist, kann schlussendlich auch in Mechanik, etwa ein Klavier, verwandelt werden. Dies ist das Hauptmotiv der dritten Phase: nämlich, dass Menschen Schnittstellen bauen, die das Erzeugen von Bildern und Tönen auf naturwissenschaftlicher und mathematischer Basis regeln. Das, was in der Musiktheorie formalisiert wurde, kann daher nun auch mechanisiert werden. Das Klavier ist der erste Zeuge dieser Tätigkeit, denn das Klavier ist so gesehen das erste mechanische Gerät, die Hardware, und die Software ist die Notation, der Programmcode.

Was hier gelungen ist, leitet die vierte Phase ein, die Synthetik, eine Form der digitalen Synästhesie beziehungsweise Musik als digitaler Code. Als Beispiel können hier Live-Coding-Konzerte angeführt werden. Dort ist zu beobachten, wie die Künstler*innen auf der Bühne live programmieren. Die Programmiersprache, der Code, ist auf einer Leinwand projiziert zu sehen, und gleichzeitig lassen sich die Töne und visuellen Muster hören und sehen, die aus dieser Programmierung entstehen. Die Verknüpfung zwischen visuellen Mustern und akustischen Mustern geschieht nicht mehr durch intuitive, subjektive Analogien, sondern ergibt sich aufgrund des Codes. Deshalb wird heute auch nicht mehr von einer Rave-Party, sondern von einem „Algo-Rave" gesprochen, also einer gewissermaßen algorithmisch kontrollierten Rave-Party. Musiker*innen und Künstler*innen wie Carsten Nicolai oder Ryōji Ikeda und viele andere führen uns diese neue Beziehung von Musik und Mathematik durch die neuen Medien und insbesondere durch digitale Technologien vor Augen.

Es gibt einen Satz von Gottfried Wilhelm Leibniz, dessen Bedeutung für das Verständnis von Musik in der Gegenwart und Zukunft nicht hoch genug eingeschätzt werden kann, denn nach Leibniz gilt: „Die Musik ist eine verborgene arithmetische Übung des Geistes, der nicht weiß, dass er zählt."[1]

---

1 So heißt es in einem Brief an Christian Goldbach: „Musica est exercitium arithmeticae occultum nescientis se numerare animi" (vgl. Leibniz 1768, S. 437).

Folgt man dieser Aussage, handelt es sich bei Musik um eine arithmetische Operation, die jedoch für den Verstand unbewusst bleibt. Das ist eine sehr passende Definition dessen, was heute in der digitalen Kultur zu erleben ist. In diesem Kontext ist auch bemerkenswert, was bereits Filippo Tommaso Marinetti in seinem Manifest *Der geometrische und mechanische Glanz und die numerische Sensibilität* von 1914 beschrieben hat. Er ahnte damals schon, dass Musik wie auch die Malerei nichts anderes als Ausdruck einer numerischen Sensibilität sind. Auch die heutige Technologie ist der Ausdruck einer numerischen Sensibilität. Alles, was sich formalisieren lässt, ist auch mechanisierbar und berechenbar. Man kann gewissermaßen die numerische Sensibilität, die sich in Zahlen formalisieren lässt, also die Mathematik, in Mechanik verwandeln, d.h. in Malerei und Musik, und schließlich die Töne und Bilder mit dem Computer errechnen und synthetisch erzeugen.

Die westliche Musik hat sich bis in das 20. Jahrhundert vor allem auf zwölf Hauptintervalle beschränkt. Diese lassen sich durch einfache mathematische Operationen abbilden und gehen, folgt man einer historischen Anekdote, auf Experimente des antiken Vorsokratikers Pythagoras von Samos zurück, der mit einem Monochord, einem einsaitigen Instrument, die sonischen Effekte der Längenverhältnisse von schwingenden Saiten untersucht haben soll. Das ist der mathematische Ursprung aller Musik, und gleichzeitig lassen sich so auch die allgemein anerkannten Harmonieverhältnisse in einem begrenzten Rahmen mathematisch erklären. Während alle Intervalle bis zur kleinen Sexte noch als harmonisch wahrgenommen werden, werden kleinere Intervalle wie die kleine Septime als disharmonisch bzw. Dissonanz erzeugend beschrieben. Im Laufe der Zeit wurden diese mathematischen Grundlagen der Musik immer mehr erweitert und die harmonische Proportion verfeinert und differenzierter.

Interessant wird diese mathematische Erklärbarkeit von harmonischen Verhältnissen mit der Zwölftontechnik Arnold Schönbergs. Dort gilt die Gleichberechtigung aller zwölf Töne. In der Komposition wird mit zwölf aufeinander bezogenen Tönen gearbeitet und die Regel aufgestellt, dass eben die ganze Reihe von zwölf Tönen durchgegangen werden muss, bevor ein neuer Ton angetastet wird. Nicht mehr die Maßgabe der Harmonie liegt der Musik zugrunde, sondern eine mathematische Kalkulation. Dabei ist das Verbot der Wiederholung zentral für die Zwölftontechnik. Diese streng anmutende Regel wurde durch ergänzende Regeln erleichtert, nämlich, dass die Grundreihe auch gespiegelt oder im sogenannten Krebsgang durchlaufen werden kann, was durch Kombination beider Methoden zu insgesamt vier möglichen Reihen mit je zwölf Tönen führt. Dabei ist besonders der mechanisierende Aspekt dieser Kompositionstechnik aufschlussreich, besonders, weil sich vergleichbare Techniken auch in anderen Bereichen finden lassen. So hat beispielsweise Peter Kubelka eine ganz ähnliche Technik für die Strukturierung von experimentellen Filmen entwickelt, wobei gewissermaßen die Noten durch Kader ersetzt werden. Diese Kader sind entweder blank, also weiß, oder schwarz. So entsteht ein Spiel von Hell und Dunkel auf der Filmleinwand bzw. im Saal und dadurch eine visuelle Musik, ein Rhythmus, der einer numerischen Sensibilität unterworfen ist. Bei Schönberg hat diese numerische Sensibilität in Konsequenz dazu geführt, tatsächlich mechanisch zu komponieren. Davon zeugen die Zwölftonschieber und -scheiben, die er gegen Ende seines Lebens entwickelt hat.

Solche mechanisierten Kompositionsmethoden sind das Symptom der Beziehung zwischen Musik, Mathematik und Maschinen bzw. Medien. Sie gibt es nicht erst seit Schönberg. Einer der ersten Komponisten, der mechanisch komponiert hat, war Wolfgang Amadeus Mozart. Mozart war während seines gesamten Lebens hoch verschuldet und musste daher ständig neue Kompositionen schreiben. Um sich dies zu erleichtern, hat er ein Verfahren entwickelt, das mit zwei Würfeln funktionierte und mit dem er Walzer komponieren konnte. Dieses kompositorische Würfelspiel lässt sich heute am Computer simulieren, wodurch es möglich wird, gewissermaßen unendliche viele „Mozarte" automatisiert zu komponieren. Damit kommen wir wieder zurück zu der Anfangsbeobachtung: Was formalisierbar ist, ist auch mechanisierbar. Die jahrhundertealte Tradition der Konstruktion von Musikautomaten, seit der Antike und der arabischen Renaissance (800–1200), demonstriert genau diese Beziehung zwischen Musik und Mathematik als Beziehung zwischen Formalismus und Mechanismus. Man könnte auch sagen zwischen Mentalismus, Musik, Mathematik und Mechanismus. Was medial ist, Musik, kann als Mathematik formalisiert werden. Was formal ist, kann in Maschinen und Medien mechanisiert und programmiert, also automatisiert werden. Darum heißt auch eines der wichtigsten musiktheoretischen Werke des 20. Jahrhunderts *Musiques formelles* (1963) von Iannis Xenakis. Dies ist das entscheidende Fundament für den vierten Schritt: Heute ist Musik ein digitaler Code (im Sinne von Leibniz), der von Synthesizern bis Computern erzeugt wird.

Eine entscheidende Figur für die Verwirklichung dieses Zusammenhangs war der etwas in Vergessenheit geratene Joseph Schillinger, ein Russe, der später in Amerika lebte und seinen Lebensunterhalt durch Kompositionsunterricht verdiente. Er unterrichtete berühmte Schüler, vor allem im Bereich des Jazz, wie etwa George Gershwin. Aber vor allem beeinflusste er durch das von ihm entwickelte *Schillinger-System* bekannte Komponisten der Neuen Musik wie Earle Brown (vgl. Schillinger 1978). Dieser war Mitglied der berühmten Viererbande der frühen Neuen Musik, gemeinsam mit Morton Feldman, David Tudor und John Cage, die alle gewissermaßen auch durch die Arbeit von Schillinger beeinflusst waren. Schillinger legte großen Wert auf die Systematisierung und Mathematisierung der musikalischen Komposition. Seine Werke sind, obwohl sie zwischenzeitlich in Vergessenheit geraten waren, heute aufgrund der Popularität von algorithmischen Kompositionsmethoden wieder aktuell.

Interessanterweise arbeitete Schillinger als Freund der mathematischen Kompositionsweise gemeinsam mit Leon Theremin auch an der Entwicklung von frühen elektronischen Instrumenten wie dem Rhythmicon. Gerade in solchen Aufbauten kommt der Zusammenhang von Musik und Mathematik in seiner technischen Umsetzung als mechanischer Apparat zur Geltung.

Dabei bilden diese Experimente mit einer mathematischen Strukturierung und Mechanisierung von Musik auch den historischen Übergang zur medialen Audiovisualität, denn auch Mary Ellen Bute, eine Pionierin der Audiovisualität, war bekannt mit Schillinger und wurde von ihm, aber auch von Theremin sowie von Thomas Wilfred, dem Erfinder der Farborgel Clavilux, beeinflusst. Ihre Arbeiten können dabei nicht nur als eine Erweiterung der Gleichung von Musik und Mathematik durch Verknüpfung mit dem mechanisierten Apparat des Filmes begriffen werden. Sie stellen gewissermaßen eine frühe Erweiterung der sinnlichen Wahrnehmbarkeit des elektromagnetischen Spektrums dar.

Das Auge ist eine Antwort der Evolution auf die Sonne. Nur ist es eine sehr schlechte Antwort, weil das elektromagnetische Spektrum der von der Sonne ausgesendeten Strahlung sehr breit ist, das Auge jedoch nur für einen winzigen Abschnitt davon empfänglich ist. Mehr von diesem Spektrum zu sehen, war deshalb immer ein Wunschtraum des Menschen. In gewisser Weise ist dies heute Realität geworden, denn wir haben Radio und Fernseher, die, technisch gesehen, in Bereichen des elektromagnetischen Spektrums operieren, die nicht vom Auge erfassbar sind. Deshalb benötigen die Menschen immer eine Schnittstelle, die ihnen die Daten in Dimensionen übersetzt, die von den menschlichen Sinnen erfasst werden können. Butes frühe Experimente mit der Audiovisualität können als Antwort auf diese neue kulturelle Herausforderung gesehen werden, da hier Bild und Ton in einer gegenseitig bezogenen Form vereinigt werden. Ein Beispiel dafür ist der berühmte Film *Synchromy No. 4* (1934), den sie gemeinsam mit Ted Nemeth umgesetzt hat und der sich der Visualisierung von Johann Sebastian Bachs „Toccata und Fuge in d-Moll“ widmet. Bei der Sichtung des Filmes wird jedoch ein Problem deutlich: Musik von Bach war mathematische Musik, und der Film Butes ist eben nur eine intuitive, formale Annäherung. Es besteht keine direkte physische Korrespondenz zwischen Musik und Bild, sie ist ausschließlich über die Künstlerin vermittelt. Später hat sie diesen Mangel behoben, indem sie beispielsweise in ihrem Film *Abstronic* (1952) Bilder von einem Oszilloskop genutzt hat. Dies stellte erstmals eine direkte Kopplung an die elektromagnetische

Beschaffenheit von Bild und Ton dar und bediente sich gewissermaßen des gleichen Codes. Dabei spielt auch immer ihr Begriff der „Visual Music" eine Rolle (vgl. Weibel 1987, S. 88ff.). Bute überführt die in den Arbeiten von Oskar Fischinger und Viking Eggeling angelegten Tendenzen in eine optisch und ästhetisch weiter entwickelte Form. Dies wird besonders dann deutlich, wenn die Filme nicht mehr in Bewegung geratene Gemälde sind (z.B. Oskar Fischingers *Motion Painting No. 1*, 1947), sondern der Ton die visuelle Darstellung moduliert. Für Bute wird also das Oszilloskop ein neues Bildinstrument, eine neue Schnittstelle, eine wissenschaftliche Grundlage für die Beziehungen von Bild, Musik und Physik/Mathematik.

Ausgehend von dieser Entwicklung kann heute noch weitergegangen werden: Im digitalen Zeitalter kann quasi jeder Gegenstand den Ton eines anderen Gegenstandes erzeugen. Denn der Computer als Schnittstelle kann jeden Ton erzeugen und jedem Gegenstand einen beliebigen Ton zuordnen. Eine Geige, über Sensoren mit einem Computer verbunden, kann klingen wie ein Klavier oder ein Saxophon. Ein Tisch, durch Sensoren mit einem Computer verbunden, kann klingen wie eine Geige etc. Digitale Schnittstellen ermöglichen durch mathematische Codierung jeden Transfer, vom Bild zum Ton und vom Ton zum Bild, aber auch den Transfer von jedem beliebigen Gegenstand zu jedem beliebigen Ton und umgekehrt.

Solche Schnittstellen spielten auch in meiner eigenen Arbeit immer eine große Rolle, denn ich habe immer versucht, auf einer mathematisch-naturwissenschaftlichen Basis neue Verhältnisse zwischen Bildern und Tönen zu finden. Ein einfaches Beispiel ist die Installation und gleichnamige App für iOS *SynSeeThis* aus dem Jahr 2013, die ich zusammen mit Bernd Lintermann und Manfred Hauffen umgesetzt und auch im Rahmen von *The Origin of Noise – The Noise of the Origin* (2013) verwendet habe.

Diese App ist so programmiert, dass sie ein iPad zu einem Musikinstrument macht, indem sie visuelle Eingaben über die Kamera in Klänge umsetzt. Dabei spielt die Programmierung, also Mathematik, eine wichtige Rolle. In *The Origin of Noise – The Noise of the Origin* habe ich diese App verwendet, um eine audiovisuelle Feedbackschleife zu etablieren. Die Applikation produziert Töne aufgrund von visuellen Mustern, die mit der Kamera des Smartphones aufgenommen werden, und diese Töne werden wiederum in Bilder übersetzt, die dann projiziert werden. Alles ist definiert durch naturwissenschaftliche und mathematische Gesetze, ist reine Codierung, also nicht mehr eine subjektive Analogie von Farbe und Tönen oder Rhythmus und Form. Nein, hier gilt genau das, was Leibniz gesagt hat: Musik und Bilder sind mathematische, algebraische, analytische, numerische Tätigkeiten, deren wir uns nicht bewusst sind. Das ist der Stand von heute: Diese Form des Musikvideos hat eine digitale, technologische Basis, ein objektives Fundament. Es ist nicht mehr eine subjektive Aneinanderreihung von Formen, es gibt auch, anders als bei den meisten Musikvideos, keine Erzählung. Hier wird deutlich, wie ein visuelles Muster als Input durch die Schnittstelle des iPad ein akustisches Muster erzeugt und dieses wiederum ein anderes visuelles Muster. Solche objektiven naturwissenschaftlichen Fundamente liegen auch den Arbeiten von Ryōji Ikeda und Carsten Nicolai zugrunde.

Zentral war dieser Ansatz auch für das Projekt eines Amazonas-Musiktheaters, an dem ich 2009 gearbeitet habe. Opern handeln in der Regel vom Drama der Liebe und des Sex und am Ende kommt häufig noch jemand zu Tode. Gleichzeitig war die Oper historisch schon seit Claudio Monteverdi immer eine multimediale Form. Meine Idee war, im Jahr 2009 eine neue Oper zu machen, unter Einbeziehung der zuvor beschriebenen technischen Möglichkeiten. Doch nicht der Tod einer Person sollte im Mittelpunkt stehen, sondern der Tod des Amazonas. Diese Oper ist im Prinzip aus der Erwartung einer rationalen Lösung des Klimaproblems entstanden, denn bisher hatten alle diesbezüglichen politischen Vorschläge versagt. Ich hatte die Hoffnung, dass ein rationales Modell akzeptiert wird, um das Klimaproblem zu lösen. Dies spiegelt sich auch in den Materialien und der medialen Umsetzung innerhalb der Oper wider, denn eine Katharsis sollte nicht durch Emotionen, sondern durch die Vermittlung rationaler Argumente erreicht werden. Dafür war es notwendig, erneut mathematisch-musikalisch-audiovisuelle Schnittstellen zu verwenden. Musik wurde von Ludger Brümmer mit Hilfe von Computerprogrammierung erzeugt und das Bühnenbild computergestützt audiovisuell erweitert. 100 Würfel wurden dazu exakt erfasst und per *projection mapping* mit einem abstrakten Muster versehen, das gleichzeitig der Code für die Musik wurde. Nachdem in Opern normalerweise Liebesarien gesungen werden, hatte ich mir gedacht, dass es ganz hübsch sei, wenn hier etwas gesungen würde, was das Publikum auf den ersten Blick abschrecken könnte: chemische Formeln. Mathematische oder chemische Formeln sind der Oper eher fremdes Material, obwohl sie unser Leben beherrschen. Die ganzen chemischen Formeln, auf denen der Amazonas und seine Dynamik beruhen, wurden projiziert und erzeugten gleichzeitig die Bilder und die Musik. Was das Publikum also sieht, ist der Code, den es auch gerade hört, ein Live-Code, der gleichzeitig auch Musik erzeugt. CO_2, also Kohlenstoffdioxid, wird gesungen, naturwissenschaftliche Betrachtung wird zur Kompositionsmethode. Normalerweise wird Musik (wie oben bereits erwähnt) als Intervalltheorie definiert, als eine Folge von Punkten in der Zeit. Ich habe mir jedoch gesagt, dass wir aus der Musik eine Art raumbasiertes Medium machen sollten. Wir definierten die Musik durch räumliche Nachbarschaft. Zellen, ein biologisches Bauprinzip, lassen sich ebenfalls in Musik übertragen. Es gibt die berühmten zellularen Automaten, also Analogrechner, die topologisch arbeiten, also mit räumlicher Nachbarschaft. Da gibt es Regeln, und diese werden in Komposition umgesetzt. Im Endeffekt war es ein hübscher Gedanke, dem Publikum in der Oper ein naturwissenschaftliches Verständnis der Klimakrise und deren Folgen am Beispiel des Amazonas-Gebiets über die Schnittstelle der Musik beizubringen. Aber ich war mit diesem Gedanken ziemlich alleine, denn im Endeffekt wurde diese Oper nicht ins Repertoire aufgenommen.

Die zuvor genannten Beispiele arbeiten alle mit auf Mathematik und naturwissenschaftlichen Gesetzen beruhender Technik. Um zu verstehen, warum die Digitalisierung des Komponierens und der Einsatz von Computern nicht nur der Erfindung von neuen Instrumenten gleichkommen, sondern etwas vollständig Neues darstellen, müssen wir an dieser Stelle noch mal einen Schritt zurückgehen. Aus der heutigen Perspektive könnte man behaupten, dass Mozart und Beethoven keine Musiker gewesen seien, da sie eigentlich keine Musik hinterlassen haben. Sie waren Komponisten. Was sie hinterlassen haben, ist ein Haufen Papier mit Noten, also Partituren: Anweisungen, nach denen jemand spielen kann. Um sie in Form von hörbarer Musik zu erhalten, errichtete man Tausende Schulen mit Tausenden von Studierenden. Diese lernen dann, diese Partitur zu lesen und auf ihren Instrumenten zu spielen. Aber die Partitur selbst ist nur die Anweisung. Die Partitur ist ein analoger Code. Bei Computern ist es ganz anders: Mit dem Computer ist die Partitur gleichzeitig auch die Ausführung. Das ist etwas, was bisher wenig beleuchtet wurde: dass der neue Maschinencode nicht nur die Anweisung „Mach das!" ist. Der Computer verhält sich ganz anders: Für das technische Gerät ist die Partitur, der Code, bereits das Instrument und schon die Ausführung. Das heißt, der digitale Code ist Anweisung und Ausführung gleichzeitig.

An dieser Stelle wird deutlich, dass eine solche Denkweise von musikalischer Notation viel weiter zurückgeht: Denn bereits in den 1950er Jahren experimentierten Avantgardisten wie der bereits erwähnte Earle Brown, aber auch andere wie John Cage mit grafischer Notation, also der Notation von Musik und Klängen ohne Noten, sondern mit grafischen Analoga. Leider hat diese Art der Notation nie weite Verbreitung gefunden, die Musiker wurden teilweise sogar aus der Musikszene ausgegrenzt, und so wurde ihre große Leistung für die Musik kaum angemessen gewürdigt. Sie bereiteten etwas vor, was wir heute als grafische Benutzeroberfläche des Computers kennen. Bei der grafischen Benutzeroberfläche als Fortsetzung der grafischen Notation gilt: Notation ist gleich Komposition. Das heißt, die Partitur wird zur Schnittstelle, zu einer mechanischen, formalisierbaren Schnittstelle, die Musik erzeugt. Das war der Durchbruch in den 1960er-Jahren und bedeutete eine Intensivierung der Gleichung zwischen Musik und Mathematik, die mittels Visualität vermittelt wurde. Ein Paradebeispiel hierfür ist das seit 1974 laufende Projekt *UPIC* des Mathematikers, Musikers und Architekten Iannis Xenakis (vgl. Weibel, Brümmer, Kanach 2020). Im Endeffekt ist dies auch einer der genealogischen Ursprünge der heutigen, digital vermittelten Möglichkeiten des Komponierens. Aus dieser Perspektive ist es nicht zu bestreiten, dass spätestens seit dem Beginn des 20. Jahrhunderts keinesfalls von einer rein supplementären Bebilderung von Musik gesprochen werden kann. Denn die audiovisuelle Medialisierung von Musik auf der Basis von Mathematik und naturwissenschaftlichen Gesetzen stellt einen integralen Teil der Musikgeschichte dar, der in neuen, intermedial und digital beeinflussten Kompositionstechniken der Gegenwart extrem erweitert wurde und deren Einfluss heute kaum mehr von der Hand zu weisen ist.

Medienverzeichnis

Literatur

Kittler, Friedrich. 2006. *Musik und Mathematik, Band 1: Hellas 1: Aphrodite*. München: Wilhelm Fink Verlag.

Lagrange, J.L. 1997. *Analytical Mechanics* [1811]. Boston, MA: Kluwer Academic Publishers.

Leibniz, Gottfried Wilhelm. 1768. Epistolae tres ad Christianum Goldbachum. In *Opera Omnia*, Band III, hrsg. Louis Dutens, 436–439. Genf: Studio Ludovici Dutens.

Marinetti, Filippo T. 2011. Lo splendore geometrico e meccanico e la sensibilità numerica. Manifesto futurista [1914]. In *I manifesti del Futurismo italiano*, hrsg. Paolo Tonini, 50–54. Gussago: Edizioni dell'Arengario.

Newton, Isaac. 1687. *Philosophiæ Naturalis Principia Mathematica*. London: Jussu Societatis Regiæ ac Typus Josephi Streater. Prostat apud plures Bibliopolas.

Schillinger, Joseph. 1978. *The Schillinger system of musical composition in two volumes*. New York: Da Capo-Press.

Selwood, Sara. 1985. Farblichtmusik und abstrakter Film. In *Vom Klang der Bilder: die Musik in der Kunst des 20. Jahrhunderts*, hrsg. Karin von Maur, 210–229. München: Prestel.

Weibel, Peter, Ludger Brümmer und Sharon Kanach, Hrsg. 2020. *From Xenakis's UPIC to Graphic Notation Today*. Berlin: Hatje Cantz, Karlsruhe: ZKM | Center for Art and Media.

Weibel, Peter. 1987. Von der visuellen Musik zum Musikvideo. In *Clip, Klapp, Bum. Von der visuellen Musik zum Musikvideo*, hrsg. Veruschka Bódy und ders., 53–162. Köln: DuMont-Buchverlag.

Xenakis, Iannis. 1963. *Musiques formelles. Nouveaux principes formels de composition musicale*. Sonderheft der La Revue musicale, 253–254. Paris: Richard-Masse.

Filme

Bute, Mary und Ted Nemeth. 1934. *Synchromy No. 4.* USA
Bute, Mary und Ted Nemeth. 1952. *Abstronic.* USA
Bute, Mary. 1930–1945. *Seeing Sound.* USA.
Bute, Mary. 1935. *Rhythm in Light.* USA.
Fantasia. 1940. Produktion: Walt Disney und Ben Sharpsteen. USA: Walt Disney Productions.
Fantasia 2000. 1999. Produktion: Donald W. Ernst. USA: Walt Disney Pictures/Walt Disney Feature Animation.
Ruttmann, Walter. 1921. *Lichtspiel Opus I.* DE: Ruttmann Film GmbH.
Ruttmann, Walter. 1923. *Lichtspiel Opus II.* DE: Ruttmann Film GmbH.

Performances

Weibel, Peter. 2013. *The Origin of Noise – The Noise of the Origin.* 3D Noise Concert. 25. April 2013. Minoritenkirche, Krems an der Donau.

Dieter Daniels

Zur Musikalität des Visuellen

Thesen zur Videospezifik des Musikvideos

Abstract: Video (Lateinisch: ich sehe) wird häufig nur als optisches Medium diskutiert. Aufgrund seiner Technik kann Video jedoch als erstes genuin audiovisuelles Medium gelten: Akustische und visuelle Informationen werden gleichermaßen als elektrische Signale verarbeitet und gespeichert. Anhand der Entwicklung des Musikvideos lässt sich diese These einer genuinen Audiovisualität von Video exemplarisch belegen.

Schlüsselwörter: Videotheorie, Videospezifik, Avantgarde, Musikvideo, Medienkunst, Medienästhetik

1 Musikvideos im Kontext der Videotheorie

Videotheorie scheint eine Art *Terra incognita* zu sein, eine Forschungslücke zwischen Filmtheorie, Fernsehtheorie und Fototheorie.[1] Video wird als Medium implizit und selbstverständlich mitgedacht, aber selten explizit auf seine Spezifika hin untersucht. Video ist ein kompliziertes Medium, denn es wechselte im Laufe seiner Entwicklung seit rund 50 Jahren mehrfach seine Speichermedien: Von seinen Anfängen auf analogen Datenträgern wie dem Magnetband über digitale Datenträger wie der DVD bis hin zu Aufzeichnungsformaten wie MP4 und H.264, die nicht an einen physikalischen Datenträger gebunden sind und für das Streaming eine wichtige Rolle spielen, hat sich Video von individuellen materiellen Trägern gelöst (Cedeño Montaña 2017). Im Laufe dieser Entwicklung ist es von einem technisch-ästhetisch eigenständigen Medium zu einer ubiquitären Anwendung in digitalen Umgebungen geworden. Heute integrieren Smartphones eine Technologie, die früher auf drei separate Apparate verteilt war (Video-Recorder, -Kamera, -Monitor). Video vagabundiert gewissermaßen durch medientechnische Formate, durch kulturelle und industrielle Kontexte; im Internet wird es viral, es hat

1 Dem Schließen dieser Forschungslücke widmet sich das vom Gutenberg-Forschungskolleg geförderte Projekt „Transdisziplinäre Videotheorie". Die Resultate werden in dem von Dieter Daniels und Jan Thoben herausgegebenen Band mit dem Titel *Video Theories: A Transdisciplinary Reader* (im Erscheinen) publiziert.

https://doi.org/10.1515/9783110730623-003

kein stabiles Dispositiv. Beispielsweise etablierte sich für das Kino in kultureller und institutioneller Hinsicht, trotz Digitalisierung und Streaming, ein mehr als 100 Jahre lang bis heute relativ stabiles Dispositiv, dass sich u.a. an den Eckpunkten Kinosaal, Projektion und Eintrittskarten definieren lässt.

Aus der Perspektive der Videotheorie nehmen Musikvideos ebenso wie die Videokunst eine Sonderstellung im vielgestaltigen Medium Video ein: Sie sind eines der Themenfelder, zu dem es bereits signifikante Forschungsliteratur gibt. Dennoch entziehen sich Musikvideos einer eindeutigen disziplinären Zuordnung. So hat sich bisher keine Disziplin der „Music Video Studies" etabliert, wie es beispielsweise für die „Surveillance Studies" mit einer eigenen Fachzeitschrift und internationalen Forschungsnetzwerken der Fall ist. Dies liegt unter anderem daran, dass Musikvideos eine interessante Zwischenstellung zwischen High und Low Culture einnehmen. Sie sollen für ein Musikstück erhöhte Aufmerksamkeit erzeugen, um die Verkaufszahlen zu steigern, und sind deshalb einerseits der Werbung zuzuordnen. Andererseits wurden sie in den 1980er und 1990er Jahren als erste genuine Kunstform des Fernsehens bezeichnet und entsprechend in Überblicksausstellungen und Retrospektiven präsentiert (vgl. Groninger Museum 1990; Long Beach Museum of Art 1991; Deutsches Filmmuseum 1993; Bódy und Weibel 1987). Ausgewählte Musikvideos haben durch solche musealen Ausstellungen und Sammlungen Eingang in die Hochkultur gefunden.

Musikvideos bewegen sich demzufolge in einem offenen und hybriden Feld zwischen Hoch- und Populärkultur, zwischen Kommerz und Avantgarde. Bei näherer Betrachtung der wissenschaftlichen Beschäftigung mit dem Musikvideo fällt auf, dass die Autor*innen, die sich mit Musikvideos beschäftigen, aus ganz unterschiedlichen wissenschaftlichen Kontexten kommen (siehe Diagramm) bzw. sich im Laufe ihrer akademischen Vita durch unterschiedliche Forschungsgebiete bewegen.[2] Ebenso fällt auf, dass Autor*innen sich teilweise in zeitlichen Abständen wiederholt mit der Thematik beschäftigt haben. Dies legt den Schluss nahe, dass das Feld der Musikvideo-Forschung im Fluss ist und es sich für Wissenschaftler*innen lohnt, auch nach zehn, zwanzig oder dreißig Jahren noch einmal auf das Feld zurückzukehren und neu anzusetzen.[3] Will Straw vergleicht den

---

2 Ein Beispiel für solche gelebte Interdisziplinarität ist Simon Frith, emeritierter Professor an der University of Edinburgh, Tovey Chair of Music; siehe seinen Lebenslauf unter: https://www.eca.ed.ac.uk/profile/prof-simon-frith. Zugegriffen am 2. April 2020.

3 Siehe beispielsweise die wiederholte Auseinandersetzung mit Musikvideos bei: Neumann-Braun 1999 und Schmidt et al. 2009, sowie Vernallis 2004; 2013, Keazor und Wübbena 2010; 2011 und Straw 1988; 2018.

Status von Musikvideos vor 30 Jahren mit ihrer heutigen Stellung und kommt zu dem Schluss:

> In any event, in 2018, the intermediality of the videoclip is less and less a function of its relationships to cinema and television. It is now a particular arrangement of elements within a wide variety of long and short forms, and within a broader explosion of (audio) visual culture.
>
> (Straw 2018, S. 3f.)

Zur Zirkulation der Musikvideos im Internet ergänzt er:

> The videoclip, then, is set in relation to multiple overlapping systems of circulation: those which carry the clip across platforms and contexts, and others through which the clip itself becomes a meeting place for circulating traditions of performance, expression and visuality whose origins lie outside it.
>
> (Straw 2018, S. 3f.)

Straw geht von einer Revision eines eigenen Textes (vgl. Straw 1988) aus, in dem er 1988 das Musikvideo aus einer postmodernen Perspektive als Rekontextualisierung von Fragmenten beschrieben hat, und stellt demgegenüber fest: „Rather, ‚recontextualization' now seems to be intimately connected to those social and cultural forces which have produced a global media culture and innumerable forms of resistance to it" (Straw 2018, S. 5). Eine solche Revision eigener Thesen möchte auch ich hier versuchen: Mein erster Text zu dem Thema aus dem Jahr 1987 spiegelt noch die Aufbruchsstimmung, die Musikvideos damals für das etablierte Fernsehen verkörperten (vgl. Daniels 1987). Demgegenüber gelten Musikvideos heute schon als ein „altes" Medium oder, mit den Worten von Will Straw, als eine „minor cultural form" (Straw 2018, S. 1). Die Digitalisierung hat, wie noch genauer auszuführen ist, die formalen und ästhetischen Aspekte massiv verändert, doch noch einschneidender ist die digitale Transformation der Verbreitung, aus der ein völlig neues Prinzip der Rezeption und implizit auch der Autorschaft von Musik-Videos resultiert. Eine Suche auf YouTube oder verwandten Online-Plattformen ergibt für fast jedes erdenkliche Musikstück mehrere Resultate. Diese Videos reichen von einer simplen visuellen Platzhalterfunktion für einen Audiostream (z. B. das Plattencover) über zahlreiche Fan-Culture-Visuals, Mashups und Meme bis zu dem häufig nicht leicht herauszufilternden „offiziellen" Musikvideo. Insofern kann ein Musikvideo heute weniger als singuläres „Werk" gelten, sondern als eine von vielen möglichen Optionen der visuellen Umsetzung.[4]

4 Robert Sakrowki hat dieses Phänomen auf seiner Plattform *Curating YouTube* untersucht, indem er mehrere Videos zu einem Musikstück navigierbar macht. Siehe Sakrowki 2013.

Tab. 1: Kontexte der Autor*innen, die zu Musikvideos geforscht und publiziert haben

Kontexte der Autor*innen, die zu Musikvideos geforscht und publiziert haben	
Film- und Fernsehwissenschaft	Marsha Kinder, E. Ann Kaplan, Kirsty Fairclough
Kulturtheorie	Frederic Jameson, John Fiske, Will Straw
Medienwissenschaft / Medientheorie	Klaus Neumann-Braun, Holger Lund, Michael Goddard, Daniel Cookney
Kunstwissenschaft / Kunstgeschichte	Carol Vernallis, Henry Keazor, Thorsten Wübbena, Cornelia Lund
Musikwissenschaft	Simon Frith, Holly Rogers
Poptheorie	Andrew Goodwin (alias Professor of Pop), Lawrence Grossberg (alias DocRock)

2 Musikvideos oder Music Television

Ein Großteil der wissenschaftlichen Beiträge zu Musikvideos befasst sich trotz der angesprochenen Transformationen pluralistischer Rezeptionsmodi bzw. angesichts verteilter Autorschaften weiterhin mit dem Werkcharakter der „offiziellen" Musikvideos. Im Zentrum des Interesses stehen dabei die Beziehung von Musik und Bild, die Filmsprache, die angebotenen Identitätsmodelle sowie der damit verbundene Starkult. Bevorzugt werden dabei oftmals Fallstudien zu einzelnen Clips oder Musiker*innen, manchmal auch zu den Regisseur*innen der Musikvideos. In diesem breiten Spektrum wissenschaftlicher Ansätze wird das Medium Video als solches nur selten explizit thematisiert. Auch in technischer Hinsicht wurden die Musikvideos der 1980er Jahre meist professionell, kinematographisch auf 35 Millimeter-Film gedreht, dann auf Video post-produziert und im Fernsehen gezeigt. Warum etablierte sich überhaupt die Bezeichnung Musikvideo, sollte es nicht besser Musik-Fernsehen heißen?

Der erste große Boom der Musikvideos in den 1980er Jahren kann vorrangig als Phänomen des Wandels des Fernsehens verstanden werden, weniger als Evolution des Mediums Video. Der Name des Senders MTV (Music Television) ist in diesem Sinne symptomatisch. John Fiske schrieb dazu 1986: „MTV is TV most televisual. The segmented medium, a mosaic of fragments: no sense but sensation" (Fiske 1986, S. 77). E. Ann Kaplan wiederum sieht den Non-stop-Betrieb von MTV als „extremes of what is inherent in the televisual apparatus" (Kaplan 1987, S. 4). Der Start von MTV markierte 1981 eine einschneidende Neuformierung der

Fernsehökonomie. Die Clips sind zugleich Programm des Senders und Werbung für den jeweiligen Pop-Song. Erstmals wurde Fernsehen damit zur reinen Werbezeit, und die bis dahin zumindest *pro forma* aufrecht erhaltene Trennung von Programmfluss und Werbeunterbrechung erodierte endgültig.

Zugleich markieren die Musikvideos der 1980er Jahre aber auch den Durchbruch von Video als Massenmedium für die Durchschnittsverbraucher*innen. Parallel zu MTV verbreitete sich Anfang der 1980er Jahre der Videorekorder in den Haushalten, wobei es in der Anfangszeit zu einem Systemkrieg verschiedener Hersteller kam. Mit den Formaten VHS und Betamax etablierten sich zwei Standards, die auch von der Musikvideo-Industrie erfolgreich bedient wurden. Diese materiell gespeicherten Musikvideos sind auf ebenso paradoxe wie effektive Weise gleichzeitig Produkt und Werbung: Sie werben für den Kauf der Schallplatte, können aber auch selbst als Kassette erworben werden (vgl. Kaplan 1987, S. 4). Der erfolgreichste Titel mit bis heute nicht überbotenen Verkaufszahlen ist Michael Jacksons *Thriller*. Nur drei Monate nachdem das Video erstmals gezeigt wurde, waren bereits 300.000 Kassetten für je 29.98 US-Dollar umgesetzt (Saniek 1988, S. 647). Von 1983 bis 2013 sollen insgesamt 9.500.000 Videos (DVD und Kassetten) verkauft worden sein (vgl. Hebblethwaite 2013).

3 Video als genuin audiovisuelle Technik

Der Ursprung des Begriffs Video liegt im Lateinischen und bedeutet ins Deutsche übersetzt „ich sehe“. Diese Dominanz des Visuellen prägt auch den Diskurs zum Musikvideo, das meistens vorrangig als visuelles Medium diskutiert wird. Das zeigt sich unter anderem in der geringen Anzahl von Untersuchungen aus der Musikwissenschaft (siehe Diagramm). Daraus ergibt sich die folgende Frage: Warum etablierte sich die Bezeichnung „Musikvideo“ bzw. „Videoclip“, die den Bezug zum Medium Video statt zum Fernsehen oder zur Schallplatte betont? Eine Arbeitshypothese wäre: Die Terminologie lässt sich nicht aus einer Genealogie (den beiden „Eltern“, nämlich Fernsehen und Musikindustrie) ableiten. Vielmehr bedarf sie einer medienreflexiven Untersuchung der Audiovisualität von Musikvideos im Hinblick auf ihre (bislang meist übersehene) Videospezifik.

Die Einordnung des Musikvideos in die Geschichte audiovisueller Kunstformen als Phänomen, das Elemente von Musik und Malerei, von Bild und Ton in sich verbindet, hat sich als ein häufig wiederholtes und variiertes Narrativ etabliert. Hierzu gehört der häufige Verweis auf die Farborgel von Pater Castel aus dem 18. Jahrhundert (Daniels 2011a, S. 8–25). Doch diese Vorgeschichte verstellt den Blick auf die Videospezifik der Musikvideos. In einem medienarchäologischen Exkurs, der hier nur angedeutet werden soll, könnte die ganze Geschichte der audiovisuellen Medien seit dem Stummfilm und dem Phonographen als eine Geschichte der Separierung und der Re-Synchronisierung von Ton und Bild skizziert werden. Die Videotechnologie kann als erstes vollständig audiovisuelles Medium gelten, und damit als Abschluss einer mehr als 100 Jahre währenden Wechselwirkung zwischen akustischen und visuellen Medien: Noch beim analogen Tonfilm laufen Bild und Ton auf getrennten Spuren. Nur die Tonspur kann dabei im eigentlichen Sinne als eine „Spur“ mit zeitlicher Kontinuität (auf Magnetband oder Lichtton) gelten. Der Film besteht bekanntermaßen aus einer Abfolge von einzelnen fotografischen Bildern und wäre somit eher als eine Sequenz diskreter Einheiten zu bezeichnen. Beim Video hingegen werden Bild und Ton gleichermaßen als Signalfrequenzmodulation verarbeitet. Akustische und optische Signale werden erstmals auf einem gemeinsamen Träger „zusammengeschrieben“. Diese Information könnte prinzipiell sowohl als Ton wie auch als Bild ausgelesen und damit auch ausgetauscht werden. Zudem kann das Videobild im Unterschied zum Film auch ‚live‘ moduliert oder generiert werden: Es ist insofern ein potentiell performatives Medium, wie anhand der Videosynthesizer der 1960er und 1970er Jahre deutlich wird, auf die später noch eingegangen wird.

Aus der Perspektive der Medienarchäologie sind die AMPEX-Videorekorder, die ab 1956 in den Fernsehstudios der USA zum Einsatz kamen, Nachfahren des deutschen AEG-Tonbands. Von den US-Truppen nach Ende des Zweiten Weltkriegs in die USA überführte AEG-Magnetophon-Geräte dienten als Vorbild für die Audio- und Videoaufzeichnung auf Magnetband (Zielinski 2010, S. 98f.). Auch bei der Anwendung besteht eine direkte Kontinuität vom Audio- zum Videorecording: Der US-Entertainer Bing Crosby beteiligte sich ab Mitte der 1950er Jahre ideell und finanziell an der Entwicklung der Videotechnik, um seine Fernseh-Shows ebenso perfekt wie seine Radiosendungen auf Tape vorproduzieren zu können (Zielinski 2010, S. 99; Phillips).

4 Audiovisualität des analogen Videos in Theorie und Praxis

Mit der ästhetischen Verwandtschaft von Audio- und Videosignalen hat sich auch der kanadische Medientheoretiker Marshall McLuhan befasst. In einem Fernsehinterview bezog er sich auf die akustische Dimension des Fernseh- bzw. Videosignals:

> The medium of television has many characteristics which have been unheeded. Mostly it is seen under the aspect of movie form. The TV camera does not have a shutter, does not take pictures. It picks up, as radio picks up [...] its environment, handles it, scans it – and the effect of the TV image is iconic in the sense that it shapes things by contours rather than by little snapshots.
>
> (McLuhan 1965)

Auch wenn McLuhan hier nur vom Fernsehen spricht, gelten die signaltechnischen Grundlagen gleichermaßen für die Videotechnik. In seinen Überlegungen zum visuellen und akustischen Raum geht McLuhan sogar noch weiter: „The simultaneous is necessarily acoustic and anything sequential is necessarily visual“ (McLuhan 1975). Ähnliche Überlegungen stellte John Belton an, indem er Video als *visuelle* Audiotechnik charakterisiert: „Video technology derives from sound technology, which can only transmit and record sound by duplicating its uninterrupted flow with a technology that is itself continuous rather than intermittent“ (Belton 1996, S. 67).

Die genuine Audiovisualität von Video hat Künstler*innen von Beginn an interessiert und sie sowohl zu praktischen Lösungen wie auch zu theoretischen Überlegungen inspiriert. Im Jahr 1965, also gleichzeitig zu dem zitierten McLuhan-Interview, realisierten Andy Warhol und Nam June Paik die ersten künstlerischen Arbeiten auf Videotape. Paiks Interesse am Fernsehen ging mit einem Interesse an der elektronischen Musik einher. Im Anschluss an seine Ausstellung *Exposition of Music – Electronic Television*, die schon im Namen die Doppelwertigkeit von Musik und Fernsehen trägt, verfasste er ein Resümee, das zugleich eine theoretische Bilanz seiner eigenen Aktivitäten umfasst: „My experimental TV is not always interesting, but not always uninteresting like nature, which is beautiful, not because it changes beautifully, but simply because it changes“ (Paik 1963). Paik vergleicht hier den Zeitfluss der Natur mit dem des Fernseh- bzw. Videosignals. Dreißig Jahre später greift Maurizio Lazzarato diese Überlegungen auf:

> [V]ideo technology [...] reveals not only the movements, the infinite variation of images, but also the time-matter of which these images are made: electromagnetic waves [...] Video technology is a modulation of flows, and its image is nothing but a relation of flows. It is contraction-dilation of time-matter.
>
> (Lazzarato 1997; 2019, S. 83)

Video hat deshalb laut Paik eine direkte Verwandtschaft zur Musik, beides spielt sich nur in einer Dimension ab: der Dimension der Zeit. Auf diesem Weg kommt Paik 1963 zu folgendem, etwas kryptischen Resümee: „My TV is NOT the expression of my personality, but merely a ‘PHYSICAL MUSIC’“ (Paik 1963): „Physical music" ist doppeldeutig zu verstehen, als physikalische und/oder auch als körperliche Musik. Der Paik/Abe-Video-Synthesizer, den Paik gemeinsam mit dem japanischen Ingenieur Shuya Abe entwickelte, ermöglichte sechs Jahre später die Implementierung dieses theoretischen Anspruchs in eine neue Maschine. Der Video-Synthesizer ist laut Paik „in Realzeit zu spielen – wie ein Klavier. Vom rein künstlerischen Standpunkt ist das höchst interessant – eine wirklich neue Sache, die nie zuvor existiert hat. Man spielt einfach und sieht dann den Effekt" (Paik et al. 1976, S. 133).

Damit entsteht eine neue Form der „Live-Visualität", die bis zu den Live Visuals der Techno-Kultur vorausweist. Eingesetzt wurde der Synthesizer in dem partizipativen Live-Music-Video-Happening *Video Commune* 1970. Im Studio des Fernsehsenders WGBH Boston improvisierten Paik und Jud Yalkut mit der Studiobelegschaft vier Stunden lang auf dem Video-Synthesizer zu dem Soundtrack des kompletten Œuvres der Beatles. Zusätzlich wurden Passant*innen eingeladen, in das Studio zu kommen und mitzuspielen, was auf den kollektiven, partizipativen Happening-Charakter verweist (Daniels 2011b). Bei *Video Commune* handelt es sich somit um einen Vorläufer des Genres Musikvideo, der allerdings anstelle von vorproduzierten Clips die genuine Audiovisualität von Video erfahrbar macht.

In großer Nähe dazu verortet sich der amerikanische Videokunst-Pionier Bill Viola, wenn er sich selbst stets als Video- wie auch als Soundartist bezeichnet.[5] Seine künstlerischen Arbeiten haben durchweg eine dem Video gleichwertige Soundebene, die bislang allerdings weit weniger kunstwissenschaftliche Beachtung gefunden hat. Wie wichtig die Soundebene zum Verständnis seiner Arbeiten ist, lässt sich auch an seinen medientheoretisch anspruchsvollen Texten zur Audiovisualität von Video ablesen. Unter dem Titel „The Sound of One Line Scanning" schreibt Viola:

> Beim Video gibt es kein unbewegliches Bild. Das Material aller Videobilder – ob beweglich oder unbeweglich – ist der aktivierte, ständig schweifende Elektronenstrahl – der ständige Strom elektrischer Impulse aus der Kamera oder aus dem Videorekorder. [...] Musikalisch gesprochen, ist die physische Erscheinung einer Sendung eine Art von Gesumme.
>
> (Viola 1993, S. 20)

Viola betont die genuine Zeitlichkeit des analogen Videosignals und erläutert ergänzend zu den Überlegungen von McLuhan und Paik, dass ein signalbasiertes

5 „Bill Viola is a contemporary video artist whose artistic expression depends upon electronic, sound, and image technology in New Media." (https://www.billviola.com. Zugegriffen am 2. April 2020.)

Bild nicht „angehalten" werden kann (wie beispielsweise im analogen Film); vielmehr existiere es physikalisch ebenso wie Sound nur im aktuellen Vollzug. Auf Violas Überlegungen beziehen sich wiederum Medientheoretiker wie Maurizio Lazzarato und Wolfgang Ernst in jüngeren Texten zur Medienspezifik von Video (Ernst und Lazzarato 2019, Kap. 3).

5 Audiovisualität in „born digital"-Musikvideos (Michel Gondry)

Inwieweit kann die hier skizzierte medienarchäologische Perspektive der genuinen Audiovisualität des analogen Videos als Referenz für heutige digitale Praktiken dienen? Ehe ich mich diesem Thema widme, möchte ich ganz knapp einige Meilensteine des Übergangs vom Analogen zum Digitalen referieren.

Die Rezeptionsgeschichte der Musikvideos lässt sich grob in drei Phasen aufteilen: die Aufbruchsstimmung der 1980er Jahre (Clips als Prototypen der Postmoderne, Videoästhetik als Fernsehinnovation), die Ermüdungserscheinungen der 1990er Jahre (MTV als Reality-TV, Clips als Affirmation von Stereotypen) und eine Erneuerung des Interesses ab circa 2005. Diese Renaissance des Musikvideo wurde insbesondere durch die avancierte Ästhetik digitaler Videosoftware und die neuen Distributionskanäle im Internet ausgelöst.

Ganz pauschal lässt sich diese Entwicklung ab 2005 als eine digitale „Verflüssigung" bezeichnen, die sowohl die ökonomischen wie auch die technischen und ästhetischen Parameter der sogenannten „neuen" Musikvideos betrifft. Bespielhaft zeigt sich diese „Verflüssigung" in der Monetarisierung von Aufmerksamkeit durch Klicks und Views anstelle des Verkaufs von Tonträgern oder Videokassetten. Die neuneinhalb Millionen physischer Videomedien, die von Michael Jacksons *Thriller* in dreißig Jahren umgesetzt wurden, wirken fast possierlich im Vergleich zu den Milliarden an Klicks, die Psy für *Gangnam Style* auf YouTube im Laufe von zwei Jahren erhielt.

Die Ingenieure von Google mussten die Bit-Tiefe des Wiedergabezählers deshalb 2014 von 32 Bit auf 64 Bit aufrüsten und widmeten dem Video eine kleine Hommage auf YouTube (Assar 2014). Die Distribution und Rezeption von Musikvideos auf YouTube und anderen Online-Plattformen folgen Entwicklungen, die zuvor in der Online-Musikdistribution von Napster über iTunes bis Spotify vollzogen wurden. Diese Transformation wurde bereits umfangreich untersucht (Vernallis 2013).

Abschließend soll die ästhetische „Verflüssigung" von Musikvideos durch Software zur Post-Production anhand von zwei Fallstudien behandelt werden. Die von Paik und Viola mit Bezug auf das analoge Video beschriebene genuine Audiovisualität erhält mit der digitalen „Verflüssigung" des Mediums eine neue Dimension: War sie zuvor eine medien-ontologische Analyse, so entfaltet sie jetzt ein techno-produktives Potential für die Musikalisierung des Visuellen. Einige (aber bei weitem nicht alle) „born digital"-Musikvideos exemplifizieren diese bisher von der visuellen Oberfläche verdeckte genuine Audiovisualität von Video. Eine bisher übersehene Hybridität des Mediums ist erst im letzten Jahrzehnt künstlerisch produktiv gemacht worden.

Holly Rogers ist eine der wenigen Musikwissenschaftler*innen, die sich mit diesem Phänomen befasst hat. Sie beschreibt Musikvideos als ein Beispiel für das Crossover-Genre digitaler Audiovisualität, das sich in den letzten Jahren gebildet hat und bislang einer präzisen Einordnung harrt:

> The current period of rapid technological change is having a profound impact on the ways in which audiovisual media is conceived, created, and consumed. Not only have the definitions of musician and director become blurred thanks to the new methods of digital production, [...] a flow of influence between audiovisual genres and styles that has made discrete categorization an increasingly difficult task. There has been a critical consensus that this new, cross-genre form of audiovisuality is, at the level of both production and reception, *a particularly musical one.*
>
> (Rogers 2014, S. 311)

Michel Gondrys Video zu „Star Guitar" (2002) von den *Chemical Brothers* ist eines der ersten Musikvideos, das konsequent mit der musikalischen Modulation der Bilder arbeitet. Dankenswerterweise hat Gondry auch ein Video zum Arbeitsprozess bis zum fertigen Musikvideo ins Internet gestellt. Hier zeigt er, wie seine zunächst noch analogen Ideenskizzen auf Papier auf eine Sequenz von Objekten übertragen werden, die als Requisiten für ein erstes Demoband mit einer Kamerafahrt dienen. Die analog gesammelten und visuell erprobten Ideen bündeln sich dann in der Landschaftsaufnahme aus dem fahrenden Zug, die in einem einzigen Take für das gesamte vierminütige Video musikalisch moduliert wird. Im digitalen Flow verformt und akzentuiert sich der Blick in die Landschaft synchron zur Musik. Das Ganze wirkt so flüssig und selbstverständlich, dass die Komplexität sich erst beim zweiten oder dritten Sehen wirklich erschließt.[6] An

6 Eine Gruppe Studierender der Università degli Studi di Salerno haben Gondrys „Making of"-Video mit dem Video synchronisiert und haben das, was er im „Making of" erklärt, den entsprechenden Sequenzen im fertigen Produkt gegenübergestellt: Over Making of Star Guitar. *YouTube*. https://www.youtube.com/watch?v=cespq6PlwDI. Zugegriffen am 2. April 2020.

diesem Beispiel zeigt sich der Übergang vom analogen zum „digital born“-Video auch im Prozess seiner Herstellung. Die Handskizze, die an Walter Ruttmanns Berlin-Film erinnernde Kamerafahrt, die selbstreferenziell ausgelegten Videokassetten, die zu Darstellern in einem Video werden – all das sind Reminiszenzen an die Ära des analogen Films und Videos, auf deren Grundlage Gondry die digital verflüssigte Ästhetik seines Videos erzeugt. Keazor und Wübbena vermuten hinter der einzigen Textzeile „You should see what I see and you should take what I take“ von „Star Guitar“ eine Drogenerfahrung. Im Hinblick auf Gondrys Video würde dieser minimalistische Songtext ebenso gut zu der Software für die digitale audiovisuelle Bearbeitung passen: Wenn Du meine Videotools nimmst, wirst Du auch das sehen, was ich dir hier gezeigt habe.

Für einige ausgewählte Beispiele der „digital born“-Musikvideos ließe sich behaupten: Die Audiovisualität von Video findet zu sich selbst. Zweifellos handelt es sich nach wie vor um Ausnahmen, während ansonsten weiterhin affirmativer Personenkult und Gender-Stereotypen die Rezepte für ein erfolgreiches Musikvideo liefern. Exemplarisch zeigt sich das bereits an *Gangnam Style* von Psy und ebenso an allen weiteren Klickrekorden für Musikvideos: *See You Again* von Wiz Khalifa featuring Charlie Puth entthronte Psy 2017 mit mehr als drei Milliarden Views, gefolgt von *Despacito* von Luis Fonsi featuring Daddy Yankee mit mehr als vier Milliarden Views auf YouTube im selben Jahr. Alle drei meistgesehenen Musikvideos arbeiten mit der prototypischen Inszenierung der jeweiligen Sänger*innen und der Typisierung von Geschlechterrollen, die schon aus den 1980er Jahren bekannt sind.

Die Bedeutung der von Holly Rogers als „particularly musical“ beschriebenen digital-audiovisuellen Crossover-Genres beschränkt sich jedoch nicht auf die Videoclips. Diese „neuen“ Musikvideos haben heute eine stilbildende Funktion und prägen den Kinofilm und das Fernsehen durch den Transfer von Regisseur*innen. Beispielsweise erreichte Michel Gondry mit *Eternal Sunshine of The Spotless Mind* das große Kino und übernimmt dabei formale und stilistische Elemente aus seinen Musikvideos.

6 Digitale Revision des analogen Musikvideos (Grace Jones)

Eingangs wurde die Veränderung des Status der Musikvideos und die damit verbundene Revision theoretischer Positionen behandelt. An einem vielleicht einmaligen Beispiel soll die Möglichkeit einer künstlerischen Revision eines Musikvideos durch ein Musikvideo im Abstand von drei Jahrzehnten diskutiert werden.

Die LP „Slave To The Rhythm" von Grace Jones von 1985 verweist als Konzeptalbum auf die in der Musik verwendeten Samplingtechniken und auf das Musikvideo zu der Auskopplung eines der Songs.[7] Jones' damaliger Producer und Lebenspartner Jean Paul Goude hat sowohl das Artwork des Albums als auch das Video gestaltet. Die analogen Filmstreifen auf dem Albumcover, die das Porträt von Grace Jones verlängern, kehren als Aufmacher für das Video wieder. Man sieht Goude bei der Arbeit mit dem Schnittmesser, wie er aus einem großformatigen Ektachrome-Dia dieses „Image" von Grace Jones erstellt.

Slave To The Rhythm kann als Prototyp für die in den 1980er Jahren oft genannten postmodernen Tendenzen im Musikvideo gelten. Es handelt sich um eine Montage aus heterogenen Sequenzen, die durch die Rhythmisierung des Schnitts und die Persona von Grace Jones zusammengehalten werden. Wikipedia behauptet: „No new Footage of Jones herself was filmed for the video."[8] Wir sehen den bekannten Werbespot, in dem Jones für den Citroën CX wirbt und der zu einer Ikone der Fernsehwerbung geworden ist. Außerdem hat Jones im Musikvideo mehrere Auftritte mit Fotos, in denen sie als Model eine Chanel-Kollektion präsentiert. Darüber hinaus wird in Filmausschnitten für Kodak, Perrier, eine Jeansmarke, Brühwürfel und Sekt geworben. Doch das eigentliche Produkt dieses Videos ist Grace Jones selbst, die all die anderen Produkte inkorporiert und gleichzeitig als Werbeikone zum Träger dieser Produkte wird. In vieler Hinsicht verweist *Slave To The Rhythm* auf Themen, die heute aktueller denn je sind. Dazu gehören die Hybridisierung von gender- und race-Elementen sowie die Sequenzen mit selbstreflexiven „Video-Installationen", die sich mit „closed circuit"-Arbeiten aus der Videokunst vergleichen lassen.

Nach über 20 Jahren Pause kehrte Grace Jones 2008 mit *Corporate Cannibal* zurück, das als ein ikonisches Beispiel für die neue Kategorie des digital-audiovisuellen Musikvideos bezeichnet werden kann. Digitalität wird von Nick Hooker, dem Regisseur des Videos, nicht subtil eingesetzt, wie beispielsweise von Gondry in Star Guitar. Jeder versteht sofort, dass das, was wir hier sehen, nur durch digitale Manipulationen möglich ist.

---

7 Auch in musikalischer Hinsicht handelt es sich um ein Konzeptalbum, das ein Dutzend verschiedene Versionen dieses einen Titels „Slave To The Rhythm" enthält.

8 Vgl. https://en.wikipedia.org/wiki/Slave_to_the_Rhythm_(Grace_Jones_song)#Music_video. Zugegriffen am 2. April 2020.

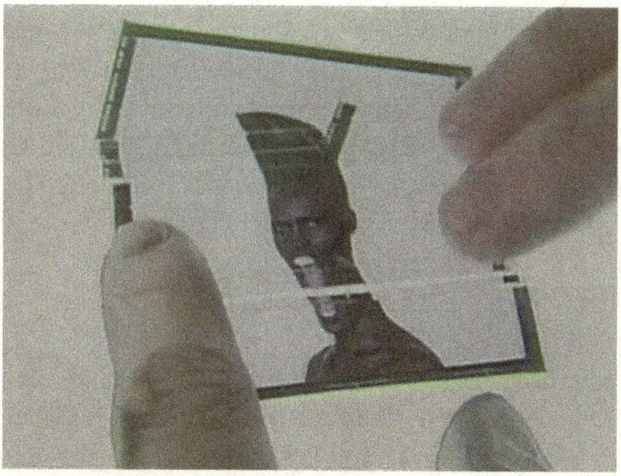

Abb. 1: Erstellung des Plattencovers von „Slave To The Rhythm" (1985) – Grace Jones: *Slave To The Rhythm* (1985), Videostill.

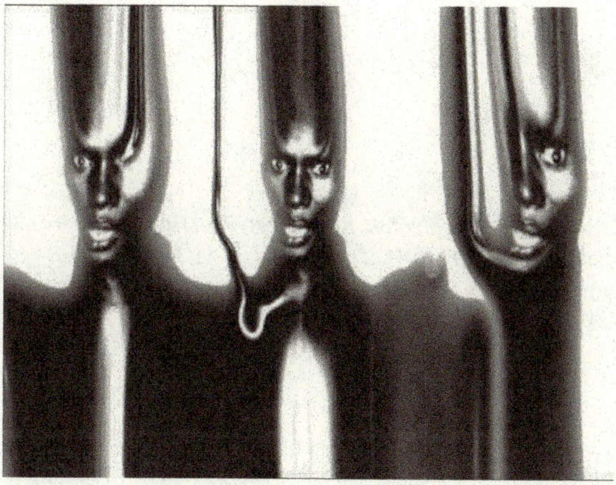

Abb. 2: Verwendung von Morphing – Grace Jones: *Corporate Cannibal* (2008), Videostill.

Corporate Cannibal bedient sich ausschließlich der Methode des Morphing. Die Persona Grace Jones fungiert erneut als Hauptdarstellerin, dieses Mal jedoch ohne die sie in *Slave To The Rhythm* umgebenden Accessoires von Werbung und Produkten. Jones nimmt in dem Song von 2008 eine Revision ihres früheren Lebens als Werbeträgerin vor, das 1985 *in Slave to the Rhythm* als Leitmotiv diente. Schon der Titel „Corporate Cannibal" impliziert die Kannibalisierung des Lebens der Gegenwart durch kapitalistische Strukturen, als deren Ikone Jones 1985 noch selbst fungierte: „Slave to the Rhythm of the Corporate Prison" (vgl. Jones 2008).

Steven Shaviro deutet *Corporate Cannibal* als Manual des Neoliberalismus: „Jones' elektronische Modulationen verfolgen die Umwandlungen des Kapitals und schmiegen sich an dessen Logik an; sie drücken das Wesen der Hedgefonds ebenso ab, wie das der Wechselkursmanipulationen ..." (Shaviro 2016, S. 128). Marc Ries weist darauf hin, dass der „post-filmische Affekt dieses Videos also Teil – und nicht bloß Repräsentation – allumfassender ökonomischer Hegemonie [ist.] [W]er ihn zu denken versucht, denkt zugleich das Neue Kapital" (Ries 2018). Die Verflüssigung des digitalen Videobildes durch Morphing entspricht der Verflüssigung des digitalen Kapitals.

Auf diese Gleichung weist Jones explizit hin: „Corporate cannibal, digital criminal" heißt es in den Textzeilen. Die eingangs skizzierte Verflüssigung der Monetarisierung von Musik und Videos durch Klicks und Views anstelle des Verkaufs von Tonträgern oder Videokassetten wäre somit im Video zu *Corporate Cannibal* gleichermaßen systemisch und selbstreflexiv, sichtbar und hörbar, körperlich und entkörperlicht präsent.

Medienverzeichnis

Abbildungen

Abb. 1: Videostill: Grace Jones. 1985. *Slave To The Rhythm*. Regie: Jean-Paul Goude. https://www.youtube.com/watch?v=Wl-Xgv7X4ME. Zugegriffen am 11. August 2020.

Abb. 2: Videostill: Grace Jones. 2008. *Corporate Cannibal*. Regie: Nick Hooker. https://www.youtube.com/watch?v=Cc61C-VsTko. Zugegriffen am 11. August 2020.

Literatur

Assar, Vijith. 2014. No, ‚Gangnam Style' Didn't Break YouTube. We Did the Math. *Wired Culture* 12.05.2014, https://www.wired.com/2014/12/gangnam-style-youtube-math/. Zugegriffen am 27. März 2020.

Belton, John. 1996. Looking through video: The Psychology of video and film. In *Resolutions. Contemporary video practices*, hrsg. Michael Renov und Erika Suderburg, 61–72. Minneapolis: University of Minnesota Press.

Bódy, Veruschka und Peter Weibel. Hrsg. 1987. *Clip, Klapp, Bum. Von der visuellen Musik zum Musikvideo*. Köln: DuMont-Buchverlag.

Cedeño Montaña, Ricardo. 2017. *Portable Moving Images: A Media History of Storage Formats*. Berlin: De Gruyter.

Daniels, Dieter und Jan Thoben. Hrsg. 2021. *Video Theories: A Transdisciplinary Reader*. London u.a.: Bloomsbury Academic.

Daniels, Dieter. 1987. Die Einfalt der Vielfalt. In *Clip, Klapp, Bum: von der visuellen Musik zum Musikvideo*, hrsg. Veruschka Bódy und Peter Weibel, 165–181. Köln: DuMont.

Daniels, Dieter. 2011a. Prologue. Hybrids of Art, Science, Technology, Perception, Entertainment, and Commerce at the Interface of Sound and Vision. In *Audiovisuology 2. Essays. Histories and Theories of Audiovisual Media and Art*, hrsg. Dieter Daniels und Sandra Naumann, 8–25, Köln: König.

Daniels, Dieter. 2011b. Touching Television: Participation Media with Marshal McLuhan, John Cage and Nam June Paik. *HGB Leipzig*. https://www.hgb-leipzig.de/daniels/Dieter-Daniels_Touching-television_2011.pdf. Zugegriffen am 27. März 2020.

Deutsches Filmmuseum. 1993. *Sound & Vision: Musikvideo und Filmkunst*. Katalog zur Ausstellung im Deutschen Filmmuseum, Frankfurt am Main, 16.12.1993–03.04.1994. Schriftenreihe des Deutschen Filmmuseums. Frankfurt am Main: Deutsches Filmmuseum.

Ernst, Wolfgang. DIE SCHEINBARKEIT DES „LIVE". *media archive performance*. http://www.perfomap.de/map3/kapitel4/scheinbarkeit/pdf-download. Zugegriffen am 27. März 2020.

Fiske, John. 1986. MTV: Post-Structural, Post-Modern. *Journal of Communication Inquiry* 10 (1): 74–79.

Groninger Museum. 1990. *What a wonderful world: music videos in architecture*. Groningen: Groninger Museum und Dienst Ruimtelijke Ordening Gemeente Groningen.

Hebblethwaite, Phil. 2013. How Michael Jackson's Thriller changed music videos for ever. *The Guardian*, 21.11.2013. https://www.theguardian.com/music/2013/nov/21/michael-jackson-thriller-changed-music-videos. Zugegriffen am 27. März 2020.

Kaplan, E. Ann. 1987. *Rocking Around the Clock: Music Television, Postmodernism, and Consumer Culture*. New York: Methuen.

Keazor, Henry und Thorsten Wübbena. Hrsg. 2010. *Rewind, Play, Fast Forward. The Past, Present and Future of the Music Video*. Bielefeld: transcript Verlag.

Keazor, Henry und Thorsten Wübbena. Hrsg. 2011. *Video thrills the Radio Star. Musikvideos: Geschichte, Themen, Analysen*. Bielefeld: transcript Verlag.

Lazzarato, Maurizio. 1997. *Videofilosofia. La percezione del tempo nel post-fordisme*. Rom: Manifestolibri.

Lazzarato, Maurizio. 2019. *Videophilosophy. The Perception of Time in Post-Fordism*. New York: Columbia University Press.

Long Beach Museum of Art. 1991. *Art of music video: ten years after*. Long Beach: Long Beach Museum of Art.

McLuhan, Marshall. 1965. Marshall McLuhan Speaks Special Collection: The Future of Man in the Electric Age. *marshallmcluhanspeaks.com*. http://www.marshallmcluhanspeaks.com/interview/1965-the-future-of-man-in-the-electric-age/?t=12m57s. Zugegriffen am 27. März 2020. Transkription des Interviews.

McLuhan, Marshall. 1975. Marshall McLuhan explains visual and acoustic space. *archive.org*. https://archive.org/details/InterviewOfMarshallMcluhanWithNinaSutton/VisualAndAcousticSpace.mp3. Zugegriffen am 27. März 2020. Transkription des Interviews.

Neumann-Braun, Klaus. Hrsg. 1999. *Viva MTV! Popmusik im Fernsehen*. Frankfurt: Suhrkamp.

Paik, Nam June, Wulf Herzogenrath und Marlis Gruterich. 1976. *Nam June Paik Werke 1946–1976: Musik Fluxus Video*. Köln: Kölnischer Kunstverein.

Paik, Nam June. 1963. AFTERLUDE to the Exposition of EXPERIMENTAL TELEVISION. *Medien Kunst Netz*. http://www.medienkunstnetz.de/source-text/31/. Zugegriffen am 27. März 2020. Originalpublikation in Fluxus Editorial Council. Hrsg. 1964. *Fluxus cc five three* 4.

Phillips, Robert R. First-Hand: Bing Crosby and the Recording Revolution. *Engineering and Technology History Wiki*. https://ethw.org/First-Hand:Bing_Crosby_and_the_Recording_Revolution. Zugegriffen am 27. März 2020.
Richardson, John. 2011. An Eye for Music: Popular Music and the Audiovisual Surreal. *Twentieth-Century Music 11* (2): 308–314.
Ries, Marc. 2018. Videotheorie und die Politik der Sinne. Dziga Vertov, Siegfried Kracauer, Maurizio Lazzarato, Steven Shaviro. Vortrag auf dem Symposium: *50 Years of Video. Vom Portapak zu Instagram*. Kunsthochschule Mainz, 14. Nov. 2018.
Rogers, Holly. 2014. Buchbesprechungen zu: Carol Vernallis. 2013. *Unruly Media: YouTube, Music Video, and the New Digital Cinema.* Oxford: Oxford University Press
Rogers, Holly. 2017. *The Music and Sound of Experimental Film*. Oxford: Oxford University Press.
Sakrowki, Robert. 2013. Skrillex Variationen. Präsentiert bei der CTM Ausstellung 2013 und dem Sonar Festival 2013. https://www.ctm-festival.de/archive/all-artists/a-e/curatingyoutubenet/. Zugegriffen am 1. April 2020.
Sanjek, Russel. 1988. *American Popular Music Business in the 20th Century. The First Four Hundred Years, Volume III: From 1900–1984*. New York: Oxford University Press.
Schmidt, Axel, Klaus Neumann-Braun und Ulla Autenrieth. Hrsg. 2009. *Viva MTV! reloaded: Musikfernsehen und Videoclips crossmedial.* Baden-Baden: Nomos.
Shaviro, Steven. 2016. Corporate Cannibal. *In Expanded Senses. Neue Sinnlichkeit und Sinnesarbeit in der Spätmoderne*, hrsg. Bernd Kracke und Marc Ries, 105–135. Bielefeld: transcript Verlag.
Straw, Will. 1988. Watching All the Music: Rock Video and Beyond. *Popular Music* 7 (3): 247–266.
Straw, Will. 2018. Le clip vidéo et ses contextes : 30 ans plus tard. *Volume !* 14 (2): 3f.
Vernallis, Carol. 2004. *Experiencing Music Video: Aesthetics and Cultural Context*. New York: Columbia University Press.
Vernallis, Carol. 2013. *Unruly Media: YouTube, Music Video, and the New Digital Cinema*. Oxford: Oxford University Press.
Viola, Bill. 1993. Der Klang der Ein-Zeilen-Abtastung. *Theaterschrift* 4: 16–54.
Zielinski, Siegfried. 2010. *Zur Geschichte des Videorekorders*. Potsdam: Polzer.

Musikvideos

Grace Jones. 1985. *Slave To The Rhythm*. Regie: Jean-Paul Goude.
Grace Jones. 2008. *Corporate Cannibal*. Regie: Nick Hooker.
Luis Fonsi. 2017. *Despacito*. Regie: Carlos Pérez.
Michael Jackson. 1984. *Thriller*. Regie: John Landis.
Psy. 2012. *Gangnam Style*. Regie: Cho Soo-hyun.
The Chemical Brothers. 2002. *Star Guitar*. Regie: Michel Gondry.
Wiz Khalifa und Charlie Puth. 2015. *See You Again*. Regie: Marc Klasfeld.

Filme

Eternal Sunshine of the Spotless Mind. 2004. Regie: Michael Gondry. USA: Focus Features.

Teil II: Pop und Subversion: Gegenkulturelle Prozesse der Aneignung

Renate Buschmann

Extrem laut und unglaublich erfolgreich

Die Popularisierung und Kommerzialisierung von Videokunst durch das Format Musikvideo

Abstract: Gemeinhin wird angenommen, dass Musikvideos nichts weiter als hoch entwickelte Werbevideos und eine Art Illustration für Pop-Songs seien. Im Gegensatz dazu wird in diesem Beitrag die These vertreten, dass das Medium Musikvideo nicht ausschließlich im auf Unterhaltung und Werbeeffekt ausgelegten Musikfernsehen stattgefunden hat. Denn Musikvideos waren auch Teil einer medialen Alternativkultur, in deren Rahmen Künstler*innen in den 1980er Jahren mit Hilfe der noch neuen Videotechnik eine Synthese von zeitgenössischer visueller Ästhetik und Musik jenseits der Charts anstrebten. Dieser Zusammenhang wird durch die Betrachtung des umfangreichen Programms der Vertriebsagentur *235 Media* in den Blick genommen. Ausgehend von einer subkulturellen Haltung, die sich durch den Vertrieb von DIY-Tonkassetten äußerte, wurde *235* später auch zu einem Vertrieb von künstlerischen Musikvideos und einem der wichtigsten Vertriebe von Musikvideos in Deutschland. Dieser Beitrag unternimmt dabei nicht nur eine Untersuchung der medientechnisch geprägten Ästhetik der Videos, sondern untersucht auch die spezifischen Vertriebswege von früher Medienkunst – ein Komplex, der bisher in der Forschung wenig behandelt wurde.

Schlüsselwörter: Medienkunst, Videokunst, Videomagazine, Subkultur, Punk, 235 Media

Die kritische Bewertung des Genres „Musikvideo“ ist eng verbunden mit der Vorstellung, dass es sich bei den Clips, die diesem Genre zugeordnet werden, zwar um durchaus künstlerische Produkte handelt, diese aber vorrangig in den Diensten des Marketings stehen. Mit dem Aufkommen des Musikfernsehens und dessen Spezialisierung auf Rock- und Popmusik war es nicht mehr zu übersehen, dass Musikvideos neben ihrem Unterhaltungswert in musikalischer und visueller Hinsicht auch ein Vermarktungsinstrument für den Song, die Band und die Interpret*innen waren. An die enorme Präsenz des Musikvideos im Fernsehen und ihre jeweiligen Botschaften waren zweifellos – und auch verständlicherweise – Vermarktungsstrategien von Musikproduzent*innen und der Musikindustrie gekoppelt. Musikvideos hatten deshalb mit dem Image zu kämpfen, auf seichtem

https://doi.org/10.1515/9783110730623-004

Fernsehniveau ein absatzförderndes Beiwerk zum eigentlich im Mittelpunkt stehenden Musikstück zu sein.

Das ist prinzipiell nichts Neues, denn aus Jahrhunderten der Kunstgeschichte ist bekannt, dass die Auftraggeber*innen von Kunstwerken selbstverständlich ihre Interessen, Präferenzen und Sichtweisen eindrucksvoll bebildert haben wollten und auch ein Mitspracherecht daran besaßen, denkt man beispielsweise an die Ausstattung mit Fresken und Deckengemälden in Kirchen und anderen Repräsentationsbauten. Doch abseits dieser Kritik, die die künstlerische Unabhängigkeit der Produkte des Genres Musikvideo in Frage stellte, begrüßte man Musikvideos auch bereits in den 1980er Jahren wegen ihres innovativen Potentials, das außerhalb der ansonsten damals wenig bekannten Videokunstszene für Aufsehen sorgte. So formulierte Peter Weibel 1987 in *Clip, Klapp, Bum. Von der visuellen Musik zum Musikvideo* provokant:

> Auch noch in der industriellen Verformung ist in den besten Musikvideos mehr Videokunst zu sehen, mehr Freiheit, Experiment und Fortschritt im visuellen Design als in den meisten Kunstvideos der Kunstszene: eine der Paradoxien unserer kapitalistischen Gesellschaft. (Weibel 1987, S. 161)

Diese einleitenden Überlegungen haben dazu geführt, dass ich im Folgenden keine Musikvideos behandeln werde, die ihre Verbreitung primär über das Massenmedium des Fernsehens gefunden haben. Vielmehr werde ich darlegen, dass seit den 1980er Jahren, auch außerhalb des kommerziellen Fernsehkontextes, bei vielen Videokünstler*innen ein beachtliches Interesse am experimentellen Arrangement von Ton und Bild, von Musik und bildnerischen Kompositionen festzustellen ist. Diese künstlerischen Musikvideos fanden über alternative Vertriebswege ihr Publikum. Es ist bereits mehrfach aufgezeigt worden, wie der abstrakte Avantgardefilm der 1920er und 1930er Jahre, die Bestrebungen der elektronischen Musik und der Fluxus-Bewegung ebenso wie der strukturelle Film der 1960er Jahre grundlegend waren für die Entstehung einer audiovisuellen Musik, die unter anderem in den Musikvideos mündete (vgl. Weibel 1987). Die sich in den 1980er Jahren ständig weiterentwickelnde Videotechnik mitsamt der Möglichkeit einer elektronischen Herstellung und Gestaltung von Bewegtbild und Ton bot sich geradezu an, die avantgardistische und künstlerische Ästhetik zeitgenössisch zu erweitern und eben auch Musikvideos für ein Publikum zu produzieren, das sich vom musikalischen Mainstream absetzte.

Ein Zugang zu solchen Musikvideos war selten über die öffentlichen Fernsehsender möglich, sondern musste über Vertriebe erfolgen, die Musikvideos auf VHS-Kassetten für den Heimvideobereich verkauften. Diesen ging es darum, eine nicht fernsehkonforme Käuferschicht mit alternativer Musik und entsprechenden Musikvideos zu beliefern, die sich grob in die Bereiche Punk, Post-Punk, Industrial und New Wave einordnen lassen.

Einer der in Deutschland maßgeblichen Vertriebe war *235 Media* in Köln, aus dessen Programm nachfolgend einige Beispiele vorgestellt werden. Den institutionellen Hintergrund und die Materialgrundlage dieser Forschung über den Vertrieb *235 Media* bildet das Archiv der Stiftung imai (inter media art institute). Die Stiftung imai wurde 2006 in Düsseldorf gegründet, um das Archiv dieses ehemaligen Vertriebs zu übernehmen, es zu bewahren, zu vermitteln und zu erforschen. Die Forschung hat sich besonders seit 2015 intensiviert, als es durch eine Förderung der Gerda Henkel Stiftung möglich wurde, die Herkunft des imai-Archivs zu untersuchen.[1] Mit dieser Recherche sollte ergründet werden, wie sich die Konstellation der Sammlung, die von der Vertriebsagentur *235 Media* übernommen wurde, erklären lässt. Dabei stieß man unweigerlich auf Aspekte des frühen Musik- und Videovertriebs und die Frage, wann und wie eine Verbreitung und Ökonomisierung von audiovisueller Kunst überhaupt einsetzte. Zu dem Vertrieb von Videokunst hat in den Kunst-, Kultur- und Medienwissenschaften bislang kaum eine wissenschaftliche Auseinandersetzung stattgefunden. Deshalb ist der Frage nachzuspüren, inwieweit Videokunstvertriebe – angesiedelt außerhalb des eigentlichen Kunstmarktes mit seiner klassischen Vertriebsform der Galerie – zur Distribution und Rezeption von Videokunst und Musikvideos beigetragen haben.[2]

Der Videokunstvertrieb *235 Media* begann ursprünglich als Musikkassettenvertrieb und hieß anfangs nur *235*. Ein erstes Ladengeschäft eröffnete in Bonn. Dieses wurde rund zwei Jahre später nach Köln verlagert. Später firmierte der Vertrieb eine Zeit lang als *235 Video*, bevor dann ab den frühen 1990er Jahren durchgängig der Name *235 Media* verwendet wurde. Bundesweit war bei anderen Vertrieben und bei *235 Media* das Phänomen zu beobachten, dass die Audiokassette nicht nur von der Musikindustrie als handliche Alternative zur Schallplatte angeboten wurde, sondern dass sie auch von der Alternativkultur als autonomes,

---

1 Das Forschungsprojekt „Die Medienkunstagentur 235 MEDIA. Ihre Bedeutung hinsichtlich der Produktionsbedingungen, Ökonomisierung und Internationalisierung von Medienkunst" wurde in der Stiftung imai unter Leitung der Autorin von 2015 bis 2018 durchgeführt. Die Publikation *Video Visionen. Die Medienkunstagentur 235 Media als Alternative im Kunstmarkt* (Buschmann und Nitsche 2020) fasst die Forschungsergebnisse zusammen.

2 Die Stiftung imai hat dazu am 8. und 9. Mai 2018 die internationale Tagung „Video Art Distribution. From Alternative Art Market to Commercialization" (organisiert von Renate Buschmann und Jessica Nitsche) veranstaltet.

erstmals leicht reproduzierbares Medium entdeckt worden war. Die Vervielfältigung der Audiokassette konnte ohne großen Aufwand im Do-It-Yourself-Verfahren besorgt werden, was zur Folge hatte, dass zahlreiche sogenannte Tonkassetten-Labels eröffnet wurden, die auf dem Alternativmarkt das veröffentlichten, was in Musikverlagen und im Fernsehen chancenlos war. Die praktischen und günstigen Vervielfältigungstechniken motivierten politische ebenso wie musikalische Underground-Aktivist*innen dazu, ihre eigenen Informations- und Verbreitungszirkel aufzubauen. Ein Beispiel dafür sind auch die sogenannten Fanzines, die erst durch das Aufkommen von Fotokopierern möglich wurden. Bei diesen handelte es sich um selbst gestaltete und dann fotokopierte Loseblatt-Sammlungen, die individueller und unkonventioneller als kommerzielle Musikzeitschriften über die alternative Musikszene der 1980er Jahre berichteten. Ein Artikel, der 1983 im Wochenmagazin *Der Spiegel* veröffentlicht wurde und diesen subkulturellen Unternehmungen Aufmerksamkeit schenkte, war mit dem folgenden Titel überschrieben: „Rauhe Töne – Underground-Aktivisten experimentieren mit der Tonkassette. Entwickelt sich ein Medienverbund für die Szene?" (vgl. SPIEGEL 1983). Audiokassetten wurden als Befreiungsschlag für die alternative Musikszene gefeiert. Molto Menz, der Inhaber des Münchner Kassettenlabels *Du bist so gut zu mir*, verkündete, „daß zu Beginn der achtziger Jahre das Kopieren von Kassetten so günstig wurde, daß man bei der Produktion von akustischen Botschaften keine zentralistischen großen Brüder mehr brauchte" (SPIEGEL 1983, S. 233). *Du bist so gut zu mir* (München) und *Unterm Durchschnitt* (Hamburg) sind beispielhafte Labels, die neben *235* die alternative Szene in der Bundesrepublik prägten.

Ab 1984 erweiterte *235* seine primäre Vertriebstätigkeit im Musiksektor um den Bereich Video. Die autonomen Verbreitungsstrategien, die im Sektor Musik bereits Erfolg versprachen, ließen sich nun, als die Videotechnik zunehmend verbraucherfreundlicher und preisgünstiger wurde, auch auf den Bereich des bewegten Bildes übertragen. Dieser Bereich schloss Videos ein, die nicht über Videotheken bezogen werden konnten, die die Ansprüche der gängigen Unterhaltung verließen und im weitesten Sinne künstlerische Ambitionen verfolgten. Axel Wirths und Ulrich Leistner, die Inhaber von *235*, beschrieben das Sortiment im Vorwort ihres ersten ausschließlichen Videovertrieb-Kataloges 1984/85 folgendermaßen:

> Der Zuschauer muß offen sein, die Sehgewohnheiten von Fernsehen und Kino abzulegen, und sich bewußt machen, daß Video in kurzer und kürzester Zeit, oft in schneller Schnittfolge, eine Informationsflut präsentiert, die beim herkömmlichen Film in eineinhalb Stunden aufgearbeitet wird, und daß vielleicht nur eine Assoziation oder ein Gefühl zurückbleibt und beabsichtigt ist. [...] Wir werden unser Nervensystem auf die Anforderungen der

> modernen Informationsgesellschaft einstimmen müssen, dürfen aber auch eine klare Bildsprache verlangen, die es ermöglicht, Zusammenhänge zu erfassen, ohne daß durch technische Tricks, schweifende Spielereien, die über nicht vorhandene Aussagen hinwegzucken, Verwirrung gestiftet wird.
>
> (235 Media 1984/85)

Man könnte behaupten, dass viele der im Sortiment von *235 Media* angebotenen Videos diesem Anspruch, keine Verwirrung zu stiften, nicht gerecht wurden, weil eben provozierende und irritierende Inhalte, Klangwelten und Bildsprachen zur Intention der Bands und der audiovisuellen Künstler*innen gehörten. Ein zusätzliches Segment des Katalogs war den Musikvideos vorbehalten, denn es war mehr als naheliegend, dass sich bei dem Musikvertrieb *235* eine große Aufmerksamkeit auf genau diese Verbindung von Musik und Video richtete.

Mit dem Bereich der Videokunst war *235* über das Videomagazin *Video Congress* in Kontakt gekommen (vgl. Buschmann 2020). Seit 1982 wurden von einem fluktuierenden Künstlerkollektiv mit dem gleichlautenden Namen regelmäßig Videomagazine herausgegeben, zunächst unter dem Titel *Schauinsland*, später unter dem Kollektivnamen *Video Congress*. In Anlehnung an Print-Magazine versammelten diese Videobänder mehrere individuelle Beiträge zu einem Schwerpunktthema. Synonym zu „Videomagazin" gebrauchte man die Wortschöpfung „Videonal", mit der die Idee des Journals als traditionelles Printmedium in das audiovisuelle Medium Video übersetzt worden war. Zielgruppe war ein junges Publikum außerhalb von Museen und Galerien, das sich mit Punk und New Wave identifizierte und eine kritische, antibürgerliche und zugleich extravagante Audiovisualität verlangte.

Die Ausgaben waren eine Sammlung von clipartigen, fünf- bis achtminütigen Videos, die geprägt waren von farb- und bildintensiven Einstellungen, von Verfremdungseffekten, von temporeichen Motivwechseln und insbesondere von ihrer Verbindung zu Punk, New Wave und elektronischer Musik. Diese Beiträge gingen hervor aus einer sich überschneidenden, musikalischen und künstlerischen Szene, in der viele Protagonist*innen grenzüberschreitend und in mehreren Disziplinen tätig waren und nach gleichberechtigter Interaktion zwischen Bewegtbild und zeitgenössischer Musik suchten.

In der ersten Ausgabe von *Video Congress*, die noch unter dem Titel *Schauinsland* erschien, der Nullnummer aus dem Jahr 1982, findet sich ein Zusammenschnitt von Videos, die Norbert Meissner und Klaus Maeck ein Jahr zuvor über westdeutsche Punk-Bands gedreht hatten (vgl. Meissner und Maeck 1982). Zuerst wird ein Ausschnitt aus einem Porträt über die Band *Abwärts* gezeigt, das 1981 entstanden war und die Implosion deutscher Gutbürgerlichkeit sowie staatlicher und kirchlicher Autorität im wahrsten Sinne des Wortes herausschreit. Im Anschluss folgt eine Kombination aus Ausschnitten eines eigentlich 30-minütigen Videos, das Meissner und Maeck im Herbst 1980 über die legendäre Tournee „Die Berliner Krankheit“ gedreht hatten. Bei dieser Tournee hatten sich drei Punk-Bands zusammengetan: *Einstürzende Neubauten*, *Mechanik Destrüktiw Komandöh* und *Sprung aus den Wolken*. Das Video ist nicht darauf reduziert, die zerstörerische Wucht der Bühnenauftritte dieser Punk-Bands zu zeigen und ihre Dissonanz zur Disco-Attitüde der zeitgenössischen *Saturday Night Fever*-Welle zu demonstrieren. Vielmehr reagiert es darauf auch als bildnerisches Pendant mit Verzerrungen, Zersplitterungen und Farbübersteuerungen in den Videobildern.

Das Fanzine *Lautt* kommentierte die ersten Videomagazine unter dem Titel *Schauinsland* regelrecht euphorisch. Diese waren vor der Umbenennung der Magazinreihe in *Video Congress* vom gleichnamigen Kollektiv veröffentlicht worden:

> vor allem aber sind die produkte von VIDEOCONGRESS bänder, die mit der form des mediums spielen. da laufen bilder so schnell ab, daß sie nicht mehr einzeln sehbar sind; da verändert dieselbe situation auf dem bildschirm fünfmal ihre farbzusammenstellung; da werden montagen zusammengestellt, die wirre und irre bilder ergeben usw. die wichtige frage für den zuschauer ist nicht mehr die der handlung […], sondern ob der fernseher diese masse an bildern überhaupt aushält oder implodiert. dieses spiel mit dem medium, mit den technischen möglichkeiten, mit den formen der bilder, mit der aufteilung des bildschirms usw. macht experimentelle videos für das auge des tv-erfahrenen und tv-geprägten betrachters spannend.
>
> (Nicoletti 1983, S. 15)

Im Jahr 1986 erschien mit der neunten Nummer das letzte Magazin von *Video Congress*, bevor die Reihe eingestellt wurde. Dieses Videonal war mit dem Thema „Reisebekanntschaft“ überschrieben und setzte auf Internationalität, die nicht zuletzt in dem Leitmotiv zum Ausdruck kam (vgl. Video Congress 1986). 20 Künstler*innen, davon sieben aus Westdeutschland und 13 aus weiteren europäischen Ländern, Nordamerika und Australien, hatten aktuelle Videoarbeiten zum Magazin beigesteuert, die in der Mehrzahl das Unterwegssein und die Begegnung mit vermeintlich fremden Kulturen thematisierten. Bereits das Intro des Videomagazins, das als Art Inhaltsverzeichnis diente, war wie ein Musikvideo aufgemacht, das in kurzweiliger Form sämtliche Beiträge als Teaser in zwei Minuten vorstellte.

Ein Beitrag des Videonals stammt dabei von Pyrolator – mit bürgerlichem Namen Kurt Dahlke – und illustriert dessen Song „ZV9“. Er verweist mit diesem Video auf sein damals aktuelles Album *Home-Taping Is Killing Music*, das er 1984 mit A. K. Klosowski produziert hatte. Es ist ein bewusst humorvoller Rückgriff auf die künstlerische Technik der Collage – des manuellen Ausschneidens und Zusammenklebens von bereits bestehenden Bildmaterialien –, die ein bildnerischer Vorläufer des musikalischen Sampling ist. Das Design des Videos begibt sich in einen Widerspruch zu den verfügbaren, elektronischen Bildbearbeitungstechniken und ironisiert damit den von der Musikindustrie um 1980 verbreiteten Slogan „Home-Taping Is Killing Music“, mit dem man auf zu befürchtende Absatz- und Umsatzeinbußen durch das private Kopieren auf Musikkassetten hinweisen wollte.

Ab Mitte der 1980er Jahre konnte man über den Vertrieb *235* eine stetig wachsende Zahl von künstlerischen Videoarbeiten beziehen, unter ihnen auch zahlreiche Positionen, die an der Schnittstelle zwischen bildender Kunst und Musik anzusiedeln sind. In vielen dieser Videos gibt es keine strikte Aufgabentrennung zwischen denen, die Musik machen, und denen, die bildnerisch gestalten. Beides geschieht häufig in Personalunion, was bedeutet, dass die Funktionen von Videokünstler*innen, Musiker*innen, Darsteller*innen, Tänzer*innen und Designer*innen vereinigt werden. Dieses Vorgehen veranschaulicht das Ziel einer homogenen Komposition, in der weder die Musik noch das Videobild eigenständig sind oder gar ausgekoppelt werden können. Aus der Verfügbarkeit von Techniken zur Erzeugung und Speicherung von elektronischen Klängen und Bewegtbildern resultieren intermediales Denken und Handeln. Dafür beispielhaft ist das Video *Achtung! Raum-Kontrolle*, das 1986 durch das Wiener Künstler*innenduo GRAF + ZYX herausgegeben wurde (vgl. GRAF + ZYX 1986). In den Videos von Inge Graf und Walter Zyx gibt es eine wechselseitige Resonanz zwischen Computeranimation und musikalischem Rhythmus. Der minimalistische Sound ist nicht Begleitmusik, sondern Grundlage für die Interaktion mit dem elektronischen Bildvokabular. Piktogrammartige Motive bewegen sich zum repetitiven Rhythmus in kosmischen Klang- und Bildwelten. Ein fünfzackiger Stern erscheint als leere Design-Chiffre oder vielleicht doch als Zeichen medialer Anarchie. Das wiederkehrende großformatige Auge im Fernsehmonitor konnotiert das Fernsehen als dystopisches Medium. Elektronisch bewegte Tänzer*innen erscheinen aus der Tiefe des elektronischen Raumes, der ebenso die Grenzenlosigkeit des Weltalls wie das Amorphe des elektronischen Bildrauschens aufgreift.

Das nachfolgende Beispiel *Ohi Ho Bang Bang: The Two* nahmen Akiko Hada und Karl Bonnie 1988 zusammen mit dem Musiker Holger Hiller auf, der auch Bandmitglied bei *Palais Schaumburg* war (vgl. Bonnie et al. 1988). Dieses Video zeigt die Erzeugung von Geräuschen und deren rhythmische Taktung, die in die Form des Videos übertragen wird. Erst durch den Schnitt der visuellen und akustischen Aufzeichnung ergibt sich aus den Percussion-, Scratching- und Beat Boxing-Elementen eine audiovisuelle Komposition.

Das letzte Beispiel, das an dieser Stelle vorgestellt werden soll, ist eine sehr frühe Videoarbeit von Brian Eno. *Mistaken Memories Of Mediaeval Manhattan* von 1980/81 gehört zu seinen sogenannten „Video Paintings" und wurde auf VHS-Kassette von der Edition *Atelier Markgraph GmbH* im Oktober 1987 herausgegeben. Somit war die Videoarbeit einige Jahre nach ihrer Aufführung in Museen und Galerien auf dem allgemeinen Unterhaltungsmarkt verfügbar und wurde ab dem Jahr 1987 über *235 Media* verkauft. Anfang der 1970er Jahre war Eno mit der Band *Roxy Music* berühmt geworden, spielte einige Jahre später Soloalben ein und produzierte zusammen mit Musikgrößen wie David Bowie, David Byrne von den *Talking Heads* oder auch *U2*, um nur einige Beispiele aus den 1980er Jahren zu nennen. Eno, der ursprünglich ein Studium der bildenden Kunst absolviert hatte, schuf in jenen frühen 1980er Jahren videokünstlerische Arbeiten, die seine programmatische Ambient Music miteinbezogen. Für die ursprünglich mehrkanalige Installation *Mistaken Memories Of Mediaeval Manhattan* verband Eno unter anderem Tracks von seinen Alben *Music For Airports* und *On Land* mit sieben Videosequenzen, die er 1980 und 1981 von der Skyline Manhattans aufgenommen hatte. Die Drehung des üblicherweise querformatigen Videobildes in ein Hochformat war für Eno ein wesentlicher Aspekt bei diesem Werk, den er als Vorführanweisung sogar auf der VHS-Kassettenhülle abdrucken ließ. Dort heißt es: „Dieses Video ist im Hochformat aufgenommen. Stellen Sie bitte Ihr Fernsehgerät hochkant auf die rechte Seitenfläche" (Eno 1987). Im Gegensatz zu den bisher angeführten Beispielen, in denen schnelle Videoschnitte, kontrastintensive Bildeinstellungen und elektronische Raumkonstrukte dominierten, gewinnt in diesem Video die Entschleunigung von Bild und Ton an Bedeutung – und dies, obwohl eigentlich ein Zeitraffer bei den Videosequenzen eingesetzt worden ist. Feine Modulationen von Licht, Schatten und Wolkenformationen werden so erkennbar und korrespondieren mit der subtilen Atmosphäre der meditativen Klangwelten. Wenngleich man das Video aufgrund seiner Länge von 47 Minuten nicht mehr als Clip einordnen kann, veranschaulicht dieses Musikvideo, dass es weniger um eine harmonische Parallelisierung von Bild und Ton geht, sondern vielmehr darum, eine synästhetische Einheit zu erzeugen.

Musikvideos waren nicht ausschließlich dem Sektor des Musikfernsehens vorbehalten, in dem Unterhaltung und die verkaufsfördernde Wirkung dieses Genres im Vordergrund standen. Musikvideos waren auch Teil einer Alternativkultur, in der Künstler*innen in den 1980er Jahren die damaligen Bedingungen der Videotechnik nutzten, um eine Synthese von zeitgenössischer Bildästhetik und einer Musik jenseits der aktuellen Charts herbeizuführen. Die Zielsetzung ging weit darüber hinaus, ausschließlich eine Übersetzung der Musik ins Bild oder andersherum die Übersetzung des Visuellen in die Musik zu leisten. Die Zeitlichkeit im Video stand in Analogie zur Zeitlichkeit der Musik, so dass die Interaktion von Videobild und Ton nicht nur das Phänomen der Musikvideos hervorbrachte, sondern generell zu einem wesentlichen Merkmal der Videokunst in den 1980er Jahren wurde. Axel Wirths, Gründer von *235 Media*, beschrieb 1993, dass „der Videokünstler mehr und mehr zu einer Art audiovisuellen Komponisten" werden würde (Wirths 1993, S. 45). Unkonventionelle und eigenwillige Musikvideos profitierten vom Aufwind der popkulturellen Musikvideo-Industrie und fanden ihr Publikum und einen geringen Absatzmarkt bei Videokunst-Vertrieben wie *235 Media*.

Medienverzeichnis

Literatur

235 Media. *1984/85*. Verkaufskatalog im Archiv der Stiftung imai.

Buschmann, Renate und Jessica Nitsche. 2020. *Video Visionen: Die Medienkunstagentur 235 Media als Alternative im Kunstmarkt*. Bielefeld: transcript Verlag.

Buschmann, Renate. 2020. Video Congress. Ein Kollektiv und Magazin künstlerischer Videoaktivist*innen. In *Video Visionen. Die Medienkunstagentur 235 Media als Alternative im Kunstmarkt*, hrsg. dies. und Jessica Nitsche, 103–126. Bielefeld: transcript Verlag.

Eno, Brian. 1987. *Mistaken Memories Of Mediaeval Manhattan*. VHS-Cover. Frankfurt am Main: Atelier Markgraph GmbH.

Nicoletti, Luigi. 1983. Die Artisten sind nicht mehr ratlos: Video! *Lautt* 4, Herbst 1983: 14–15.

SPIEGEL. 1983. Rauhe Töne – Underground-Aktivisten experimentieren mit der Tonkassette. Entwickelt sich ein Medienverbund für die Szene? *Der SPIEGEL* 14/1983. https://www.spiegel.de/spiegel/print/d-14024117.html. Zuletzt abgerufen am 2. August 2020.

Weibel, Peter. 1987. Von der visuellen Musik zum Musikvideo. In *Clip, Klapp, Bum. Von der visuellen Musik zum Musikvideo*, hrsg. Veruschka Bódy und ders., 53–162. Köln: DuMont-Buchverlag.

Wirths, Axel. 1993. Musikclips und Videokunst. In *Sound & Vision. Musikvideo und Filmkunst*, hrsg. Herbert Gehr, 43–47. Frankfurt am Main: Lang.

Videoclips und Musikvideos

Bonnie, Karl, Holger Hiller und Akiko Hada. 1988. *Ohi Ho Bang Bang: The Two*. Verfügbar im Archiv der Stiftung imai. https://www.stiftung-imai.de/videos/online-archiv/medium/0356 Zugegriffen am 25. August 2020.

Eno, Brian. 1987. *Mistaken Memories Of Mediaeval Manhattan*. Frankfurt am Main: Atelier Markgraph GmbH.

GRAF + ZYX. 1986. *Achtung! Raum-Kontrolle*. Verfügbar im Archiv der Stiftung imai. https://www.stiftung-imai.de/videos/online-archiv/medium/0340. Zugegriffen am 25. August 2020.

Meissner, Norbert und Klaus Maeck. 1982. Musikvideos. *Schauinsland* Videomagazin Nr. 0: Prolog. Verfügbar im Archiv der Stiftung imai. https://www.stiftung-imai.de/videos/online-archiv/medium/0984. Zugegriffen am 25. August 2020.

Video Congress. 1986. *Video Congress* Videomagazin Nr. 9: Reisebekanntschaft. Verfügbar im Archiv der Stiftung imai. https://www.stiftung-imai.de/videos/online-archiv/medium/1134. Zugegriffen am 25. August 2020.

Ann-Kathrin Allekotte

„Video with a Message"

Gegenkultur und Subversion im zeitgenössischen Musikvideo

Abstract: Das Musikvideo hat sich in den letzten Jahren zunehmend von seinem Ursprung im Musikfernsehen entfernt. Nachdem für Sender wie MTV und Viva der Fokus nicht mehr auf die Ausstrahlung von Musikvideos gerichtet ist, beziehungsweise sie den Sendebetrieb komplett eingestellt haben, erhält das Musikvideo auf Videoplattformen im Internet längst wieder große Aufmerksamkeit. Es wird somit erneut zu einem festen Bestandteil jugendlicher Popkultur. Dabei wird das Musikvideo immer häufiger nicht nur als Werbemittel oder Verbreitungsweg für Musik verstanden, sondern auch als ein Medium für gesellschaftliche und politische Botschaften. Der Beitrag reflektiert diese Entwicklung und ihre komplexen Zusammenhänge mit dem digitalen Mediendispositiv, popkulturellen Praktiken der Subversion und Aneignung sowie aktuellen gesellschaftskritischen Diskursen.

Schlüsselwörter: MTV, VIVA, Musikvideo, Childish Gambino, The Carters, Janelle Monáe, Black Lives Matter

Nachdem der US-amerikanische Sender MTV das „Music Television" nicht nur aus seinem Programm, sondern im Jahr 2010 schließlich auch aus seinem Logo strich (vgl. Kreps 2010) und Ende 2018 der deutsche Musiksender Viva eingestellt wurde (vgl. Lückerath 2018), sind es Videoplattformen im Internet, die dem Musikvideo eine neue Bühne ermöglichen und es eine Renaissance erleben lassen. Nach dem Ende des klassischen Musikfernsehens ist zu beobachten, dass Musikvideos erneut zu einem festen Bestandteil popkultureller Jugendkultur geworden sind und ihr als ein wichtiger Referenzpunkt dienen. Die steigende Relevanz von Musikvideos mitsamt ihrer Rezeption und Rezipierbarkeit im Internet sowie ihre vermehrt zu beobachtende Verfestigung in popkulturellen Praktiken und dem popkulturellen Geschehen lassen sich unter anderem daran festmachen, dass etwa seit Juni 2018 (vgl. Sanchez 2018) Videoabrufe auf den gängigen Video-Plattformen bei der Erstellung der britischen Charts mit eingerechnet werden (vgl. Spickhofen 2018). Der Markt habe sich radikal verändert, heißt es in der Branche. Eine Neuausrichtung sei zeitgemäß, denn längst sind Musikvideos ein wichtiger Verbreitungsweg für Künstler*innen geworden, „so wichtig wie Downloads oder Streaming-Dienste. Es ist völlig unzeitgemäß, das nicht bei den Single-Charts zu berücksichtigen" (vgl. Spickhofen 2018), so

https://doi.org/10.1515/9783110730623-005

Martin Talbot, Chef der Official Chart Company, jenem Unternehmen, das jeden Freitag die offizielle Liste der britischen Top-100-Singles vorlegt. Er beschreibt, dass die Miteinbeziehung der Musikvideoabrufe auf YouTube ein bedeutender Schritt für Großbritannien sei und gewährleistet, dass The Official Chart weiterhin die umfassendsten und vertrauenswürdigsten Charts in Großbritannien sind und sie dadurch auch nicht auf den Kopf gestellt würden (vgl. Sanchez 2018).

Immer mehr Künstler*innen scheinen das vielseitige Medium aber nicht nur zur Verbreitung ihrer Musik, sondern auch dafür zu nutzen, um Missstände in Gesellschaft und Politik oder Themen wie mangelnde Gleichberechtigung, Heteronormativität, Rassismus, Klimawandel oder Waffengewalt anzusprechen, verbunden mit einem Appell zur gesellschaftskritischen Reflexion. Zwar wäre es naiv anzunehmen, das Letztere geschehe immer gänzlich ohne kommerzielle Hintergedanken; gleichwohl kommt dem Musikvideo eine ambivalente Rolle zwischen politischer Aussage, solidarischer Positionierung, kapitalistischem Werkzeug der Musikindustrie und subversiver Kunst zu.

Seit 2011 werden bei den MTV Video Music Awards in einer als „Video With A Message" betitelten Kategorie Musikvideos ausgezeichnet, die aktuelle soziale und politische Themen behandeln. Über die Jahre durchlief die Kategorie mehrere Namensänderungen. So hieß sie 2013 „Best Video with a Social Message" (vgl. MTV Video Music Awards 2013) und wurde, nachdem die *social activism*-Kategorie 2016 aus dem Award verschwand, im Jahr 2017 als „Best Fight Against the System" (vgl. MTV Video Music Awards 2017) wieder eingeführt, um das Interesse und Engagement des Publikums in Bezug auf Fragen der sozialen Gerechtigkeit zu reflektieren (vgl. White 2017). Der radikal klingende Titel, den man als Ergebnis des gesellschaftlichen Protests und als Reaktion auf die damalige politische Situation in den USA deuten kann, steht auch exemplarisch für die in jenem Jahr vorgenommenen Änderungen und Neuerungen des MTV Video Music Awards: Obwohl die Idee hinter der Kategorie möglicherweise dieselbe war wie bei den früheren Auszeichnungen, neigten die nominierten Künstler*innen 2017 dazu, in ihren Botschaften dezidierter zu werden, beispielsweise in direktem Zusammenhang mit bestimmten sozialen Bewegung wie *#NoDAPL*[1] und *Black Lives Matter* (BLM). Der direkte Bezug der Kategorie „Best Fight Against the System" zum aktuellen politischen Geschehen wird noch einmal dadurch deutlich, dass in Gedenken an die Opfer des Anschlags in Charlottesville 2017 alle Nominierten der Kategorie den begehrten Video Music Award gewannen (vgl. Schilling 2017). Seit 2018 trägt die wohl politischste Ka-

---

1 Siehe dazu #NoDAPL Archive – Standing Rock Water Protectors, www.nodaplarchive.com, letzter Zugriff am 28. September 2020.

tegorie des Awards den allgemeineren Titel „Video with a Message“ (vgl. MTV Video Music Awards 2018). Am Wandel der genauen Bezeichnung der Kategorie wird unter anderem die Schwierigkeit deutlich, Musikvideos in „with“ oder „without message“, also mit mehr oder weniger bedeutendem gesellschaftspolitischen Inhalt, einzuteilen. Trotz oder gerade aufgrund der unverkennbaren Unsicherheit und Vagheit der Kategorie ist es reizvoll, der Frage nachzugehen, ob und welche Musikvideos und deren Botschaften sich von anderen abheben und warum – auch im Hinblick auf aktuelle Mediendispositive.

1 Verortung des Musikvideos

In Zeiten von YouTube, Vimeo und diversen Streamingdiensten sowie angesichts der vielfachen Möglichkeiten des Internets hinsichtlich Verbreitung und Modifikation des geteilten Inhalts fällt eine zeitgenössische Definition des Mediums Musikvideo zusätzlich schwer. Der Begriff oszilliert zwischen Videokunst, Videoclip, *promotional clip*, musikalischem Kurzfilm und in weiteren Verortungen zwischen Kunst und Kommerz. Als kleinster gemeinsamer Nenner steht wohl das Verhältnis von Auditivem und Visuellem, Klang und Bild, wie Carol Vernallis in ihrer Monographie *Unruly Media – YouTube, Music Video and the New Digital Cinema* suggeriert:

> What is a music video? At one time we knew, but no longer; part of the change has to do with media contexts. [...] We used to define music video as a product of the record company in which images are put to a recorded pop song in order to sell the song. None of this definition holds any more. [...] We might thus define music video, simply and perhaps too broadly, as a relation of sound and image that we recognize as such. YouTube especially makes it hard to draw a line between what is a music video and not.
>
> (Vernallis 2013, S. 208)

Historisch steht die Entstehung des Musikvideos in engem Zusammenhang mit der Geschichte des Fernsehens. Nach der Erfindung der Fernsehtechnik und der Einführung eines täglichen Fernsehprogramms bereits vor dem Zweiten Weltkrieg setzte sich das neue Medium in den USA am schnellsten durch. Dort dauerte es nicht lange, bis Fernsehformate entwickelt wurden, die in der Lage waren, Sänger*innen visuell in Szene zu setzen. Dieter Daniels sieht in der Verbindung von Musik und Bild nicht die Verbindung zweier Kunstformen, sondern eher die Verbindung zweier Märkte: „Sie ist eine vom Marketing bestimmte Zweckgemeinschaft. Unabhängig von allen ästhetischen Idealen war es ein Muß für die Musikbranche, ihr Produkt fernsehverwertbar zu machen. Das

Radio wurde seit den 50er Jahren völlig vom Fernsehen als Massenmedium Nr. 1 verdrängt" (Daniels 1987, S. 165). Der Titel des ersten auf MTV ausgestrahlten Musikvideos, mit dem der Musiksender sein Programm am 1. August 1981 um 00:01 Uhr aufnahm (Keazor und Wübbena 2005, S. 59), *Video killed the Radio Star*, erwies sich hier als programmatisch.

Als direkter Vorläufer eines Musikfernsehens können Sendungen für populäre Teenager-Musik wie *American Bandstand* (1952 bis 1989), *Top of the Pops* (1964 bis 2006) und in Deutschland die *ZDF-Hitparade* (1969 bis 2000) sowie *disco* (1971 bis 1982) gesehen werden. Auftritte in den noch neuen und sich ständig mehrenden Popmusiksendungen wurden für Künstler*innen kurz nach deren Einführung unverzichtbar. Sie waren aber nicht immer im gewünschten Umfang möglich, z.B. aufgrund einer auf der Bühne nicht reproduzierbaren Produktionstechnik, sodass filmische Umsetzungen ihrer Hits Abhilfe schufen (vgl. Bundeszentrale für politische Bildung 2012).

Für Henry Keazor und Thorsten Wübbena ist es gerade diese Eigenschaft der Abrufbarkeit, die ein wesentliches Merkmal eines Musikvideos ausmacht, denn ein Verhältnis von Akustischem und Visuellem zueinander stelle allein kein Spezifikum des Musikvideos dar. Diese Form des Zusammenspiels treffe auch auf Live-Konzerte oder andere musikalische Aufführungen wie Opern oder Musicals zu, „wo ebenfalls ein auf Klang und Optik zurückgreifender Gesamteindruck erzielt werden soll" (Keazor und Wübbena 2005, S. 55f.). Dabei zeichnen sich Videoclips oder Musikvideos durch eine „von solchen Aufführungen abgekoppelte Verfügbarkeit aus, d.h. sie sind von solchen Situationen emanzipiert und können unabhängig von den Musikern jederzeit abgespielt und angesehen werden" (Keazor und Wübbena 2005, S. 55f.).

Noch schwieriger ist eine Definition des Musikvideos geworden, seitdem diese hauptsächlich über das Internet rezipiert werden und sich dadurch neue Möglichkeiten für die Produktion, Rezeption und Distribution ergeben haben: „Im Internet hat man sich von den Konventionen und Vorgaben des Musikvideos befreit – und ausdifferenziert: Kunst, Netzkunst, Performance, Grafikdesign und vor allem das Kurzfilmgenre", schreibt Jessica Manstetten, Mitherausgeberin des Buches *After YouTube: Gespräche, Portraits, Texte zum Musikvideo nach dem Internet* (Siniawski 2018). Carol Vernallis argumentiert, „that clips on YouTube now reflect an aesthetic different from those of earlier genres on television and cable" (Vernallis 2010, S. 234).

Musikvideos sind derzeit wieder fester Bestandteil der Jugendkultur und für diese prägend. Sie sind popkulturelle Archive, die Trends, gesellschaftspolitische Themen und zeitgenössische Bewegungen audiovisuell speichern, reflektieren und kommentieren. Musikvideos können, gerade in der Gegenwart, auch als Möglichkeitsraum betrachtet werden, als Medium, das es Künstler*innen erlaubt, sich und ihre Meinung, ihre „message“, auf vielfältige Weise auszudrücken und Einfluss auf öffentliche Debatten zu nehmen. Carol Vernallis schreibt dazu: „Some of music video's excitement stems from the sense that anything can happen – even an insightful or progressive image of social relations“ (Vernallis 2004, S. XI).

Anstatt sich also mit einer Definition des Musikvideos aufzuhalten, seien also vielmehr Fragen wie „what do music videos do, what do they do to us, and what do we do with them?“ (Arnold et al. 2017, S. 144) zu stellen.

2 Aktuelle Relevanz und Tendenzen des Musikvideos

Seit Anfang der 2000er Jahre ist das Musikvideo hauptsächlich im Internet vorzufinden. Dieses Abwandern vom Medium Fernsehen hin zum Internet kann auch als „music video turn“ (vgl. Arnold et al. 2017, S. 4) bezeichnet werden. Während das Musikvideo und seine Geschichte von Autor*innen wie Andrew Goodwin (Dancing in the Distraction Factory, 1992) mit dem US-amerikanischen TV-Sender MTV verknüpft und als Kurzfilme analysiert oder in kommerziellen Kontexten platziert werden, sind es nun neue Distributionstechnologien, die dem Musikvideo eine neue Ära eröffnen, losgelöst von einer Verbreitung über das Dispositiv Fernsehen, von der finanziellen Abhängigkeit von großen Plattenfirmen und von sperrigen, teuren Filmproduktionsprozessen, sodass das Genre einer neuen theoretischen Rahmung bedarf (vgl. Arnold et al. 2017, S. 4).

Im Internet behalten Musikvideos zwar ihre ambivalente Rolle als unterhaltende Werbeträger (werbend für die Künstler*innen, die Songs oder durch mehr oder weniger subtile Produktplatzierungen) bei, doch durch die Demokratisierung und Freiheit der digitalen Medien (vgl. Arnold et al. 2017, S. 9) haben Musikvideos neue Möglichkeiten sowie an umstürzlerischem Potential gewonnen; sie seien „infused with a new spirit of understanding, both political and aesthetic“ (Arnold et al. 2017, S. 9).

Im aktuellen Post-MTV-Zeitalter findet die Rezeption und Zirkulation von Musikvideos nun dynamischer und vor allem über gängige Videoplattformen und auf globaler Ebene in sozialen Netzwerken wie Facebook, Instagram oder TikTok statt.

Ab 2005 wurde das Internet für das Musikvideo entscheidend, denn in diesem Jahr, am 15. Februar, begann YouTube sein Angebot als Videoportal, auf dem Videos kostenlos angeschaut, aber auch selbst hochgeladen werden konnten. Der Slogan „Broadcast Yourself" signalisiert, dass hier Amateur*innen die Möglichkeit haben, sich und ihre Erzeugnisse medial darzustellen, und dies mit teilweise äußerst erfolgreichen Resultaten. YouTube ist omnipräsent, sodass das Publikum der Plattform und ihren Inhalten, beispielsweise durch Videoeinbettungen auf Internetseiten oder als Post in sozialen Netzwerken, begegnet, ohne die YouTube-Homepage aufzurufen (vgl. Arnold et al. 2017, S. 12). Es hat sich als relevantes Nachschlagewerk und Archiv für audiovisuelle Medien etabliert und ist damit zu einem grundlegenden Medium und basalen Werkzeug geworden.

Im Hinblick auf das Musikvideo im Internet ist Folgendes zu beobachten: „[T]he consumption of ‚music-video' (as an ephemeral compound of image and sound) is now more likely to occur from snippets circulating on social media [...]" (Manghani 2017, S. 23). Daraus kann gefolgert werden, dass Musikvideos nicht mehr in ihrer Gänze, sondern lediglich Ausschnitte aus ihnen rezipiert werden, die sich aufgrund des dargebotenen Spektakels oder anderer Optionen zur viralen Verwertbarkeit abheben.

Musikvideos sind im digitalen Zeitalter somit keine abgeschlossenen Entitäten oder reine Konsumprodukte, sondern hybride mediale Erzeugnisse, die einerseits zu eigenen Produktionen anregen, während sich andererseits deren Distribution im Internet durch digitale Praktiken verselbständigt. Das „Teilen" in den sozialen Medien dient als Erstes natürlich Werbezwecken (vgl. Arnold et al. 2017, S. 12). Trotzdem lassen sich auf diesem Weg politische Inhalte, Meinungsäußerungen und (System-)Kritik verbreiten, in politische und soziale Bewegungen einbinden sowie in den Kontext gesellschaftlicher oder popkultureller Phänomene stellen. Musikvideos waren laut Vernallis jedoch schon immer progressiv und boten Raum für Experimente (vgl. Vernallis 2013, S. 231).

In der Folge wird untersucht, welche performativen Möglichkeitsräume den Künstler*innen durch das Medium in der Gegenwart zur Verfügung gestellt und welche progressiven und ermächtigenden Praktiken genutzt werden. „The many affordances of the music video have created a state where some listeners now listen to music by looking at it. Adding this layer has allowed artists to add new nuance, new depth, new ways to convey their messages [...]" (Arnold et al. 2017, S. 5).

Denkt man an Musikvideos wie *Apes**t* von The Carters, *This is America* von Childish Gambino (siehe Abb. 1), das Gesamtkonzept und dessen visuelle Darstellungen bei Janelle Monáe oder Mykki Blanco, wird deutlich, dass hier etwas Neues geschieht und derzeit aktuelle Musikvideoproduktionen auch für die künstlerisch-politische Positionierung von Musiker*innen, aber auch für die

Rezipierenden wichtig geworden sind. Viele Popstars haben das Musikvideo für sich und ihre politischen Aussagen entdeckt. So wird zum Beispiel die Rolle der Frau vollkommen neu definiert, Rassismus in den USA thematisiert oder das gängige Körper- und Frauenbild im Hip-Hop kritisiert. Musikvideos können als performativer Möglichkeitsraum gedeutet werden, in dem Selbstermächtigung, emanzipatorische Imagination, gesellschaftskritische Stellungnahme und Kritik an der Mehrheitskultur stattfinden und sich gegenkulturelle Tendenzen entfalten können.

3 Subversion und Gegenkultur

Ausgehend von der ursprünglichen wortwörtlichen Bedeutung eines tatsächlichen „Umstürzens“ im Sinne von „Umkippen“ (vgl. Röttgers et al. 1998), meint das Adjektiv „subversiv“ heutzutage „aufrührerisch, aufsässig, aufständisch, aufwieglerisch, rebellisch, revolutionär, widersetzlich“ (Duden Online) sowie das Umstürzen im metaphorischen Sinne beispielsweise eines Zustands, eines Systems oder einer Norm.

Das Konzept der Subkultur ist häufig insofern unzureichend, weil es den Grad der Opposition gegen die herrschende Kultur nicht unterscheidet. J. Milton Yinger differenziert zwischen „subculture“ und „contraculture“. Er kritisiert die nachlässige Verwendung des Subkulturkonzepts und schlägt eine genauere Abgrenzung vor (vgl. Yinger 1960, S. 629). Diese könnte laut Oliver Marchart bspw. wie folgt verlaufen: „I[m] Kontrast zu Subkulturen stellen sich Gegenkulturen der Dominanzkultur in explizit politischer und ideologischer Weise entgegen, d.h. durch politisches Handeln und den Aufbau von Alternativinstitutionen wie Untergrundpublikationen, Kommunen, Kooperativen etc.“ (Marchart 2008, S. 127).

Nun steht zur Diskussion, ob Musikvideos politischen Inhalts sub- oder gegenkulturellen Aktivitäten zugeordnet werden können. Zum einen werden hier politische Themen in einem Medium behandelt, das auf den ersten Blick als primär der Unterhaltungsindustrie entstammend gelten kann. Jedoch kann dem entgegengehalten werden, dass manche Musikvideos, wie beispielsweise *This is America* von Childish Gambino (siehe Abb. 1), über ihren reinen Unterhaltungswert hinausgehen und als eine Aktivität verstanden werden können, die Teil einer größeren politischen Bewegung sind, wie beispielsweise BLM, deren Einordnung als Gegenkultur, also als außerhalb des Mainstreams liegend, zu diskutieren ist. Zu behaupten, Bewegungen gegen Rassismus könnten einer Gegenkultur zugeordnet werden, würde gleichzeitig vermitteln, dass Nicht-

Gegner*innen von Rassismus, Rassist*innen und die entgegenstehende Dominanzkultur den Mainstream darstellten. Gerade im Jahr 2020 hat die Bewegung ihre Relevanz und Aktualität wieder unter Beweis stellen müssen und die Aufmerksamkeit der „mainstream media“ und eines Großteils der Weltgesellschaft auf sich ziehen können. Doch wäre aktiver Anti-Rassismus wirklich „Mainstream“ und in allen gesellschaftlichen und politischen Teilbereichen, in der „Dominanzkultur“, etabliert, würde es einer Bewegung, die basale menschliche Rechte für Schwarze Menschen fordert, nicht mehr bedürfen. Diese Verortung ist ein zu diskutierender Aspekt, der genauerer Untersuchungen bedarf, als es dieser Aufsatz in angemessener Ausführlichkeit leisten könnte. Unbestritten ist allerdings, dass die Gewalt, auch die institutionelle, an Schwarzen, Indigenen und People of Color (BIPoC) nicht abreißt und, dass einige gewählte politische Vertreter*innen Rassismus eine neue Bestätigung geben.

Abb. 1: Childish Gambino: *This is America* (2018), Videostill.

Das Musikvideo *This is America* kann nun im Rahmen einer größeren Protestbewegung und deren Notwendigkeit interpretiert werden, auch von Seiten der Künstler*innen Solidarisierung, nicht abbrechendes Engagement und das Erregen von Aufmerksamkeit für dieses Thema zu erfahren. Die Sichtbarkeit von BLM und die Präsenz der Anliegen der Bewegung in unterschiedlichen künstlerischen und anderen öffentlichkeitswirksamen Medien führen zur Sensibilisierung einer größeren Öffentlichkeit. Die Definition einer politischen Bewegung wie BLM und der ihr zuzuordnenden künstlerischen Stellungnahmen als Gegenkultur soll allerdings aufgrund ihrer politischen subversiven Intention geschehen und nicht in der Absicht einer Positionierung außerhalb des Mainstreams und dem damit verbundenen Eingeständnis, dass Kampf gegen Rassismus kein Teil von ihm wäre.

Auch wenn Gegenkultur an verschiedenen Merkmalen durchaus definiert und eingegrenzt werden könnte, ist es, wie bereits illustriert, schwierig, Aktivismus mit „Gegenkultur“ gleichzusetzen. Es gibt eine Intersektion von Subkultur, Gegenkultur und Aktivismus, aber Faktoren wie Kommerzialisierung, Rezeption und künstlerische Motivation machen hier den Unterschied aus. Akte gegen Anti-Schwarzen Rassismus können definitiv als eine Art gegenkulturelle Bewegung verstanden werden, die ihre Ursprünge in Formen des politischen Aktivismus hat. Allerdings wäre eine Verortung in einer Subkultur höchst problematisch und würde den Sinn der gesamten Bewegung in Frage stellen.[2]

Zählt die Produktion eines Musikvideos, das eine derartige klare politische Botschaft enthält, nicht bereits als „politisches Handeln“, wie es Marchart als ausschlaggebend für die Definition einer Gegenkultur sieht? Medien, die mit Freizeit und Unterhaltung in Verbindung gebracht werden, sind ebenso oft Werkzeuge der Aufklärung und benennen, reflektieren und kritisieren die Probleme einer Gesellschaft, wirken sich vielleicht sogar positiv auf deren Lösung aus. Musikvideos haben mittlerweile alle Möglichkeiten, sich jeglicher Medien, Referenzen und digitaler Mittel zu bedienen und Aussagen zu gesellschaftlich relevanten Themen zu treffen, sie also, Bezug nehmend auf den Titel dieses Beitrages, in einer *message* zu komprimieren. Laut Sunil Manghani können Musikvideos wie *This is America* oder als ein anderes Beispiel Beyoncés *Formation* (2016) „be viewed as something beyond music video, even beyond its music. It becomes a combined ‚object‘ of music-video-news as it forms and reformulates through social media, news networks, and print journalism“ (Manghani 2017, S. 36f.).

Der kommerzielle Aspekt darf jedoch nicht völlig ignoriert werden. Sub- und gegenkulturelle Objekte werden ebenfalls vom marktwirtschaftlich-kapitalistischen Wirtschaftssystem vereinnahmt, so dass auch Politisierung und subversives Aufbegehren kommerzialisiert werden. Veranschaulichen lässt sich dies besonders am visuellen Stil einer Sub- und Gegenkultur, durch den ein Bezug zu anderen schicht- bzw. klassenspezifischen Kulturen hergestellt wird, indem bereits am Markt vorhandene Produkte oder Zeichen in Anknüpfung an das Konzept der Bricolage (Claude Lévi-Strauss), der Bastelei, aufgegriffen und rekontextualisiert werden (vgl. Marchart 2008, S. 105).

---

2 An dieser Stelle gilt mein ausdrücklicher Dank Soraya Nsingi, die durch ihr aktives Interesse und durch mehrere anregende Gespräche wesentlich zu diesem Kapitel beigetragen hat.

Wegen der derzeitigen Hochzeit des Feminismus kann man bspw. in vielen gängigen „Fast Fashion"-Modeketten T-Shirts mit dem Bekenntnis „I'm a feminist" oder einem ähnlichen Aufdruck kaufen.[3] Sollte man diesen Entwicklungen sowie Musikvideos, deren Aussagen zwar politisch sind, während ihr politisches Engagement jedoch wohl auf kapitalistischen Interessen beruht, also Kommerzialisierung und Popularisierung aus dem Streben nach individueller Profitorientierung vorwerfen? Oder bezeugen sie nach Diana Kinnert nicht vielmehr „den Kultursieg von Ideen, die als massenkompatibel, weil fortschrittlich und unumwendbar [sic] eingestuft werden, Ideen, die durch kompromissbereites Einladen ihrer Unterstützerbewegung aufgewertet und verbreitet werden können" (Kinnert 2017)? Die Autorin geht noch weiter und fragt, ob es nicht vielmehr möglich sei, „den Einstieg in Kommerz und Popkultur als marktwirtschaftlichen Siegescode" zu begrüßen.

Die Ambivalenz von Musikvideos zwischen Kunst und Kommerz kann in diesem Sinne auch als Chance gesehen werden, Botschaften zu platzieren, die über den rein kapitalistischen Verwertungszusammenhang hinausgehen:

> Of course, most music videos are still marketing tools, and are produced and paid for and circulated for that purpose alone. That they can simultaneously also be art is both the great achievement of the form and an acknowledgement of the conquest of capitalism over art. Capitalism can force art to do its bidding, but art can inject its own messages, via music video; the process is an abject illustration of hegemony (the struggle to control meaning) in action.
>
> (Arnold et al. 2017, S. 6)

Insofern können Musikvideos und deren Wirkungsweisen auch als „subversive tools" untersucht werden, die die endgültige Kontrollierbarkeit von Bedeutung im Sinne einer Kulturindustrie in Frage stellen.

---

3 Dies entspricht Diedrich Diederichsens Konzept einer Einteilung von Popkultur in Pop I und Pop II. Während Pop I nach Diederichsen noch in der Lage ist ein Gegenmodell zu etablierten Kunst-, Kultur- und Politikbegriffen in der Dominanzkultur zu kommunizieren und in dissidenten Subkulturen verortet werden kann, beschreibt Pop II die Kommerzialisierung des Pop sowie seine Entleerung subversiven Potentials. Diese Einteilung wurde von Diederichsen in jüngster Vergangenheit relativiert. Da es sich bei dieser Einteilung jedoch um ein häufig rezipiertes Konzept handelt soll an dieser Stelle darauf verwiesen werden. (Vgl. Diederichsen 1999; Diederichsen und Jacke 2011).

4 Werkzeuge und Strategien der Subversion

Gegen-, Sub-, Jugend- und Alltagskultur wurden am *Center for Contemporary Cultural Studies* (CCCS) der University of Birmingham erstmals wissenschaftlich in den Blick genommen. 1964 von Richard Hoggart gegründet, forschten Theoretiker*innen wie Stuart Hall im damals neuen Forschungsfeld der Cultural Studies. Sie setzten sich kritisch mit massenmedialen Phänomenen und der Gesamtheit der menschlichen Lebensweise auseinander und hatten sich das Unterlaufen der Einteilung kultureller Erzeugnisse in Hoch- und Populär-bzw. Unterhaltungskultur auf die Fahnen geschrieben.

Nicht nur „medien-werden" (vgl. Vogl 2001, S. 115–124), sondern auch Kultur wird. Medial macht sich das Publikum ein Bild von Kultur und deren Zeichensystemen. Doch wer bestimmt die Bilder und besetzt die Zeichen mit Bedeutung? Wer macht daraus einen kulturellen Korpus? Mitunter werden diese medialen Möglichkeiten auch für die Manipulation verwendet und so sind es nach Theodor W. Adorno und Max Horkheimer die Produzierenden, die die Rezipierenden medial manipulieren (vgl. Horkheimer und Adorno 1988). Diese Fragen verbindet beispielsweise auch der Punk in einem Spiel von Reproduktion und Rekontextualisierung, aus dem sich auch ein Ziel der Cultural Studies ergeben hat: die Untersuchung von Zeichensystemen, die gegen eine Leitkultur, vorherrschende Bedeutungen und das Mainstreamhafte durch Rekontextualisierung konventionalisierter Zeichen opponieren wollten.

Reproduktion und Rekontextualisierung durch Zitations- und Interferenztechniken sind maßgeblich bei der Produktion und Rezeption von Musikvideos. Sie verweisen auf die Eigenart der Musikvideo-Produktion, aber auch der Popkultur insgesamt, das Konzept einer Aufteilung in „High" und „Low Culture" aufzulösen. Kunst und Kommerz werden vermischt. Carol Vernallis spricht in Anbetracht von Musikvideos auf YouTube beispielsweise von einer „Mixing board aesthetic" (Vernallis 2013, S. 4ff.). Produzierende und Künstler*innen bedienen sich in ihren Musikvideos sowohl an Kunstwerken wie auch in der Alltagskultur, etwa bei Werbung, Filmen, Cartoons, Popkultur, Videospielen sowie selbstreferentiell bei anderen Musikvideos. So entsteht ein Bilderkanon, von dem Pop und Musikvideos immer wieder zehren. Bereits Bestehendes wird angeeignet, gesampelt, umgedeutet oder zitiert. Es wird neu zusammengesetzt, um eine Neucodierung der bestehenden Zeichen herbeizuführen, sie zu rekontextualisieren. Peter Weibel zufolge stellen Musikvideos demnach „eine zweite, postmoderne Phase der Pop-Art dar, indem sie Kunst- und Trivialformen vermischen" (Weibel 1987, S. 126). Sunil Manghani führt die bisherigen Überlegungen zusammen und beschreibt Musikvideos mit Dick Hebdige als „subcultural style", der als Kunst verstanden werden kann, „as art in (and out of) particular contexts; not as timeless objects, judged by the immutable criteria of traditional aesthetics, but as ‚appropriations', ‚thefts', subversive transformations, as *movement*" (Manghani 2017, S. 30f.).

Wie bereits herausgearbeitet wurde, ist eine Qualität von Musikvideos als Form ihre Eigenschaft, sich andere Formen und Zeichen anzueignen. Manghani nähert sich dieser Qualität und der Dynamik von Musikvideos mit Roland Barthes:

> So while there is such a ‚thing' as the music video (something we can select to watch), its definition as a form is more fluid. We might think here of Roland Barthes's (1977) distinction between the work (e.g. a book we can take from the shelf) and the text as its place in a network of meaning, as a form of reading. In this respect the music video presents an inherently post-structural and postmodern system of signification. As ‚style', as a symbolic form of resistance, it can present a challenge to dominant ideology, hegemony and social normalization. It can challenge the doxa of high art as much as prevailing dominant mores.
>
> (Manghani 2017, S. 30f.)

Während Manghani im subkulturellen Rahmen von einer „symbolischen Form des Widerstands" im Musikvideo spricht, kann darüber hinaus die These vertreten werden, dass einige Musikvideos auch eine „tatsächlichere" Form des Widerstands im Sinne von Gegenkultur und Subversion intendieren, wie zuvor am Beispiel von *This is America* erläutert. Einige der angesprochenen Musikvideos wollen nicht nur innerhalb einer bestehenden Ordnung eine positive Alternative entwickeln, sondern die bestehende Ordnung als solche untergraben und umstürzen. In Musikvideos wie *This is America* oder *Django Jane* werden Themen behandelt und durch ihre große Wirkung in der Öffentlichkeit von vielen Menschen diskutiert, die beispielsweise Rassismus, das klassische Frauenbild oder Heteronormativität durch künstlerische Darstellungen oder alternative Repräsentationen hinterfragen und dabei Strategien, wie das Zurückgreifen auf den bereits angesprochenen Bilderkanon, nutzen, um Änderungen herbeizuführen und so über bloße Opposition oder verweigernde Alternativen innerhalb des Systems hinausreichen.

> In den Musikvideos kommt in der Tat die postmoderne Problematik am besten zum Ausdruck. Was in der Hochkultur als ‚Abbropriation' [sic] gefeiert wird, tun die Musikvideos schon lange. Zur Moderne des Avantgardefilms und der Videokunst verhalten sich Musikvideos wie die postmoderne Kunst zu ihrer modernen Vergangenheit. Musikvideos sind ein postmoderner Text, ein postmoderner Gebrauch des historischen Diskurses der Avantgarde des bewegten Bildes und der Rockmusik selbst, eben weil in ihnen die Unterschei-

> dung zwischen populärem Realismus und subversiven Avantgardestrategien, zwischen U- und E-Kultur, zwischen Kommerz und Kunst, zwischen Heute und Gestern nicht mehr gilt.
>
> (Weibel 1987, S. 126)

Intermedialität meint schließlich – als Funktionsweise des Pop, aber auch als Spezifikum von Musikvideos – das Zitieren, Samplen, Covern, Imitieren. Diedrich Diederichsen spricht dabei von einer „Historizität als Waffe" (Diederichsen 1985, S. 131), was von Jochen Bonz wie folgt erläutert wird:

> Sie entsteht, wenn Zitate miteinander kombiniert werden, die in historischer oder sonstiger Hinsicht unterschiedliche Kontexte repräsentieren. Sie werden ‚respektlos und unmöglich, nämlich eklektizistisch' behandelt. Es findet ein ‚Arbeiten mit Bedeutungen' statt, das eine ‚Reibungshitze' erzeugt. Weil die Bedeutungsgehalte der miteinander kombinierten Zeichen, oder besser: Signifikanten, nicht zueinander passen? Für wen passen sie nicht? Für die Subjekte der Subkultur passen sie jedenfalls perfekt. Nicht aber in der Perspektive der basalen Kultur [...].
>
> (Bonz 2006, S. 4)

Bonz beschäftigte sich in einem Aufsatz mit dem Titel „Sampling: Eine postmoderne Kulturtechnik" mit Diederichsens Überlegungen zum Zitat, welchem er in seiner subkulturellen Verwendung eine Funktion als „Negation der basalen Kultur" (ebd., S. 4) zuschreibt, durch die das Zitat erst seine kulturelle Bedeutung als kritische Haltung erlange: „Das Zitieren fungiert dabei insofern als weltbildend, als es Zeichen einführt, an denen das Dagegen sich abbilden, an denen die Reibungshitze entstehen kann." (ebd., S. 4)

Bonz macht jedoch deutlich, dass das „Sample" oft mit dem Zitat gleichgesetzt wird, beschreibt es aber eher als „eine spezifische Zitatform" (ebd., S. 6). Um das Sample zu definieren, geht er von dem aus,

> was an ihm nicht Zitat im herkömmlichen Sinn ist: Wenn man das Zitat darüber bestimmt, dass an ihm immer schon etwas verstanden wird, dass es grundsätzlich verständlich, lesbar ist, lässt sich als Grundzug des Samples deshalb eine fundamentale Fremdheit annehmen. *Das Sample ist fundamental etwas anderes, das hinzukommt.*[4]
>
> (Ebd.)

Bonz führt dabei die Definition des Samples im Techno von Sascha Kösch (2001) ins Feld, der die Funktion des Samples darin erblickt, eine neue Differenz in ein bestehendes System von Differenzen einzufügen. Das Artikulierte verändert sich durch das Hinzufügen eines Elements, „das etwas bisher Unartikuliertes

4 Hervorhebung im Original.

auszudrücken vermag“ (ebd., S. 9). Kösch grenzt seine Definition von Sampling vom Zitat ab,

> indem er die Unterscheidung von Signifikant und Signifikat aufgreift. ‚Während Samples [...] eine Wiederholung des Signifikanten darstellen [und zwar eine, in der an diesem, also: am Material Variationen vorgenommen werden, J.B.], sind Zitate der Versuch einer Wiederholung des Signifikats [also der Bedeutung, J.B.].
>
> (Ebd.)

Das von Janelle Monáe und ihren Tänzer*innen dargestellte *Tableau vivant* in ihrem Musikvideo *Django Jane* (siehe Abb. 2) kombiniert die Hochkultur und Bildästhetik des 18. Jahrhunderts mit modernen Alltagsgegenständen, wie etwa die im Hintergrund zu erkennenden Vergrößerungsgläser eines Nagelstudios. Hier vermischen sich die „High“ und die „Low Culture“. In einer anderen Szene, die ähnlich aufgebaut ist, sieht man Monáe als Königin mit einem purpurnen Anzug und Schuhen mit Absätzen als Zeichen der Weiblichkeit sowie der royalen Anmutung auf einem Thron zu sitzen, um den sich ihre Anhänger*innen scharen, die mit ihren Outfits an die Black Power-Bewegung erinnern.

Janelle Monáes Signature-Look sind Anzug und Fliege. In *Django Jane* trägt sie einen purpurnen Anzug zusammen mit einer Krawatte und einer Kufi-Kappe, die von vielen Männern in Nordafrika, Ostafrika, Westafrika und Südasien sowie von Männern in der gesamten afrikanischen Diaspora getragen wird. Mit ihrer Kleidung unterwandert Janelle Monáe die typischen Geschlechterbilder in der Musikindustrie. Nicht nur, dass sie sich mit ihrer bewussten Kleiderwahl dem klassischen Frauenbild und der Tendenz zur Übersexualisierung im Hip-Hop und Pop entzieht, sie hebt dadurch ebenfalls binäre, normative Strukturen sowie die damit verbundenen Machtpositionen auf und beansprucht Zeichen der „Männlichkeit“ für sich. Der purpurne Anzug, die Fliege, Krawatte und Kufi-Kappe sind also nicht nur eine symbolische Manifestation des (höheren) sozialen Status und werden, wie im Fall der Fliege, der Aristokratie zugeschrieben, sondern können am Körper von Monáe zugleich als Bedrohung der bestehenden (Geschlechter-)Ordnung und der damit verbundenen Hierarchien gesehen werden. Ihr konsequentes Styling im standardisiert „maskulinen“ Look zeigt Alternativen der Selbststilisierung und der Identitätskonstitution auf, sodass Katharina Rost deren Potential als „queerend“ einschätzt (vgl. Rost 2016). Parallelen zu David Bowie und Prince kann man bei Janelle Monáe auch in der Androgynität, dem Gender-Bending, dem „Camp“ nach Susan Sontag und dem Dandyismus, bei Monáe in Form des „Black Dandyism“, ziehen. Sie bedient sich des popkulturellen Archivs und nutzt die Aussagekraft sowie die symbolische Aufladung (pop-)kultureller Zeichen, um diese umzudeuten, zu rekontextualisieren und für ihre Botschaften brauchbar zu machen.

Abb. 2: Janelle Monáe: *Django Jane* (2018), Videostill.

Wie im Sinne der bereits angesprochenen Art der Bricolage verbinden sich Zitat und Sampling zu einer Ästhetik, die sich immer wieder selbst reproduziert, indem sie auf die Historizität früherer Musikvideoproduktionen verweist. Intermedialität ist hier immer auch als eine intertextuelle Verweisökonomie zu verstehen, in der die Geschichte des Musikvideos sich selbst hervorbringt. Entscheidend ist hier aber auch das Stichwort „Differenz", denn durch neue Elemente, Variation oder auch die zeitliche Differenz zwischen den zitierten Elementen ergibt sich wieder Raum für Potential und dessen Ausschöpfung.

Popkultur und auch Musikvideos im Speziellen rekonstruieren ihren ikonologischen Bestand nicht nur, sondern kultivieren, archivieren, reflektieren und reinszenieren ihn. Laut Martin Lilkendey werden im Musikvideo narrativ, performativ oder assoziativ Bildfolgen montiert (Lilkendey 2017, S. 24), die auf einen Kanon von Posen (vgl. Brandl-Risi et al. 2012), Haltungen und Texten verweisen. Das körperliche „(Sich-)Zeigen" (ebd., S. 7) auf der Bühne, auch im übertragenen Sinn etwa auch auf der „Bühne" des Musikvideos, ermöglicht die Pose, die den Körper der Darstellenden in narrativen oder assoziativen Gefügen zeigt und dabei auch als Nachbau eines kulturellen Bildrepertoires zu interpretieren ist. Hier ist es jedoch erneut wichtig, entsprechende Kennerschaft im Feld der Posen und dem damit verbundenen (pop-)kulturellen Wissen zu besitzen, um mögliche Referenzen verstehen und das Dargestellte assoziieren zu können. Wenn diese gegeben ist, können durch Posen, indem sie auf ein bestimmtes Bildrepertoire verweisen und ikonographische Referenzen bereithalten, beim Rezipierenden direkt in einem Bild alle mit der Pose verbundenen Konnotationen, Assoziationen und eventuelle Intentionen vermittelt werden. Dabei ist nicht nur die körperliche „Haltung" gemeint, sondern auch die das Denken prägenden Grundeinstellungen eines Menschen sowie Frisuren, Kleidung etc., wie bereits an Hebdiges Auffassung von Stil (vgl. Hebdige 1979) deutlich wurde. Die Rezipierenden leisten beim Betrachten einer Pose einen wesentlichen Beitrag zu deren Bedeutung. So beschreibt Umberto Eco in *Das offene Kunstwerk* (1962) sein Konzept von „Offenheit" als die Beteiligung der Rezipierenden an der Erzeugung des rezipierten Kunstwerks. Demnach transportieren moderne Kunstwerke keinen eindeutigen Sinn oder eine eindeutige Botschaft, die von den Rezipierenden lediglich passiv aufgenommen wird, sondern sie gewinnen in jeder Interpretation eine eigene Bedeutung (vgl. Eco 2012).

5 Fazit

Ende 2017 kehrte MTV aus seinem sechsjährigen Exil im Bezahlfernsehen ins frei empfangbare Fernsehen zurück. Doch an seine ehemalige Relevanz wird es wohl nicht anknüpfen können. Das klassische Mediendispositiv des traditionellen Musikvideokanals ist heute nicht mehr erfolgreich, denn die Zielgruppe des Senders zieht dem linearen Fernsehprogramm das Internet und sein „On demand"-Programm vor (vgl. Sliskovic 2017), das neue popkulturelle Rezeptions- und Produktionspraktiken eröffnet. Das Musikvideo hat sich vom Fernsehen emanzipiert.

Nicht nur bei der Rezeption, auch bei der Musikvideoproduktion hat eine Demokratisierung stattgefunden. Mehr Künstler*innen, auch ohne Label, sind auf dem Musik(video)markt repräsentiert, da Musikvideos heutzutage viel einfacher und günstiger hergestellt werden können, Lieder auf YouTube aber beispielsweise auch in weniger aufwendigen Formen des Musikvideos wie als Lyric Videos oder Cinemagramm rezipierbar sind. Da YouTube neben den Musikstreaming-Diensten zu den wichtigsten Plattformen für Musik(video)-rezeption zählt, ist die dortige Anwesenheit für Künstler*innen entscheidend, obgleich noch näher zu untersuchen ist, nach welchen Kriterien und Algorithmen welche Sichtbarkeit unterschiedlichen Interpret*innen zuteilwird.

Im digitalen Zeitalter steht Musikvideo-Produzierenden nun ein popkulturelles Archiv in einem Ausmaß zur Verfügung wie nie zuvor. Das Ausgangsmaterial wird dabei häufig aufgespalten, zitiert und gesampelt, um sich sogleich wieder zu neuen verschiedenen Formen zusammenzusetzen, die sich aufeinander beziehen und dabei eine flexible Bestandsaufnahme der Popkultur bieten und diese zugleich prägen. Die in diesem Beitrag betrachteten Musikvideobeispiele sind für die Wirksamkeit der Strategien des Zitats, des Samples und der Pose exemplarisch und verdeutlichen das Potential des Mediums als Raum für Subversion und Gegenkultur.

Künstler*innen, die sich in ihren Videos auf ein gesellschaftspolitisches Thema beziehen, können die kommerziellen Wege und die „Teilbarkeit" der Musikvideos im Internet und in den Sozialen Medien nutzen, um damit eine größere Verbreitung ihrer Botschaften und mehr Aufmerksamkeit dafür in der Gesellschaft zu erlangen. Dass, trotz Dissidenz, Disruption und Radikalität, in der Gegenwart allerdings auch ein „Lifestyle-Feminismus" gut zu vermarkten ist und sich der Kapitalismus derartige Opposition zunutze macht, darf man nicht außer Acht lassen; Selbstreflexion und stete Selbstbefragung sind vonnöten.

Die aktuelle Renaissance des Musikvideos hat bisher viele Clips hervorgebracht, die sich durch starke politische Aussagen und subversive Intentionen auszeichnen. Subversive Strategien werden heutzutage innerhalb einer breiten Öffentlichkeit, intermedial, meist online, verhandelt und sind oft Bild- sowie Kommunikationsstrategien, die in Diskurse eingreifen oder diese erst anregen und etwa in den Sozialen Medien verbreiten (vgl. Misik 2014). So gelangen politische Themen in den Mainstream und erreichen ein größeres Publikum, das sich sonst vielleicht nicht mit diesen Themen auseinandergesetzt hätte.

Aktuell finden sich jedoch auch Tendenzen, die zeigen, dass Pop und seine Strategien genutzt werden, um sich von diesem progressiven Mainstream abzuheben. Wenn man heute den Mainstream verachtet, ist man nicht mehr automatisch „links". Rechte und rechtsextreme Tendenzen in Jugendkulturen sind jedoch kein Verdienst der „Alt-Right", denn der Kampf von manchen Teilen der Jugendkultur gilt heute nicht mehr den „bourgeoisen Spießer[n] aus den Vororten [...], sondern d[er] politisch korrekte[n] linke[n] Elite" (Walter 2018). So kann man heute auch von Pop-Rechten und Pop-Stars der Alt-Right sprechen. „‚Wenn du provozieren willst, wenn du deine Eltern schockieren willst, dann mußt du Donald Trump wählen.' Republikaner sind das neue Cool, Trump ist der neue Punk [...]. Wer die neue Rechte bekämpfen will, muss diese Lektion erstmal kapieren" (Walter 2018). Dieses Phänomen gilt es demnach ebenso zu analysieren und seine Wirkungsweisen und Strategien aufzudecken. Auch hier kann die Gattung des Musikvideos als Instrumentarium „zur Erforschung neuer, auch musikalischer Formen“ dienen, „die in bislang nicht gekannter Weise zusammengesetzt werden“ (Gass et al. 2018, S. 8). Das Medium Musikvideo kann ein Mittel sein, „rückschrittlichen“ Bewegungen in der Gesellschaft entgegenzuwirken, indem es trotz oder sogar durch Kommerzialisierung Gegenentwürfe zu traditionellen und oft regressiven Ansätzen und Darstellungen entwickelt und zugänglich macht. Begrenzte und stereotype Darstellungen etwa von Geschlecht und Sexualität oder mangelnde Diversität in den populären Medien werden wie nie zuvor innerhalb diverser Social-Media-Plattformen in Frage gestellt. Intersektionaler Feminismus bahnt sich seinen Weg in die Populärkultur und erzwingt Debatten, an denen nun eine breitere Öffentlichkeit teilhaben kann (vgl. Arnold et al. 2017, S. 6).

Das Ziel der MTV Video Music Awards, progressive Musikvideos auszuzeichnen, ist lobenswert, und die Awards bieten den Künstler*innen für ihre politische Arbeit auch eine große Bühne. Der kommerzielle Aspekt darf hierbei jedoch nicht ignoriert werden und natürlich gibt es auch Videos außerhalb des US-amerikanischen Marktes und ohne eine Nominierung in dieser Kategorie, die sich mit gesellschaftspolitischen Themen befassen. Außerdem muss bedacht werden, dass die Video Music Awards immer noch innerhalb der Kulturindustrie agieren und Musikvideos mit dem Preis dieser Kategorie auszeichnen, nobilitieren und damit so etwas wie ein Prädikat verleihen, das besondere Aufmerksamkeit auf das ausgezeichnete Video lenkt und ihm einen besonderen Wert zuspricht. Die Motivationen und Absichten der Musikvideo-Produzierenden und Künstler*innen sind deswegen erneut zu hinterfragen. Hier findet eine Kommerzialisierung der Subversion statt. Zudem stellt sich die Frage, ob Künstler*innen und ihre Musikvideos noch subversiv sind, wenn sie im kapitalistischen System der Video Music Awards partizipieren, das gleichermaßen Videos unterstützt, die weniger progressive Inhalte verbreiten.

Nichtsdestotrotz haben Musikvideos und ihre Botschaften das Potential, das Engagement marginalisierter Menschen zu illustrieren und sie dabei zu unterstützen. Wir können also gespannt sein, welche umstürzlerischen Schätze die aktuelle Musikvideo-Renaissance noch für uns bereithält.

> It is ‚video‘ [...] that offers the potential of a ‚temporary autonomous zone‘ (Hakim Bey 1991); meaning the forming or informing of a sociopolitical tactic to create temporary spaces or systems of representations that sit outside of formal power structures.
>
> (Manghani 2017, S. 23)

Die Menschheit befindet sich gerade am Anfang, alle Möglichkeiten des Musikvideos zu entdecken und zu lernen, wie man die neuen audiovisuellen Codes nutzt, um unterdrückende Ordnungen zu entmachten (vgl. de Cuir Jr. 2017,

S. 65): „[...] the music video was always a more complex audiovisual entity than this, a complexity that has only become fully describable in the contemporary period" (Arnold et al. 2017, S. 13). Das verlangt eine erneuerte Anerkennung, zu der dieser Aufsatz beitragen soll.

Medienverzeichnis

Abbildungen

Abb. 1: Videostill: Childish Gambino. 2018. *This is America*. Regie: Hiro Murai. https://www.youtube.com/watch?v=VYOjWnS4cMY. Zugegriffen am 17. November 2018.

Abb. 2: Videostill: Janelle Monáe. 2018. *Django Jane*. Regie: Andrew Donoho. https://www.youtube.com/watch?v=mTjQq5rMlEY. Zugegriffen am 17. November 2018.

Literatur

Arnold, Gina, Daniel Cookney und Kirsty Fairclough. 2017. *Music/Video. Histories, Aesthetics, Media*. London: Bloomsbury Academic.

Bonz, Jochen. 2006. Sampling: Eine postmoderne Kulturtechnik. In *Kulturschutt. Über das Recycling von Theorien und Kulturen*, hrsg. Christoph Jacke et al., 333–353. Bielefeld: transcript Verlag.

Brandl-Risi, Bettina, Gabriele Brandstetter und Stefanie Diekman. 2012. Posing Problems. Eine Einleitung. In *Hold it! Zur Pose zwischen Bild und Performance*, hrsg. dies., 7–21. Berlin: Theater der Zeit.

Bundeszentrale für politische Bildung. 2012. Videoclips, Musiksendungen und Musiksender. *Bundeszentrale für politische Bildung*. http://www.bpb.de/142938/videoclips-musiksendungen-und-musiksender. Zugegriffen am 11. Juli 2018.

Cuir Jr, Greg de. 2017. The Message Is the Medium: Aesthetics, Ideology, and the Hip Hop Music Video. In *Music/Video. Histories, Aesthetics, Media*, hrsg. Gina Arnold, Daniel Cookney und Kirsty Fairclough, 53–65. London: Bloomsbury Academic.

Daniels, Dieter. 1987. Die Einfalt der Vielfalt. Ein fiktives Selbstgespräch. In *Clip, Klapp, Bum. Von der visuellen Musik zum Musikvideo*, hrsg. Veruschka Bódy und Peter Weibel, 165–180. Köln: DuMont Buchverlag.

Diederichsen, Diedrich. 1985. *Sexbeat. 1972 bis heute*. Köln: Kiepenheuer & Witsch.

Duden Online. Artikel „subversiv". *Duden Wörterbuch Online*. https://www.duden.de/rechtschreibung/subversiv. Zugegriffen am 17. November 2018.

Eco, Umberto. 2012. *Das offene Kunstwerk*. Frankfurt am Main: Suhrkamp Verlag.

Gass, Lars Henrik, Christian Höller und Jessica Manstetten. Hrsg. 2018. *after youtube. Gespräche, Portraits, Texte um Musikvideo nach dem Internet*. Köln: Strzelecki Books.

Hebdige, Dick. 1979. *Subculture. The Meaning of Style*. London: Methuen.

Horkheimer, Max und Theodor W. Adorno. 1988. *Dialektik der Aufklärung*. Frankfurt am Main: S. Fischer.

Keazor, Henry und Thorsten Wübbena. 2005. *Video thrills the Radio Star – Musikvideos: Geschichte, Themen, Analysen*. Bielefeld: transcript Verlag.

Kinnert, Diana. 2017. Feministinnen, dankt dem Kapitalismus. *Zeit Campus*. https://www.zeit.de/campus/2017-07/feminismus-emanzipation-frau-kommerz-tshirt-botschaften/seite-2. Zugegriffen am 18. November 2018.

Kreps, Daniel. 2010. MTV Removes 'Music Television' From Iconic Logo. *RollingStone*. https://www.rollingstone.com/culture/culture-news/mtv-removes-music-television-from-iconic-logo-107209/. Zugegriffen am 21. Oktober 2018.

Lilkendey, Martin. 2017. *100 Jahre Musikvideo – Eine Genregeschichte vom frühen Kino bis Youtube*. Bielefeld: transcript Verlag.

Lückerath, Thomas. 2018. Das Ende einer Ära: Viacom stellt VIVA ein. *DWDL.de*. https://www.dwdl.de/nachrichten/67363/das_ende_einer_ra_viacom_stellt_viva_ein/. Zugegriffen am 21. Oktober 2018.

Manghani, Sunil. 2017. The Pleasures of (Music) Video. In *Music/Video. Histories, Aesthetics, Media*, hrsg. Gina Arnold, Daniel Cookney und Kirsty Fairclough, 21–40. London: Bloomsbury Academic.

Marchart, Oliver. 2008. *Cultural Studies*. Konstanz: UVK Verlagsgesellschaft mbH.

Misik, Robert. 2014. Was ist heute noch subversiv? *Le Bohémien*. https://le-bohemien.net/2014/11/09/ist-heute-noch-subversiv/. Zugegriffen am 17. November 2018.

MTV Video Music Awards 2013. http://www.mtv.com/vma/2013/winners. Zugegriffen am 21. Oktober 2018.

MTV Video Music Awards 2017. http://www.mtv.com/vma/2017/winners. Zugegriffen am 21. Oktober 2018.

MTV Video Music Awards 2018. http://www.mtv.com/vma/winners. Zugegriffen am 21. Oktober 2018.

Rost, Katharina. 2016. Frauen mit Fliege. Die Popsängerin Janelle Monáe und ihr ambivalentes Accessoire. In *Ist Mode queer? Neue Perspektiven der Modeforschung*, hrsg. Gertrud Lehnert und Maria Weilandt, 93–108. Bielefeld: transcript Verlag.

Röttgers, Kurt, Wilhelm Goerdt und Hans-Dieter Gondek. 1998. Subversion. In *Historisches Wörterbuch der Philosophie, Bd. 10*, hrsg. Joachim Ritter und Karlfried Gründer, 567–572. Basel: Schwabe Verlag.

Sanchez, Daniel. 2018. YouTube Views Will Now Count Towards the UK Singles Chart. *Digital Music News*. https://www.digitalmusicnews.com/2018/06/25/the-official-charts-company-youtube-uk-singles/. Zugegriffen am 21. Oktober 2018.

Schilling, Vincent. 2017. All Nominees Win! Taboo, Native Artists Win MTV VMA for Stand Up /Stand N Rock. *Indian Country Today*. https://newsmaven.io/indiancountrytoday/archive /all-nominees-win-taboo-native-artists-win-mtv-vma-for-stand-up-stand-n-rock-8s9KunKhQk2c0b9LjltLIw/. Zugegriffen am 21. Oktober 2018.

Siniawski, Adalbert. 2018. „Das geht total viral", Jessica Manstetten im Corsogespräch. *Deutschlandfunk*. https://www.deutschlandfunk.de/comeback-des-musikvideos-das-geht-total-viral.807.de.html?dram:article_id=423174. Zugegriffen am 30. September 2018.

Sliskovic, Dominik. 2017. 'MTV' ist zurück im Free-TV – seine Zielgruppe aber ist längst woanders. *Musikexpress*. https://www.musikexpress.de/mtv-ist-zurueck-im-free-tv-kommentar-983713/. Zugegriffen am 21. November 2018.

Spickhofen, Thomas. 2018. Videoabrufe zählen ab sofort mit. *Deutschlandfunk*. https://www.deutschlandfunk.de/uk-charts-videoabrufe-zaehlen-ab-sofort-mit.807.de.html?dram:article_id=422240. Zugegriffen am 21. Oktober 2018.
Vernallis, Carol. 2004. *Experiencing Music Video*. New York: Columbia University Press.
Vernallis, Carol. 2010. Music Video and YouTube: New Aesthetics and Generic Transformations: Case Study – Beyoncé's and Lady Gaga's Video Phone. In *Rewind, Play, Fast Forward. The Past, Present and Future of the Music Video*, hrsg. Henry Keazor und Thorsten Wübbena, 233–259. Bielefeld: transcript Verlag.
Vernallis, Carol. 2013. *Unruly Media – YouTube, Music Video and the New Digital Cinema*. New York: Oxford University Press.
Vogl, Joseph. 2001. Medien-Werden: Galileis Fernrohr. In *Mediale Historiographien*, hrsg. Lorenz Engell und Joseph Vogl, 115–124. Weimar: Universitäts Verlag.
Walter, Klaus. 2018. Die neuen Koordinaten der Pop-Rebellion. *Deutschlandfunk Kultur*. https://www.deutschlandfunkkultur.de/die-rechte-und-der-punk-die-neuen-koordinaten-der-pop.2177.de.html?dram:article_id=433607. Zugegriffen am 21. November 2018.
Weibel, Peter. 1987. Von der visuellen Musik zum Musikvideo. In *Clip, Klapp, Bum. Von der visuellen Musik zum Musikvideo*, hrsg. Veruschka Bódy und Peter Weibel, 53–163. Köln: DuMont Buchverlag.
White, Abbey. 2017. The 2017 VMAs will feature a 'Best Fight Against the System' category. *Vox*. https://www.vox.com/culture/2017/7/26/16027702/2017-mtv-vmas-nominees-best-fight-against-the-system. Zugegriffen am 21. Oktober 2018.
Yinger, Milton J. 1960. Contraculture and Subculture. *American Sociological Review* Vol. 25 (5): 625–635.

Musikvideos

The Carters. 2018. *Apes**t*. Regie: Ricky Saiz.
Childish Gambino. 2018. *This is America*. Regie: Hiro Murai.
Janelle Monáe. 2018. *Django Jane*. Regie: Andrew Donoho.

Teil III: Sampling, Imitation und Adaption: Zitationspraktiken im Musikvideo zwischen E und U

Dorota Filipczak (†)

Im Wunderland der Avantgarde

Alice in *Streets Fell Into My Window* von The Red Paintings

Abstract: In diesem Beitrag wird die These aufgestellt, dass eine angemessene Würdigung der Intertextualität in Musikvideos nur stattfinden kann, wenn anerkannt wird, dass sie nicht nur Material aus anderen Videos sowie aus der klassischen und populären Musik entlehnen, sondern dass sie auch aus filmischen und literarischen Werken zitieren. Das Konzept Sonicontext, das eine Fusion von Ton, Bild und Text behauptet, wurde eingeführt, um die intertextuelle Komplexität des Genres widerzuspiegeln, das oft durch literarische Werke und Motive informiert wird. Lewis Carrolls Bücher *Alice im Wunderland* und seine Fortsetzung *Alice hinter den Spiegeln* sind typische Beispiele für einen solchen Zusammenhang. Während dieser Beitrag zunächst den Einfluss von Carrolls Büchern auf die Surrealisten hervorhebt, wird anschließend ein Musikvideo mit dem Titel *Streets Fell into My Window* (2013, Regie: Clint Lewis) von The Red Paintings als eine Antwort auf die Bücher Carrolls und die deren Verfilmung durch Jan Švankmajer diskutiert. Zur gleichen Zeit wird dargelegt, dass die Neuerfindung der Alice-Figur im Musikvideo eine Beschäftigung mit konstruierter Weiblichkeit darstellt, hinterfragt werden kann. Die Autorin untersucht *Streets Fell Into My* Window unter Anwendung des Konzeptes der transmedialen Erzählung [transmedia storytelling] als einen Sonicontext der in einen Dialog mit verschiedenen künstlerischen Formen und Genres eingebettet ist, der durch die von Lewis Carroll erschaffene Protagonistin durchquert wird.

Schlüsselwörter: Musikvideo, Intertextualität, The Red Paintings, Lewis Carroll, Jan Švankmajer

Lewis Carrolls Erzählungen *Alice im Wunderland* und *Alice hinter den Spiegeln* erfreuen sich seit langem unverminderter Beliebtheit in der zeitgenössischen

---

Anmerkung: Dieses Kapitel ist im Rahmen des Projekts „Word, Sound and Image: Intertextuality in Music Videos, o. 2019/33/B/HS2/00131“ entstanden, das vom Nationalen Wissenschaftszentrum Polens finanziert wurde. Ich möchte mich bei Carol Vernallis (Musikfakultät der Stanford University) und Philip Hayward (Fakultät für Kommunikation an der Technischen Universität in Sydney, Australien) bedanken, deren wertvolle Anmerkungen es mir ermöglichten, meine Argumentation zu nuancieren. Ich möchte Małgorzata Grajter, einer Musiktheoretikerin von der Musikakademie in Łódź, dafür danken, dass sie mir erlaubt hat, aus ihrer noch unveröffentlichten Arbeit für dieses Projekt zu zitieren.

https://doi.org/10.1515/9783110730623-006

Populärkultur. Der viktorianische Klassiker wurde in Filmen, Hörspielen, Videospielen und nicht zuletzt in zahlreichen Musikvideos adaptiert, die auf Lewis Carrolls Text und die verschiedenen, darauf basierenden Filme reagiert haben. Dieser Beitrag stellt eine Fallstudie zum Musikvideo *Streets Fell Into My Window* der australischen Gruppe The Red Paintings (2011, Regie: Clint Lewis), dar. Das Musikvideo wird als eine Antwort auf die Alice-Bücher gelesen, deren Renaissance mit dem Aufkommen des Surrealismus begann und bis heute andauert. Ein großer Teil des Witzes der Alice-Erzählungen „ist mit viktorianischen Ereignissen und Sitten verwoben, die den heutigen Lesern unbekannt sind"[1] (zit. n. Pennington 1955, S. 55). Im 20. Jahrhundert ging dieser unmittelbare Zusammenhang verloren, und die avantgardistischen Qualitäten von Carrolls Werken wurden gebührend gewürdigt, vor allem in der bildenden Kunst.

Alice im Wunderland wurde oft als proto-surrealistischer und protomoderner Text gefeiert. Zu seinen Illustrator*innen gehörten Salvador Dalí und Max Ernst (Hubert 1988, S. 179). Carroll selbst hatte sein Werk als einen Bildband konzipiert, in dem Bilder zu einem integralen Bestandteil der Botschaft werden sollten. Tatsächlich war er „sehr daran interessiert, seine eigenen Illustrationen für den gedruckten Text zur Verfügung zu stellen" (Jaques und Giddens 2016, S. 28). Während Carrolls interessante Zeichnungen ein großes Maß an Interpretationsvermögen verlangen, griff er schließlich auf die Hilfe eines Karikaturisten der Zeitschrift *Punch* zurück. Die gedruckte Version mit den Illustrationen von John Tenniel bietet einen bemerkenswerten Fall eines „Bilderbuches" oder „einer polyphonen Form", bei der die Bilder nicht den Worten untergeordnet sind (Gamble und Yates 2002, S. 119). Polyphonie wird oft „mit der Kombination verschiedener melodischer Stimmen assoziiert" (DeVoto). Im obigen Fall veranschaulicht der Begriff das Vorhandensein von zwei miteinander verflochtenen Erzählungen: einer visuellen und einer textlichen. Tenniels „Visualisierung des Textes dauert bis heute an" (Haskell 2005, S. 66). Sein Einfluss ist auch in Musikvideos zu finden. *Alice im Wunderland* kommt eine bedeutende Position im *Dictionnaire abrégé du surréalisme* zu, das von André Breton und Paul Éluard herausgegeben und 1938 veröffentlicht wurde. Gillian

1 Redaktionelle Anmerkung: Der vorliegende Beitrag wurde von Dorota Filipczak in englischer Sprache verfasst und für die Veröffentlichung in diesem Band übersetzt. Alle Zitate von Quellen, die im Original englischsprachig sind, wurden in diesem Zuge ebenfalls übersetzt. Die Übersetzung der Originalzitate aus dem Werk Lewis Carrolls entspricht den Übersetzungen von Michael Gebhardt und Nadine Erler (vgl. Carroll 2014; 2015). Verweise auf den originalen Wortlaut des Beitrages erfolgen in eckigen Klammern.

Beer nennt Breton „einen der aufmerksamsten Bewunderer Carrolls“ (Beer 2016, S. 110). Beer zitiert aus dessen *Manifeste du Surréalisme* (1924) und lenkt die Aufmerksamkeit auf die Art und Weise, wie Carrolls Figuren sprachliche Bilder verwenden. Um den von Beer hervorgehobenen Aspekt zu paraphrasieren: Die surrealistische Sprache der Figuren versetzt sie in die Lage, die Sprache in ihrer Antwort zu ihrem Vorteil zu nutzen, indem sie das Gehörte *verzerren*[2] (Beer 2016, S. 110). Dieses Phänomen, das ich als kreative Verzerrung bezeichnen möchte, ist auch in Musikvideos allgegenwärtig, die es als Antwort auf Carrolls Arbeit in einem komplexen Prozess des transmedialen Geschichtenerzählens anwenden.

In seinem inzwischen klassisch gewordenen Werk *Convergence Culture: Where Old and New Media Collide* sieht Henry Jenkins das transmediale Geschichtenerzählen [transmedia storytelling] als „eine neue Ästhetik, die als Antwort auf die Medienkonvergenz entstanden ist – eine Ästhetik, die neue Anforderungen an die Konsumenten stellt und auf die aktive Beteiligung von Wissensgemeinschaften angewiesen ist“ (Jenkins 2006, S. 20–21). Lars Elleström definiert diesen Begriff im Licht der transmedialen Erzählung [transmedia narration] neu (Elleström 2020, S. 20). Er unterscheidet zwischen Transmediation im Sinne eines „‚Herausgreifen‘ von Elementen aus einem Medium und deren neuer Verwendung in einem anderen Medium“ und im Sinne von „‚Zeigen auf‘ ein Medium aus der Sicht eines anderen Mediums“ (Elleström 2020, S. 18). Weiterführend argumentiert Marie-Laure Ryan, dass „Elleströms Formel eine gemeinsame Form oder einen gemeinsamen Inhalt zweier Medien voraussetzt, wobei sich das zweite Medium implizit auf das erste bezieht. Die Formel soll aber nicht den Fall eines Medienprodukts beschreiben, das anderen Medienprodukten neue Inhalte hinzufügt“ (Elleström 2020, S. 31). Diese feine Unterscheidung ist nützlich für die Analyse von Musikvideos, die häufig anderen Medienprodukten, wie Filmen oder anderen Musikvideos, „einen neuen Inhalt hinzufügen“, die wiederum auf den Ausgangstext (in diesem Fall die Alice-Erzählungen) anspielen. Um noch einmal Ryan zu zitieren: „Im Gegensatz zu Jenkins’ Definition schließt transmediales Storytelling die Adaption nicht aus, aber im Gegensatz zu Elleströms Konzept der Transmediation ist es nicht darauf beschränkt“ (Elleström 2020, S. 32). Dies ebnet den Weg für meine Analyse.

Um der Komplexität des Themas gerecht zu werden, möchte ich den von Liliane Louvel verwendeten Begriff des „Icontexts“ transformieren (oder kreativ verzerren). Schon das Wort selbst setzt die Durchlässigkeit der Grenzen zwi-

---

2 Hervorhebung durch die Autorin.

schen Bild und Text voraus, die ein nahtloses Ganzes bilden, in dem sich beide Elemente gegenseitig beeinflussen. Laut Louvel veranschaulicht der Icontext „perfekt den Versuch, Text und Bild in einer pluriformen Verschmelzung wie in einem Oxymoron zu verschmelzen" (Louvel 2011, S. 15). In der Einleitung zu Louvels Buch stellt Karen Jakobs fest, dass ihr Projekt neben Mieke Bals *Reading Rembrandt: Beyond the Image-Text Opposition* (1991) und *The Mottled Screen: Reading Proust Visually* (1997) angesiedelt werden kann: „Bücher, die zusammen die Mechanismen der narrativen Visualisierung erforschen" (Louvel 2011, S. 4). Bals Auflösung der Grenzen zwischen Text und Bild ist besonders nützlich für die Analyse von Musikvideos.

Um Louvels Begriff des Icontext auf Musikvideos anwendbar zu machen, schlage ich vor, ihn zum Begriff des Sonicontext[3] zu erweitern, d.h. auf das „Interlace" von Ton, Bild und Text, um den Begriff „Interlace" von Carol Vernallis zu entlehnen, die sich auf die unvorhersehbare Verflechtung von Strukturen in Videos bezieht: „Die schiere Dichte dieser Verflechtung stellt eines der größten Vergnügen des Musikvideos dar" (Vernallis 2004, S. 53). Die Perspektive des Sonicontextes betont die „pluriforme Verschmelzung" (Louvel 2011, S. 15) von Ton, Bild und Text. Gleichzeitig könnte er als Kontext für den Ton gelesen werden, der das primäre Element für die Daseinsberechtigung des Musikvideos darstellt. In Anbetracht der Tatsache, dass es möglich ist, dass ein Lied mehrere Videos hervorbringt, könnten in jedem von ihnen die Musik und der Text mit verschiedenen Bildern verschmolzen werden und endgültig einen unterschiedlichen Effekt hervorrufen.

In einer ihrer Definitionen des Genres schlägt Carol Vernallis vor, das Musikvideo als „ein Verhältnis von Ton und Bild, das wir als solches erkennen", zu beschreiben (Vernallis 2013, S. 208). Für Literaturwissenschaftler*innen ist es jedoch entscheidend, eine Ebene der Intertextualität hinzuzufügen, die mit der möglichen Wirkung eines bestimmten literarischen Textes zusammenhängt. Ein Beispiel dafür sind Musikvideos, die in einen Dialog mit *Alice im Wunderland* treten. Vernallis betont die Bedeutung der Intertextualität, indem sie feststellt, dass „Musikvideos schon immer sowohl selbstreflexiv als auch intertextuell mit ähnlichen Formen und Genres waren" (Vernallis 2013, S. 117). Der Sonicontext von *Streets Fell Into My Window* ist besonders interessant, weil seine Anknüpfung an das Werk Carrolls durch den Avantgarde-Film *Alice* (1988) des tschechischen Filmregisseurs Jan Švankmajer vermittelt wird.

---

3 Redaktionelle Anmerkung: Also durch die Ergänzung der Perspektive des Tons („sonic", engl. den Klang, die Akustik, den Schall betreffend).

Laut Vernallis übernehmen Bilder in Musikvideos die „prozessuale Qualität“ der Klänge (Vernallis 2013, S. 177). Ich würde die These formulieren, dass diese Qualität für jeden Text gilt, der in den Prozess des transmedialen Geschichtenerzählens einbezogen wird. Meine Herangehensweise an Musikvideos wurde stark von Mieke Bal und Michele Williams Gamakers Videoinstallation *Madame B* beeinflusst, die das protokinematische Potential in Flauberts Roman nutzt und die Möglichkeit einer sich ständig verändernden prozessualen Lektüre des Romans durch eine Reihe von Videobildschirmen bietet, auf denen unterschiedliche Szenen gezeigt werden.

Das subversive Potential der Intertextualität kann durch intermediale Dialoge ergänzt werden, die häufig zu transgressiven Neubewertungen führen. Die bloße Gegenüberstellung von zwei verschiedenen künstlerischen Formen kann den Betrachtenden eine neue Perspektive eröffnen. In einer Ausstellung von Munchs Werken, die Bal in Oslo kuratiert hat, stellte sie die Abgrenzung zwischen Munchs Gemälden und ihrer bereits erwähnten Videoinstallation mit Williams Gamakers in Frage. Die Gegenüberstellung von Szenen aus *Madame B* mit Gemälden von Munch zeigte, dass in etlichen Werken Munchs Figuren so wirkten, als ob sie kurz davor stünden, den Rahmen des Bildes zu verlassen, so dass die Konzepte von Stasis und Bewegtheit im Bild zusammenbrachen (Bal 2017, S. 18–19). Das Phänomen lässt sich auch auf die multimodale Reaktion von Musikvideos auf Lewis Carrolls Texte und auf die Illustrationen verschiedener Künstler*innen anwenden. So findet auch eine Szene, in der Alice in einer Zeichnung Dalís ihre Hand aus dem Fenster eines Miniaturhauses streckt, ein kreatives Echo im surrealistischen Film von Jan Švankmajer.

In *Madame B* und *Alice im Wunderland* werden weibliche Charaktere dafür bestraft, dass sie ihrem Begehren folgen. Pamela Sue Anderson erinnert uns daran: „Begehren hat eine negative Bedeutung für das Patriarchat als bewusste Abweichung von einer guten rationalen Norm“ (Anderson 1998, S. 151). Durch die Konzentration auf das Begehren haben Musikvideos das Potential, Stereotypen entweder zu festigen oder zu entlarven. Die Konstruktion der Alice-Figur ist hier besonders relevant, weil sie in Carrolls Texten eine beträchtliche Handlungsfähigkeit besitzt und oft spontanen Entscheidungen folgt. Ob dieses Potential durch Musikvideos genutzt oder kreativ verzerrt wird, ist eine andere Frage, die ich in einem anderen Zusammenhang später noch erörtern werde.

Laut Morton N. Cohen waren für Lewis Carroll Klänge genauso wichtig (oder wichtiger) als Bedeutungen, was sicherlich ein neues Phänomen für ein Kinderbuch war, das in dieser Zeit geschrieben wurde (Pennington 1995, S. 119). Der Innovationsfreudigkeit des viktorianischen Schriftstellers in Bezug auf den Klang seiner Werke wurde in der Medienlandschaft durch ein Hörbuch von

Douglas Cleverdon Anerkennung gezollt. Nach Richard Elliott zeigt sich die erste Manifestation dieses Potentials in dem Titel „Down the Rabbit Hole“ anhand der berühmten Frage: „Fressen Katzen Fledermäuse?“ Umgestaltet in „Fressen Fledermäuse Katzen?“ hallt die Frage klanglich so nach, dass sie in ein „Babbeln oder Musik“ übergeht (Elliott 2017, S. 30). Das Phänomen fleht geradezu um Beachtung, weil genau diese Frage aus der Erzählung herausgegriffen wurde, um einen abschließenden Refrain am Ende von „Streets Fell Into My Window zu erzeugen“.

Elliott geht von Carrolls Buch zum Film *Alice* von Jonathan Miller (1966) über und liest diesen als „ein düsteres Psychodrama“, dessen Soundtrack „ominöse Klänge (summende Fliegen, Flüstern und Echos)“ enthalte und mit Ravi Shankars „exotischer“ Musik kombiniert werde (Elliott 2017, S. 31). Wheeler Winston Dixon betonte in diesem Zusammenhang: „Shankars hypnotisierende Sitar- und Oboenpartitur [...] erinnert effektiv an die koloniale Vergangenheit des Britischen Empire“ (Dixon 2006, S. 67). Während Millers Film in schwarz-weiß gedreht wurde und der Regisseur durchgehend auf die Kleiderordnung aus dem 19. Jahrhundert zurückgriff, war es die Musik, die den Überfluss des viktorianischen Wohlstands enthüllte und so zu einem Kommentar der Heuchelei der Erwachsenen wurde, denen Alice begegnet. Das Video *Streets Fell Into My Window* lädt nicht nur zu Vergleichen mit Millers Film ein:

> Die düstere Stimmung und der markante Einsatz der tiefen Register passen zu der düsteren Atmosphäre, die in dem Video geschaffen wird. Interessanterweise tritt im Soundtrack zu Disneys *Alice im Wunderland* (1950) ein ähnlicher Effekt des Raunens ominöser tiefer Streichinstrumente auf, nämlich in dem Teil, der ‚Neugier führt zu Schwierigkeiten‘ heißt.
> (Grajter 2021, S. 1)

Ein aufschlussreicher Vergleich lässt sich auch zwischen *Streets Fell Into My Window* und der Kunst von Jan Švankmajer ziehen. Aus dem Vermächtnis von Surrealisten wie Dalí hervorgegangen, sorgte Švankmajer für eine der bislang „originellsten“ Adaptionen der Alice-Erzählungen (Verrone 2011, S. 169): *Něco z Alenky*, die in der englischen Fassung *Alice* heißt. Diese Avantgarde-Adaption wurde durch den eigenen Hintergrund des Regisseurs beeinflusst (Elliott 2017, S. 31). Sein Film bot eine ausgezeichnete intersemiotische Übersetzung von Carrolls Werk in die tschechische Realität mit all ihren abgenutzten Räumen und Möbeln, die an den einstigen Ruhm der österreichisch-ungarischen Monarchie erinnern, und platzierte es nun in schäbigen kommunistischen Kulissen oder auf kargen Stoppelfeldern. Elliott bemerkt Švankmajers Betonung von Geräuschen wie tickenden Uhren, raschelnden Blättern und anderen „vergrößerten Klangeffekten“ (Elliott 2017, S. 31). Dieses Sounddesign wird durch die surrealen Qualitäten der prozessualen Bilder ergänzt. Als bedeutender Künstler im Bereich Animation und Puppenspiel war Švankmajer dafür bekannt, dass er in seinen Filmen ausgeschnittene Animationsfiguren oder Puppen lebenden Schauspieler*innen gegenüberstellte. „Die Gegenüberstellung von Live-Bildern und animierter Handlung [...] erzeugte desorientierende und schockierende Effekte" (Uhde 2005, S. 263f.).

All das oben Gesagte ist entscheidend, um den Sonicontext von *Streets Fell Into My Window* zu erfassen, das ein anspruchsvolles narratives Video darstellt und in einen Dialog mit Lewis Carrolls Text und dessen medialen Übertragungen eintritt. In einem Interview auf YouTube betont der Leadsänger von The Red Paintings, dass theatrale Performances und die visuellen Künste allgemein einen großen Einfluss auf die Gestaltung des Videos hatten. Im Gegensatz zu den meisten Videos, die sich auf Alice konzentrieren, enthält dieses Video Ausschnitte aus dem Originaltext. Sie rahmen das eigentliche Lied ein, das den Text surrealistisch-assoziativ neu schreibt und vom Leadsänger Trash McSweeney gesungen wird, der in einer Verkleidung auftritt, die dem Vorbild des verrückten Hutmachers entspricht. Sein Zylinder ist mit schwarzen Federn (Raben- oder Krähenfedern) ummantelt, und als charakteristisches Merkmal ist das Zifferblatt der Uhr zu sehen. Das Video verbindet *Alice im Wunderland* und *Alice hinter den Spiegeln*. Als Alice durch den Spiegel geht, findet sie heraus: „[D]ie Uhr auf dem Kaminsims [...] hatte das Gesicht eines kleinen alten Mannes und lächelte sie an" (Carroll 2019, S. 7). Die Federn gehen auch auf die berühmte, unsinnige Frage zurück: „Was haben ein Rabe und ein Schreibtisch gemeinsam?" (Carroll 2019, S. 58). Außerdem: „In diesem Moment flog eine monströse Krähe hinunter. Schwarz wie ein Teerfass" (Carroll 2019, S. 39). Die Verdichtung von Elementen, die direkt aus Carrolls Buch stammen, ist das Organisationsprinzip dieses Videos.

Bald nach Beginn des Liedes wird der verrückte Hutmacher an einem Schreibtisch gezeigt und bald darauf beginnt er die Geschichte jenes Briefes zu erzählen, den er an Alice geschickt hat. Der Schreibtisch wird von einem Schachbrett mit großen Schachfiguren bedeckt. Das Motiv des Schachbretts ist einerseits einschränkend, kann jedoch gleichzeitig auch einen Ansatz zur Deutung des Videos liefern. Es findet seinen Widerhall im Muster des Bodens, auf dem Alice träumend gezeigt wird; es ist das Muster auf ihren Socken und auch das Muster eines Weges, der zu dem Baumstamm führt, der durch eine Schiebetür den Weg ins Wunderland freigibt. Die Metapher weist auf die Vielzahl von möglichen Kombinationen innerhalb des Spiels hin; gleichzeitig reduziert sie Alice auf einen Schachbauern im Spiel ihres Schöpfers. Der Schachbrettboden taucht auch im Film *Alice Au Pays des Merveilles* (Regie: Dallas Brower, 1949) auf, der durch die Veröffentlichung der ersten Disney-Version (1950) bald in Vergessenheit geraten ist. Das Schachbrettmuster durchzieht auch das Stück „Don't Come Round Here No More" von Tom Petty. Vor allem aber bezieht sich das Video von The Red Paintings intertextuell auf Tenniels Zeichnung in *Alice hinter den Spiegeln*, die einen im Schachbrett wurzelnden Baum zeigt, der bis zum Horizont reicht:

> ‚Ich finde, es sieht aus wie ein großes Schachbrett!', sagte Alice schließlich. ‚Es müssten ein paar Schachfiguren drauf unterwegs sein – und da sind ja auch welche!', fügte sie begeistert hinzu und bekam vor Aufregung Herzklopfen. ‚Hier findet ein riesiges Schachspiel statt, das über die ganze Welt reicht – wenn das hier überhaupt die Welt ist.'
>
> (Carroll 2019, S. 23)

Der Beginn der Passage im Video, in der es darum geht, dass Alice immer schläfriger wird, wird von einer Holzpuppe rezitiert, die auf dem Schoß des Sängers sitzt. Die Kombination eines Schauspielers und einer Puppe in einer Stopp-Motion-Animation ist eindeutig eine Verbeugung vor Švankmajers Film und dessen Visualisierungsstrategien. Im gesamten Video tauchen Puppen auf; dazu gehört auch eine defekte, augenscheinlich männliche Puppe, die der Sänger nach dem Verzehr eines Kuchens ausspuckt, der mit den Worten „eat me" beschriftet ist. Dies ist die Umkehrung einer Sequenz aus Švankmajers *Jabberwocky* (1971), in der die Puppen aus dem Kinderzimmer aus den Eingeweiden anderer Puppen geboren und dann gekocht und gebacken werden, um von größeren Puppen in einem surrealistischen Akt des Kannibalismus, der gleichzeitig eines der Elemente einer Puppenparty ist, verzehrt zu werden. Wenn Trash McSweeney eine Miniaturpuppe ausspuckt, der die Hälfte ihres Kopfes fehlt, wird die Szene zu einer Parodie der Geburt und des kreativen Aktes zugleich. Die Tatsache, dass der Sänger die berühmte Torte aus Carrolls Text isst, führt zu einer visuellen Botschaft, die auf Švankmajer anspielt. Carrolls Botschaft muss viszeral verwandelt werden, so wie das kleine Buch, das von einem Propheten in der Offenbarung des Johannes gegessen wird (Offb 10,9–10). Wie im tschechischen Film spielen auch in *Streets Fell Into My Window* Scheren und Scherenschnitte eine wichtige Rolle. Die ausgeschnittene Form von Alice schwebt in der Luft, aber es ist die echte Alice, die nach dem Fall auf dem Boden aufschlägt.

Das Bild der schlafenden Alice wird in gedämpften Farben gezeigt, was eine allgemeine ästhetische Tendenz im Video ist. Gelegentlich gibt es aber auch Szenen in Schwarz-weiß, die an Jonathan Millers Adaption erinnern und so eine Verbindung zur viktorianischen Fotografie herstellen (Dixon 2006, S. 68). In Szenen, die farbig gedreht sind, ist Alice so gekleidet, wie es der Disney-

Animation von 1950 entspricht. Sie trägt ein blaues Kleid und ein Band im Haar. Ihre Schürze ist weiß. Jan Uhde bemerkt im Zusammenhang mit Švankmajers Stil, dass „die Verschmelzung von Realität und Animation durch den Schnitt erfolgt; sie verbindet die avantgardistische Technik der schnellen Montage mit extremen Nahaufnahmen" (Uhde 2005, S. 263). Diese Strategie ist im Video von The Red Paintings allgegenwärtig. Wir sehen extreme Nahaufnahmen von Alices Gesicht, dem Gesicht der sprechenden Puppe, dem Gesicht des verrückten Hutmachers sowie dem Gesicht der Karte des Karo-Königs, die sich immer wieder dreht, um jeweils die eine oder die andere ihrer identischen Hälften zu zeigen. Abgesehen davon werden die tickenden Uhren auch in Nahaufnahmen gezeigt. Schließlich werden sie auf die Trommelfelle übertragen, die der Drummer schlägt. Letzteres könnte man als visuelle Einbildung bezeichnen. Man vergleicht zwei völlig unterschiedliche Dinge: das Zifferblatt einer Uhr und das Trommelfell. Dies unterstreicht visuell den Fluss der Zeit, dessen unaufhaltsames Ticken man mit dem lauten Klang von Trommeln in völliger Stille vergleichen könnte.

Dieser Ausschnitt, der auf den narrativen Teil des Videos folgt, in dem es darum geht, dass Alice in eine Träumerei gerät und ein Kaninchen sieht, wird mit von einem Cello gespielten Moll-Tönen unterlegt, bevor er von einer Kakophonie von Klängen und Stimmen durchdrungen wird, die einen absichtlich ominösen und chaotischen Auftakt zu den Anfangszeilen des Liedes bilden. Dies lässt sich nach Małgorzata Grajter wie folgt deuten:

> Die surrealistische Verzerrung findet in der musikalischen Materie statt, so wie das Lied mit einer charakteristischen Tremolando-Figur auf dem Cello beginnt, die eine kleine Terz (Dis – Fis) umspannt. Man könnte erwarten, dass die Musik im Moll-Modus weitergeht, aber der tiefere Ton rutscht um einen Halbton nach unten und bildet eine große Terz (Dis – Fis), und sie ‚lösen' sich auf den Tritonus auf, der traditionell als diabolus in musica bezeichnet wird (Cis – G). Dieses Verfahren zeigt, dass die traditionellen Regeln der Tonordnung umgekehrt werden: eine Konsonanz löst sich in eine Dissonanz auf.
>
> (Grajter 2021, S. 2)

Interessanterweise beginnt der Text damit, dass der verrückte Hutmacher einen Brief von Alice erwähnt, die „im Dunkeln" weilt, während sich ihr Schöpfer wahrscheinlich im Hinterzimmer befindet. Das Video lenkt die Aufmerksamkeit auf die zweifelhafte Rolle des Schöpfers, indem es den Leadsänger als Puppenspieler zeigt, der an den Fäden zieht. Eine weitere Szene zeigt den Leadsänger vor dem Hintergrund von Fotos aus dem Video, in dem er selbst auftritt. In einigen von ihnen bewegen sich Figuren, so dass die Grenze zwischen statischer Fotografie und bewegtem Bild aufgelöst wird. Dies entspricht ganz der Botschaft von Lewis Carroll, der, wie Flaubert oder Munch, in Bals Lesart das Medium Film vorweggenommen hat. Als Alice sich auf der anderen Seite des Spiegels wiederfindet, entdeckt sie etwas: „Die Bilder an der Wand neben dem Kamin schienen zum Beispiel ganz lebendig zu sein“ (Carroll 2019, S. 7). In Švankmajers *Jabberwocky* wird die menschliche Präsenz auf ein Bild an der Wand reduziert, das eine respektable patriarchale Figur zeigt, deren Augen sich mit denen des Betrachters zu treffen scheinen, als ob das Porträt lebendig wäre. Schließlich hört der lebendige Bleistift auf, in der Zeichnung einen Weg durch das Labyrinth zu suchen, und geht auf den Patriarchen zu, was dazu führt, dass das Bild durch Kritzeleien verunstaltet wird, die den Augen ihre allwissende Kraft herauszeichnen. Dies ist eine Kritik der Autorität, die auch in *Streets Fell Into My Window* in Frage gestellt wird.

Wie interpretiert das Video das Wunderland? Trash McSweeneys Worte können hier im Zusammenhang mit seiner Reflexion über Tim Burtons Film *Alice im Wunderland* (2010) zitiert werden: „Ich war überrascht, dass er auf Nummer sicher gegangen ist und sich nicht mit der Möglichkeit befasst hat, dass das Wunderland das Leben nach dem Tod sein könnte“ (Beat). McSweeney ging nicht „auf Nummer sicher“. Der Sturz von Alice hätte genauso gut ihr Tod und der Übergang in ein buchstäbliches Leben nach dem Tod sein können. Trash McSweeney war von Burtons Film nicht beeindruckt (Parker 2013). Dies ist eine weitere Verbindung zu Švankmajer, der es in einem Interview so formuliert:

> Bis jetzt stellen alle Adaptionen von Alice (einschließlich der neuesten von Tim Burton) ein Märchen dar, aber Carroll schrieb es als Traum. Und zwischen einem Traum und einem Märchen gibt es einen grundlegenden Unterschied. Während ein Märchen einen erzieherischen Aspekt hat – es arbeitet mit der Moral des erhobenen Zeigefingers (das Gute überwindet das Böse) –, folgt der Traum als Ausdruck unseres Unbewussten kompromisslos der Verwirklichung unserer geheimsten Wünsche, ohne rationale und moralische Hemmungen zu berücksichtigen, weil er vom Prinzip der Lust getrieben ist. Meine Alice ist ein verwirklichter Traum.
>
> (Švankmajer 2011)

Im Angesicht dieser Einordnung kann sich ein Traum leicht in einen Albtraum verwandeln; die Angst und der Sturz werden Realität und es kann sich als unmöglich erweisen, den Schrecken zu vermeiden.

Die Frage nach der Identität der Charaktere in Trash McSweeneys Live-Performances des Liedes ist besonders faszinierend, weil sie die mit Synästhesie verbundene Ebene freilegt, der sich der Sänger so sehr verpflichtet fühlt. Es ist sinnvoll, ihn erneut selbst zu zitieren: „Die Live-Shows vereinen alle Kunstformen: Musik, Poesie, Theater, Film, Malerei und Erzählung, um eine ganze Performance zu schaffen, die widerspiegelt, worum es in unserer Musik geht. Auf der letzten Tournee kam ich als Raupe auf die Bühne, unser Cellist war das weiße Kaninchen, unser Violinist – die Königin der Herzen und so weiter" (Beat). Małgorzata Grajter behauptet, dass „die Cello-Motive mit den Teilen des Musikvideos verbunden sind, in denen der Schatten einer Hand an der Wand die Form des Weißen Kaninchens imitiert, als wäre das Cello seine direkte Repräsentation, so wie die Geige, die eine Melodie entlang der phrygischen Skala spielt (charakteristisch für jüdische Musik), das Erscheinen der Königin der Herzen begleitet" (Grajter 2021, S. 2).

Interessanterweise lässt Trash McSweeney in dem Video einen anderen Mann die Rolle der Raupe spielen. Man kann sagen, dass der schwarze Schauspieler, der die Rolle spielt, zum Doppelgänger oder Schatten des verrückten Hutmachers wird. Die entsprechende Szene zeigt die Raupe beim Rauchen einer Wasserpfeife. Die Kleidung des Schauspielers ist viktorianisch, einschließlich eines schwarzen Zylinderhutes. Die Szene kommentiert intertextuell Carrolls Arbeit und möglicherweise Millers Film. Auf ihrem Weg durch das Wunderland entdeckt Alice eine „eine große [...] Raupe, die mit verschränkten Armen auf dem Pilz saß und an einer Wasserpfeife sog" (Carroll 2019, S. 34). Die Darstellung der Raupe in dem Video ähnelt der Darstellung Millers in seinem Film. Hier ist die Raupe ein viktorianischer Gentleman, aber dass sie im Video von einem schwarzen Schauspieler gespielt wird, kann als eine Anspielung auf die koloniale Vergangenheit des Imperiums und seine Untertanen gelesen werden, die durch die imperiale Ideologie unsichtbar gemacht wurden. In Carrolls Buch stellt die Raupe Alice eine entscheidende Frage: „Wer bist *du*?" Das soll sie dazu bringen, sich selbst zu definieren, was ihr durch die ständigen Wandlungen nicht gelingen kann.

„Wer bist du, Alice?" ist die Frage, die viele Musikvideos auf ihre einzigartige Weise zu beantworten versuchen. Das Video der Band The Red Paintings wählt eine sinistre und unheimliche [Gothic] Interpretation der viktorianischen Protagonistin, die in dem Szenario ihres Schöpfers gefangen ist. Dies ebnet den Weg für eine radikal andere Perspektive auf Carrolls Text. Wie in den Filmen von Švankmajer hört *Alice im Wunderland* auf, ein Märchen zu sein. Das Ende feiert nicht nur die Freude am Klang der Musik, es könnte eine Vorschau auf den Tod sein. In *Streets Fell Into My Window* ist Alice passiv und weit davon entfernt, irgendeine Handlungsmacht zu besitzen oder sie gar auszuüben.

Das Wunderland wird so in ein verstörendes Konzept übersetzt. Diese neue Sichtweise auf die Geschichte von Alice taucht später in Musikvideos wie *Wonderland* von Natalia Kills und *Arcadia* von Hardwell und Joey Dale wieder auf. Ich behaupte, dass die Popularität dieses literarischen Zusammenhangs den Wunsch ausdrückt, stereotype Konstruktionen von Weiblichkeit zu entlarven. Von einem unschuldigen viktorianischen Mädchen, das zum Spaß die Welt erforscht und durch das Erwachen vor Ärger und Unbehagen bewahrt wird, entwickelt sich Alice zu einer Frau, die von Dilemmata heimgesucht und von Unterdrückung überschattet wird. So verschmilzt das avantgardistische Potential von Carrolls Text mit einer Sozialkritik. Musikvideos haben wesentlich zu einem Wiederaufleben des Alice-Phänomens in der zeitgenössischen Populärkultur beigetragen. Leider hätte die Analyse anderer transmedialer Transformationen des viktorianischen Charakters den Rahmen dieses Beitrags gesprengt.

Medienverzeichnis

Literatur

Anderson, Pamela Sue. 1998. *A Feminist Philosophy of Religion*. London: Blackwell.

Bal, Mieke. 2017. „I Made This Munch": Mieke Bal Talks to Dorota Filipczak about the Exhibition Emma and Edvard: Love in the Time of Loneliness, Opened in Munchmuseet, Oslo (27 Jan. 2017). *Text Matters: A Journal of Literature, Theory and Culture* 7: 11–24.

Beat. The Red Paintings. *Beat*. https://www.beat.com.au/the-red-paintings/. Zugegriffen am 22. Mai 2020.

Beer, Gillian. 2016. *Alice in Space: The Sideways Victorian World of Lewis Carroll*. Chicago: University of Chicago Press.

Carroll, Lewis. 2014. *Alice im Wunderland*. Übersetzt von Michael Gebhardt. Wien: Der Drehbuchverlag.

Carroll, Lewis. 2015. *Alice hinter den Spiegeln*. Übersetzt von Nadine Erler. Düsseldorf: Null Papier Verlag.

Carroll, Lewis. 2019. The Complete Novels of Lewis Carroll. *E-artnow*. https://play.google.com/books/reader?id=9LjoDwAAQBAJ&hl=pl&printsec=frontcover&pg=GBS.PT7. Zugegriffen am 17. Mai 2020.

DeVoto, Mark. Polyphony. *Britannica.com*. https://www.britannica.com/art/polyphony-music. Zugegriffen am 22. Mai 2020.

Dixon, Wheeler Winston. 2006. *Visions of Paradise: Images of Eden in the Cinema*. New Jersey: Rutgers University Press.

Elleström, Lars. 2020. Transmediation: Some Theoretical Considerations. In *Transmediations: Communication Across Media Borders*, hrsg. Niklas Salmose und ders., 15–28. London u.a.: Routledge.

Elliott, Richard. 2017. *The Sound of Nonsense*. London: Bloomsbury.

Gamble, Nikki und Sally Yates. 2002. *Exploring Children's Literature: Teaching the Language and Reading of Fiction*. London: Sage.

Grajter, Małgorzata. 2021. *A Few Sketches on Polyphony and Surrealism in Music Inspired by Alice in Wonderland*. Im Erscheinen.

Haskell, Eric T. 2005. Down the Rabbit Hole: Alice's Adventures in Wonderland and Image-Text Inquiry. In *On Verbal/visual Representation: Word & Image Interactions*, hrsg. Martin Heusser und Michèle Hannoosh, 65–74. Amsterdam: Rodopi.

Hubert, Renée Riese. 1988. *Surrealism and the Book*. Berkeley: University of California Press.

Jacobs, Karen. 2011. Introduction. In *Poetics of the Iconotext*, hrsg. Karen Jakobs, 1–10. Farnham: Ashgate.

Jaques, Zoe und Eugene Giddens. 2016. *Lewis Carroll's Alice's Adventures in Wonderland and Through the Looking Glass*. London u.a.: Routledge.

Jenkins, Henry. 2006. *Convergence Culture: Where Old and New Media Collide*. New York: New York University Press.

Louvel, Liliane. 2011. *Poetics of the Iconotext*, hrsg. Karen Jacobs. Farnham: Ashgate.

Parker, Melissa. 2013. Trash McSweeney Interview: The Devastatingly Brilliant Mind Behind The Red Paintings: Can a Guy Named Trash Be Rock's Saviour? *Smashing Interviews Magazine*. https://smashinginterviews.com/interviews/musicians/trash-mcsweeney-interview-the-devastatingly-brilliant-mind-behind-the-red-paintings-can-a-guy-named-trash-be-rocks-savior. Zugegriffen am 16. Mai 2020.

Pennington, John. 1995. Reader Response and Fantasy: The Uses and Abuses of Interpretation in Queen Victoria's Alice in Wonderland. Literature Functions of the Fantastic. In *Selected Essays from the Thirteenth International Conference on the Fantastic in the Arts*, hrsg. Joseph L. Sanders, 55–66. Santa Barbara: ABC-CLIO.

Pitcam.tv. 2014. Interview with Trash McSweeney. *www.pitcam.tv* https://www.youtube.com/watch?v=xFJclaBgJEg. Zugegriffen am 20. Mai 2020.

Ryan, Mary-Laure. 2020. Transmedia Storytelling and Its Discourses. In *Transmediations: Communication Across Media Borders*, hrsg. Niklas Salmose und Lars Elleström, 29–32. London u.a.: Routledge.

Selavy. Virginie. 2011. Interview with Jan Švankmajer. *Electric Sheep: A Deviant View of Cinema*. http://www.electricsheepmagazine.co.uk/2011/06/14/interview-with-jan-352vankmajer/. Zugegriffen am 20. Mai 2020.

Uhde, Jan. 2005. Implicit Horror in the Films of Jan Švankmajer. In *Horror International*, hrsg. Steven Jay Schneider, Tony Williams, 259–272. Detroit: Wayne State University Press,

Vernallis, Carol. 2013. *Unruly Media: YouTube, Music Video, and the New Digital Cinema*. Oxford: Oxford University Press.

Vernallis, Carol. 2004. *Experiencing Music Video: Aesthetics and Cultural Context*. New York: Columbia University Press.

Verrone, William. 2011. *Adaptation and the Avant-Garde Alternative Perspectives on Adaptation Theory and Practice*. London: Continuum.

Musikvideos

The Red Paintings. 2011. *Streets Fell Into My Window*. Regie: Clint Lewis.

Tom Petty and the Heartbreakers. 1985. *Don't Come Here No More*. Regie: Jeff Stein.

Filme

Alice Au Pays des Merveilles. 1949. Regie: Dallas Brower. FRA: Film d'animation français.

Alice in Wonderland. 1966. Regie: Jonathan Miller. GBR: BBC.
Alice [Něco z Alenky]. 1988. Regie: Jan Švankmajer. CSK/CHE/GBR/DEU: Channel Four Films u.a.
Jabberwocky [Žvahlav aneb šatičky slaměného Huberta]. 1971. Regie: Jan Švankmajer. CSK: Krátký film Praha.

Anna Schürmer

Transmediale Audiovisionen, oder: U+E=Ü

Abstract: Musikvideos gelten als audiovisuelles Aushängeschild der Popmusik. Aber auch die Musikavantgarde weiß um die Potentiale der Bebilderung ihrer akustischen Visionen und hat eine mit dem Musikfernsehen aufgewachsene „Generation ± 1980“ hervorgebracht: Analog sozialisiert und zugleich die ersten „digital natives“ prägen ihre Vertreter*innen eine hybride Epochenästhetik an der intersektionalen Schnittstelle von Musikvideo und Medienmusik: Transmediale Audiovisionen.

Schlüsselwörter: Audiovisionen, Transmedial, Hybridität, Generation ± 1980, Intersektionalität, Medienästhetik, Avantgarde

Musikvideos gelten als audiovisuelles Aushängeschild des Pop: als mediales Produkt einer mit dem Musikfernsehen der 1980er und 1990er Jahre aufgewachsenen Generation, das mit der Einführung des Internets und Portalen wie YouTube ein Revival innerhalb einer neuen medienästhetischen Ordnung erlebt hat. Wenn aber Martin Lilkendey in *100 Jahre Musikvideo* schreibt: „Musikvideos spiegeln immer die populärste Musik der Zeit wider“ (Lilkendey 2017, S. 9), ist er im Unrecht.

Denn: Erstens wussten nicht nur Avantgardisten wie der Fluxus-Pionier Nam June Paik um die Potentiale der Bebilderung ihrer akustischen Visionen. Zweitens setzten Regisseure, allen voran Stanley Kubrick, die visuelle Suggestionskraft zeitgenössischer Kompositionen gekonnt in Szene: György Ligeti und Krzysztof Penderecki lieferten die Soundtracks zu ihren audiovisuellen Meisterwerken *2001 Odyssee im Weltall* (1968) und *Shining* (1980). Drittens kennt auch die sogenannte Neue Musik eine „Generation ± 1980“: Analog sozialisiert und zugleich die ersten „digital natives“ prägen deren Vertreter*innen eine audiovisuelle Epochenästhetik, um die es in diesem Beitrag gehen soll.

Diese Ästhetik ist auf vielfältige Weise hybrid: Sie mischt Analoges und Digitales, Medien und Material, Kunst und Kommerz, Avantgarde und Pop; sie ist nicht „U“ und nicht „E“, sondern „Ü-Musik“: Mehr als nur ein Sprachspiel kann die Verschiebung der kategorischen Umlaute als Gedankenmodell dienen, um aus der belastenden Sezession der analogen Musikkultur auszubrechen und diese in Richtung „Transmedialer Audiovisionen“ zu aktualisieren.[1]

1 Vgl. weiterführend Schürmer 2016.

https://doi.org/10.1515/9783110730623-007

Beispielhaft werden im Folgenden audiovisuelle Arbeiten dieser „Generation ± 1980“ mit dem Fokus auf Medienästhetik und Hybridisierung zwischen Musikvideo und Medienkunst betrachtet – und eben auch abgehört: Denn die digital induzierte Vermischung von Bild und Ton, Visuellem und Auditiven ist der medientechnische Kern der hybriden Kunstform „Musikvideo“.

Dieser Aufsatz ist der Versuch, mittels einer theoretischen Typisierung und am Beispiel wesentlicher, an audiovisuellen Schnittstellen operierender Akteur*innen der musikavantgardistischen Szene, die „U“ und „E“ hybrid vermischende Epochenästhetik des digitalen Zeitalters zu fassen.

1 „Generation ± 1980“: Digitale Synästhesie

Die Bilderflut der digitalen Umwelt hat sich auch in die Ästhetik eingeschrieben. Sie erlaubt und erfordert sogar einen Rückblick in die spätanaloge und frühdigitale Welt der „Generation ± 1980“, die auch deshalb und in sozialer Hinsicht so interessant ist, weil ihre Vertreter*innen altersbedingt stetig an Einfluss gewinnen und demnach kanonisierend auf ihre Gegenwart einwirken.

Die 1980er Jahre gelten nicht nur laut dem von George Orwell dystopisch imaginierten Schlüsseljahr *1984* als Kristallisationspunkt einer technologischen Zeitenwende. Das Jahrzehnt markiert eine Schwellenphase am Scheideweg von Analogie und Digitalität, in dem sich Pop, Kultur und Politik auch für die (Musik-)Ästhetik folgenreich kreuzen: Kurz nachdem die Compact Disc 1982 die analoge Langspielplatte ablöste, wurden der Rundfunk dual und Informationsverarbeitungstechnologien zum Politikum. Die 1983 geplante, erstmal auf Speichertechnologien basierende Volkszählung löste erstmals flächendeckende Proteste gegen einen vermeintlichen Überwachungsstaat aus – begleitet von immer glatter polierter Popmusik, die im Verbund mit dem Fernsehen eine neue Art von Stars kreierte.[2] MTV und VIVA inszenierten bildmächtige Superheld*innen und kurbelten mit „mehr als bebilderter Musik“ die Popkulturindustrie werbewirksam und massenpopulär an. Gleichzeitig avancierten (Video-)Kassetten durch günstige Vertriebs- und Vervielfältigungstechniken zum Mittel eines „Befreiungsschlags der alternativen Musikszene“.[3] Diese konträr verlaufenden, zwi-

---

2 David Bowie: „Ich verstehe Video als Ausweitung meiner künstlerischen Möglichkeiten. Ich kann mir den Tag vorstellen, an dem die Verbindung aus Musik und Video eine ganz neue Art von Star hervorbringen wird“; zit. nach Lilkendey 2017, S. 14.

3 Vgl. den Beitrag von Renate Buschmann in diesem Band.

schen Demokratisierung und Monopolisierung changierenden Tendenzen wurden wenig später vom unendlich populären und zugleich dem Unpopulären Platz einräumenden World Wide Web noch vertieft.

Es mag verwegen erscheinen, die elitär auftretende Neue Musik-Szene in Beziehung zum populären Musikfernsehen zu setzen – und doch bieten die Neuen Medien gerade auch dem Unpopulären Raum und Material, aus dem medienästhetische Audiovisionen geschaffen werden.[4] Verengt man den Fokus auf audiovisuell arbeitende Komponist*innen, treten die „Transmedialen Audiovisionen" der „Generation ± 1980" auf eine videoästhetisch konturierte Bühne: jene in der analogen Welt geborenen Musiker*innen, die sich bei MTV und VIVA auch ein Bild von ihrer (künftigen), von temporeichen Schnitten und Bilderfluten geprägten Klangkunst machten – was erst durch die Einführung des dualen Rundfunksystems als Grundlage für private Sender möglich wurde. So vorbereitet meisterte diese Generation in ihrer Jugend problemlos und intuitiv den Sprung in die digitale Gegenwart, wo sie an den Schnittstellen einer neuen medienästhetischen Ordnung agieren.

1.1 Phase 4 – eine neue Zeitrechnung

Heute sitzt diese „Generation ± 1980" an zunehmend diskursbestimmenden Positionen und prägt mit ihren Transmedialen Audiovisionen eine hybride und audiovisuelle Ästhetik, die im Anschluss an Peter Weibels Vier-Stationen-Theorie als *Digitale Synästhesie* bezeichnet werden kann.

Ausgehend von den subjektiven und intuitiven Bezügen zwischen Malerei und Musik in der *Synästhesie* um 1900, kam es in den 1920er und 1930er Jahren zur *Synchronisation* (oder *Synchromie)*: einer abstrakten, figurativen oder narrativen „visual music by expanding cinema". Seit den 1970er Jahren prägen Schnittstellen eine zunehmende Audiovisualität, in der anstatt der synästhetischen Form-Farben-Analogie naturwissenschaftliche Beziehungen die künstlerische Produktion formal bestimmen. Mit der Digitalisierung des 21. Jahrhunderts prägen Codes und Algorithmen alle Formen sinnlicher Wahrnehmung.[5] Diese *digitale Synästhesie* greift mit neuen Medien nicht nur auf synästhetische Analogien visueller und akustischer Muster zurück; auch und gerade ästhetische wie

---

4 Vgl. weiterführend: Schürmer 2019, auch als Feature in: *Deutschlandfunk* (9. März 2019, 45 Min.).

5 Vgl. den Beitrag von Peter Weibel in diesem Band.

multimediale Schnittstellen sind relevant für die hybride Ästhetik dieser „Audiovisionäre", die Stile und Zeiten in einer Ungleichzeitigkeit des Gleichzeitigen vermischen, die erst auf Basis digitaler Speicher- und Produktionstechnologien – dem „totalen Archiv" Internet – möglich wird.

Ein anderes Phasenmodell findet sich bei Hans-Heinz Stuckenschmidt: Der einflussreiche Musikkritiker formulierte in Hörweite der frühen Lautsprechermusik eine neue, an das Material und demnach an Medien gebundene musikalische Zeit- und Epochenrechnung: „Die erste war eng und innig an den Menschen selbst als ausführendes Organ gebunden [...]. Die zweite eroberte sich das Tonwerkzeug als Mittel [...]. Die dritte, eben die elektronische Epoche, [...] bedient sich zwar der Verfahrensweisen [...] aus der Tradition [...], wendet sie aber auf eine radikal neue Materie an" (Stuckenschmidt 1955, S. 18f.). Denkt man diese an die Ausweitung der Mittel gebundene Epochenzählung weiter, darf die digitale Ära mit guten Gründen als „Vierte Epoche" gelten: Wiederum ist es zu einer weiteren, nun global greifenden Ausdehnung des Materials gekommen, und tradierte Verfahrensweisen werden auf eine radikal neue Materie angewendet: dem Digitalcode, der den Grundstein für die hybriden Audiovisionen der „Generation ± 1980" in „Phase 4" dieser medienmusikalischen Zeitrechnung legt.

1.2 Audiovisuelle Intersektionalität

Schon bei den analogen Musikvideos war die unveränderliche Synchronizität von Bild und Ton ein entscheidender Aspekt: In diesem fixierten und reproduzierbaren Musik-Bild-Gefüge ist Klang in gleicher Qualität im Bild immer schon enthalten und das Produkt bereits gänzlich präsent: „Ein Musikvideo ist also selbstreferentiell" (Lilkendey 2017, S. 23f.). Umso mehr gilt das für digitale Audiovisionen, deren medialer Gehalt – gleichgültig ob Bild oder Text, Film oder Audio – dem gleichen diskreten Code aus binären Signalen unterliegt.

Mit einem Augenmerk und geweiteten Ohren für die hybride Gestalt dieser Audiovisionen bietet sich eine (musik-)ästhetische Wendung des Begriffs der Intersektionalität an: Abgeleitet vom englischen *intersection*, bezeichnet er nichts anderes als den Schnittpunkt oder eben die Schnittstelle – also der dritten von Peter Weibels Vier-Stationen-Theorie, die seit den 1970er Jahren qua Videotechnik zunehmend den generischen Verbund von Akustik und Visualität forcierte, welche im Musikfernsehen der 1980er Jahre ihren populären Ausdruck fand und heute eine medienästhetische Neuordnung erfährt.

Die heute sämtliche Medien verschaltende Digitaltechnik prägt eine spezifische Epochenästhetik, die Dieter Daniels als „Audiovisuology" bezeichnete: „not a new discipline but a meta-level on which the convergence and divergence of audiovisual art forms, methods, and scholarly disciplines become visible“ (Daniels und Naumann 2015, S. 16). In seinem Beitrag in diesem Band verortet Daniels das (Musik-)Video „zwischen Kunst und Fernsehen, High- und Low-Culture, Werbung und Hochkultur“ und beschreibt es demnach als bewegliches Zwischenfeld: „Das Video vagabundiert im Internet viral und hat kein stabiles Dispositiv.“[6] Es ist also *sui generis* Ausdruck der transmedial-hybriden „Phase 4“. „Der Musikkurzfilm“, so deshalb Martin Lilkendey mit einigem Pathos,

> lässt den Betrachter durch seine einzigartige Avantgarde und Populäreigenschaft als Kondensat der Erfahrung menschlicher Vorstellung, die ständig das Neueste und Aktuellste, Spannendste und Interessanteste, Schrägste und Ausgefallenste, im Idealfall als contemporary art hervorbringen muss, bereits sehen und hören, was er sein wird.
>
> (Lilkendey 2017, S. 31)

Zwar gilt seine zukunftsträchtige Aufmerksamkeit insbesondere Phänomenen des Mainstreams, doch verweist die gleichzeitige Nennung von Pop und Avantgarde auf die Transmedialen Audiovisionen der „Generation ± 1980“.

2 Digitale Hybride, oder: Transmediale Audiovisionen

Die (Klassische/Neue) Musik versteht sich gern als autonome Kunstform. Noch zur Blütezeit des Videos in den 1980er Jahren wäre der Einsatz von performativ-visuellen Elementen als Kumpanei mit dem „Zeitgeist“ abgetan worden. Erst die analog-digital geprägte Generation jener Dekade verabschiedete das die Musikkultur seit der Moderne spaltende Spartendenken mit Transmedialen Audiovisionen, die mit ihrer hybriden Ästhetik Anklänge an Popkultur und Avantgarde zugleich aufrufen.

Im Folgenden werden exemplarische Vertreter*innen der „Generation ± 1980“ beleuchtet, um Kern und Schnittmengen ihrer transmedialen Ästhetik im Kontext von „Video und Hybridität“ freizulegen: Die Composer-Performerin Julia Mihály (*1982) versucht stilistische Grenzen abzutasten und, wenn möglich, zu überschreiten – und damit neue Verknüpfungen herzustellen: „Wir können ja nicht leugnen, in was für einem Umfeld wir uns bewegen und wie wir groß wer-

6 Vgl. den Beitrag von Dieter Daniels in diesem Band.

den. Ich etwa bin in der Medialität der 90er, mit Game Boys und Walkmans, aufgewachsen. Wenn das keinen Einfluss hätte, wäre das doch sehr merkwürdig."[7] Der Konzeptkomponist Johannes Kreidler (*1980) ist nicht nur „seit der Jugend Fan von Experimentalfilm", sondern auch „vom MTV der 80er und 90er geprägt [...], ich empfinde eine natürliche Affinität zu dem Medium".[8] Alexander Schubert (*1979) schließlich besetzt im Ensemble Decoder die Schnittstelle von Video und (Live-)Elektronik: „Mehrpoligkeit" bezeichnet er als „entscheidendes Kriterium meiner Arbeit" (Schubert 2017, S. 46). Die Kombination von zeitgenössischer klassischer Musik und Musik aus anderen populären Genres – experimentelle Elektronik, Techno und Hardcore sowie der Bezug zum Free Jazz – sind „part of my vocabulary" (Schubert).

2.1 „FEMME DIGITALE": Julia Mihály

Technik wird oft als Männerdomäne abgetan – und ist doch immer wieder auch weiblich konnotiert. Den Zusammenhang von „Feminismus und Gender in elektronischer Musik" beleuchtet der kürzlich erschienene Sammelband *Heroines of Sound*[9], der Geschlechterfragen im Kontext von Musik, Körper und Technik nachgeht.

Exemplarisch kann etwa Julia Mihály (*1982), als eine solche Heroine of Sound und als medienmusikalische Vertreterin von Donna Haraways Cyborgs gelten: indem sie binäre Ästhetiken verweigert und mit technischen Erweiterungen hybride Schnittmengen von Audio und Vision transmedial in Klang setzt und dabei auch soziale Schnittstellen berührt.

7 Julia Mihály im Gespräch mit der Autorin.

8 Johannes Kreidler im Gespräch mit der Autorin.

9 Vgl. Sanio und Wackernagel 2019: In ihrem Beitrag „Musik, Körper, Technik und gender" zeichnet Christa Brüstle nach, wie in der tendenziell aseptischen elektronischen Musik feministische Positionen und die Sensibilisierung für Erfahrungen als „embodied mind" wirksam werden können. Janina Klassen reflektiert in ihrem Beitrag „Körper_los. Elektronische Musik und Geschlecht" die Notwendigkeit eines doppelten Problembewusstseins gegenüber dem Ausblenden weiblicher Körper aus der Musikgeschichte sowie generellen Verdrängungstendenzen der Digitalisierung im Verhältnis zum Körper. Christina von Braun schließlich interpretiert in ihrer Darlegung über „Die ‚magischen dreizehn Prozent'. Gender in der zeitgenössischen Musikszene aus kulturwissenschaftlicher Perspektive" die Erfindung der Schrift als ersten Schritt eines binären Denkens, das auch der Konstruktion eines Gegensatzes zwischen Männern und Frauen zugrunde liegt und die Musik als vergängliche Kunst tiefgreifend verändert hat.

Abb. 1: Julia Mihály: Composer-Performerin an der Schnittstelle von Neuer Musik und technologiebasierter Performance.

Julia Mihály bezeichnet sich als „composer-performerin" – jenes in Blüte stehende Subgenre der Neuen Musik, in dem überwiegend weibliche Akteur*innen die jahrhundertelang prägende Trennung von Schöpfer*innen und Darsteller*innen unterlaufen. Technische Erweiterungen ermöglichen eine multifunktionale Personalunion, die einer basalen Logik der Digitalisierung folgt: das Zusammenfassen verschiedener Funktionen in einem smarten „Device", also der Künstlerin, die durch den verstärkten Einsatz ihres Körpers und multimediales Embodiment eindimensionale Grenzen verweigern kann – nicht nur der Geschlechter, sondern auch der Stilistik.[10]

Als Komponistin und Sängerin bewegt sich Mihály „an den Schnittstellen von Neuer und elektroakustischer Musik sowie technologiebasierter Performance". Sie setzt sich mit Themen der aktuellen Alltags- und Medienkultur auseinander und verbindet diese ästhetisch „mit Einflüssen aus Popkultur, Trash und Anti-Kunst".[11] Nicht nur in ihren Auftritten zelebriert sie in maßgeschneiderten Kostümen die hybride digitale Epochenästhetik – immer auch bietet sie Trailer und Videobegleitung an – als Werbung, aber auch als eigenständige künstlerische Ausdrucksform: Die visuelle Ebene ihrer Performances besitzt mit ihren durchs Bild wandernden Einzelelementen und Objekten – eine Tomatenscheibe als untergehende Sonne, Papierflieger über dem Meer, ein dreiäugiges goldenes Kalb vor dem Bundestagsgebäude – oft collagenhaften Charakter. „Das Bunte,

10 Vgl. weiterführend Schürmer 2020.

11 Siehe weiterführend die Internetseite der Künstlerin: http://www.juliamihaly.net. Zugegriffen am 31. März 2020.

das Absurde, das Symbolhafte und vor allem die sichtbaren Schnittstellen sind mir wichtig“, betont Mihály.[12]

Ein weiteres Beispiel ist die Multimediaperformance *Grand Hotel Establishment* (2018):[13] ein retrospektiv aktualisierender Blick auf die „1968er“ als Generation zwischen Aufbruch und Protest, philosophischem Kopfkino und postpubertären Happenings, ideologischen Irrwegen und linksradikaler Hilflosigkeit. Im viereinhalbminütigen Trailer verarbeitet Mihály ihre Vorstellung des *Grand Hotel Establishment* als „Kulminationspunkt in unserer Gesellschaft, an dem es clashen muss“. Die Farbgebung changiert überwiegend zwischen kämpferischem Rot und grellem Pink in einem visuellen sensorischen Spektrum, das mit schnellen Schnitten und assoziationsreichen Motiven – einem Gummiflamingo, der Zoom auf Augen- und Mundpartie der Sängerin – videoästhetisch geprägt ist. Auf akustischer Ebene dominieren digital programmierte elektronische Klangflächen, interpoliert von akustischen Markern wie einem Bach-Choral oder der „Internationalen“ sowie unterbrochen von manifestartigen Sprecherpassagen:

> Wer von uns weiß noch, welchen Weg er geht auf der Straße 68? Schlafen für den Frieden, Frieden und Freiheit. Die Freiheit, Freiheit als kommerzialisierte Selbstausbeutung zu konsumieren. Freiheit, Emotionen als Rohstoff öffentlicher Entinnerlichung zu publizieren. Die Freiheit, den tatsächlichen Feind, sich selbst, als versklavtes Leistungsobjekt zu ignorieren. In uns selbst sitzt heute die Herrschaftsinstanz – in der Luxussuite des „Grand Hotel Establishement“.[14]

Im selben Jahr 2018 entstand die audiovisuelle Performance *La Rinascita di Marlene*[15] für Stimme, analoge und digitale Elektronik, E-Gitarre und Streichtrio nach Norbert Niemanns Roman *Die Einzigen*: Auf der Suche nach einem für sich selbst ganz individuellen Klang erforscht die Protagonistin unterschiedliche Stationen künstlerischen Schaffens. Am absoluten Nullpunkt angekommen, schlägt sie neue Wege ein, indem sie Sensoren und Computerplatinen in ihren eigenen Körper einsetzen lässt, um auf diese Weise selbst zum (elektronischen) Instrument zu werden: Was davon ist real, und was bleibt hinter einer romantischen Vorstellung vom Künstlertum zurück? Diese von transhumanistischen Ideen geprägte Audiovision transportiert auch ein 13-minütiges Video: Blaue Blasen schweben vor einem gelb-rotem Grund und bilden ein abstraktes Szenarium, in

---

12 Julia Mihály im Gespräch mit der Autorin.

13 Julia Mihály: Trailer zu *Grand Hotel Establishment* (2018): http://www.juliamihaly.net/grand-hotel-establishment. Zugegriffen am 31. März 2020.

14 Textauszug aus *Grand Hotel Establishment*. Vgl. ebd.

15 Julia Mihály: Trailer zu *La Rinascita di Marlene* (2018): http://www.juliamihaly.net/la-rinascita-di-marlene. Zugegriffen am 31. März 2020.

dem digitale Figurationen eines auf verwesendem Fleisch tanzenden Teddybären in grellen Phrasen unheimliche Effekte erschaffen. Auf Soundebene dominieren die knisternden Veräußerungen der Granularsysteme, unterbrochen von fast nostalgisch wirkenden E-Gitarren und wiederum interpoliert von Ein- bzw. Ansprachen:

> Kunst als Sabotage am Leben? Kunst muss unter die Haut gehen. Kunst als Selbstausdruck zur Weltverbesserung? Kunst ist blutiger Ernst. Für das Kunstwerk leiden als existenzielle Grenzüberschreitung? (Darf man sich beim Selbstfinden auch mal verlieren?) Kunst ist nicht verklärt. Kunst aus subjektiver Überheblichkeit und Anmaßung? Kunst ist nicht lustig. Kunst als dekonstruktive Ökologie des Geistes? Kunst ist revolutionäre Energie. Kunst als wertvolle Entäußerung des Schöngeistes? Kunst ist ... jeden Tag und März: Zertrümmerung von Assoziationsmustern.[16]

Tatsächlich aber ist Julia Mihálys Arbeit mit Video höchst assoziationsreich: Auf kompositorischer Ebene behandelt sie das Visuelle nicht anders als akustische Instrumente; die Videoprojektionen innerhalb ihrer Multimediaperformances besitzen den Status eines Bühnenbilds, das innerhalb einer transmedialen Gesamtanordnung mit Sprache, Szene und Klang kooperiert und so die hybride Ästhetik der Digitalkultur audiovisuell imaginiert. Die Einbeziehung des Mediums Video erscheint so beinahe zwangsläufig als Konsequenz einer multimedial ausgerichteten Ästhetik, die nicht nur innermusikalische Wirklichkeiten erschaffen möchte, sondern auf außermusikalische Realitäten reagiert und diese mit ihren medialen Verkörperungen und Kommunikationswegen ins Werk holt.

2.2 Decodieren mit Licht: Alexander Schubert

Die transmediale Audiovisualität der „Generation ± 1980“ zeigt sich auch auf Ensembleebene: Hier sind Formationen wie LUX:NM oder Decoder zu nennen, die sich nicht nur durch ihre Namen auf die medienverschmelzende Digitalästhetik beziehen: Ein Decoder entschlüsselt Datenpakete, kann sowohl analoge wie auch digitale Signale verarbeiten und als Software oder Hardware genutzt werden. Er ist ein hybrides Instrument.

16 Textauszug aus Grand Hotel Establishment. Vgl. Trailer zu *Grand Hotel Establishment* (2018): http://www.juliamihaly.net/grand-hotel-establishment. Zugegriffen am 31. März 2020.

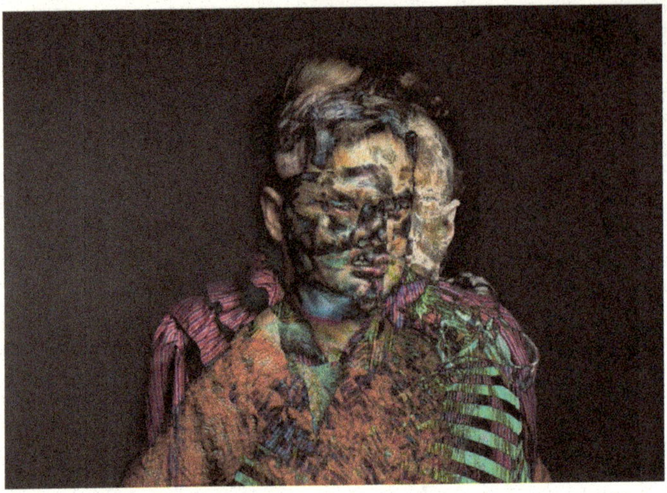

Abb. 2: Selbstbildnis mit Fehler: Alexander Schubert nutzt mit seinem Ensemble Decoder die Medienästhetik der Digitalität als audiovisuelles Werkzeug.

Schon der Internet-Auftritt des Ensemble Decoder spiegelt extensiv den audiovisuellen Zugriff des Ensembles, das sich als „Band für aktuelle Musik" bezeichnet: Dies zeigt nicht nur die reiche Auswahl an Video-Projekten auf der Website, sondern auch das bewegte Bild auf deren Kontaktseite. Wie auf einem Renaissance-Gemälde präsentieren sich die sechs Musiker*innen *clair-obscur* in sanftem Licht vor schwarzem Hintergrund. Doch ist das Arrangement kein Stillleben, sondern von subtil-verstörenden Glitches durchzogen und stellt so den medienästhetischen Verbund von Kunst und Digitaltechnik audiovisuell dar.[17]

Das gilt insbesondere für Alexander Schubert, der *Die Ästhetik des Fehlers* (Schubert 2018a)[18] in der digitalen Perfektion als Kreativmoment nutzbar macht. Im Ensemble kümmert er sich „um die Schnittstelle zu Video, Elektronik, Live-Elektronik";[19] auch seine Werke zeichnet ein generischer Verbund von energetischem Sound und aus Licht komponierten Projektionen aus.

Streng genommen reicht die Bezeichnung „Musikvideo" für diese transmedialen Audiovisionen nicht aus. Vielmehr geht Schubert in seinem Bestreben, das Visuelle als gleichberechtigtes Medium neben das akustische Ereignis zu setzen,

17 http://decoder-ensemble.de/video/. Zugegriffen am 31. März 2020.

18 Ein aktuelles Beispiel für diesen Ansatz ist *Codec Error* (2017).

19 Im Trailer für Unterdeck an der Elbphilharmonie Hamburg: https://www.youtube.com/watch?v=I-Gh0RfJQpE. Zugegriffen am 31. März 2020.

über den Einsatz von Projektionen hinaus, wie er in *Focussing the View. On the Use of Light* ausführt:[20] „Eines meiner Hauptprobleme mit Video war die Tatsache, dass es auf eine Leinwand auf der Bühne beschränkt war. [...] Der andere Punkt ist, dass Video meistens auf einer zweidimensionalen Projektion in einem dreidimensionalen Raum basiert“ (Schubert, S. 2). Aufgrund dieser Mängel wandte er sich dem Licht als Medium zu, „um eine ambiente oder immersive Umgebung zu schaffen“ (Schubert, S. 4) – und verschiebt damit den Fokus vom auditiven in den visuellen Bereich. Auch auf technischer Ebene pflegt Schubert einen paritätischen Zugriff auf visuelle und akustische Komponenten, indem er den Einsatz des Lichts mit dem digitalen Kompositionswerkzeug Max/MSP programmiert und damit sein Anliegen umsetzt, „dass das Licht nicht nur die Musik unterstützt, sondern dass das Stück als Ganzes wahrgenommen wird, wobei die Leuchten das gleiche Gewicht und die gleichen Rechte haben wie die anderen Komponenten des Werkes“ (Schubert, S. 5).

Ein Beispiel für diese hybride Ästhetik ist etwa *HELLO* (2014)[21], bei dem Schubert die Gattung von Tutorial-Videos medienästhetisch reflektiert. Zunächst übersetzt das Ensemble aufgezeichnete Bewegungen des Komponisten in Klänge, bevor das Stück seine eigentliche Inhaltsebene verlässt und den Arbeitsprozess selbst beleuchtet:

> Man sieht im Video nun den Workflow am Schnittplatz, das Editieren der Noten und dann schlussendlich das Hochladen des Stücks auf YouTube und das Erläutern der Schlusssequenz. Selbst-referenziell wird mit den Regeln des Stücks gespielt und die Praxis der Arbeitsschritte und Selbstdarstellung bei einem Composer-Performer-Werk samt seiner digitalen Umgebung beleuchtet.
>
> (Schubert 2018b, S. 28)

In der Lecture-Performance *Star Me Kitten*[22] (2015) dient die Videoprojektion einer Powerpoint-Präsentation als medienästhetische Schnittstelle: Eine Sängerin spricht mit Hilfe von Textfolien einen zunächst wissenschaftlich anmutenden Text über ein Konzept, das außermusikalische Inhalte mit musikalischen Elementen zusammenführt. Hier kam Schubert auf das Video zurück, weil seine Verwendung konzeptionell mit dem Format des Stückes übereinstimmte: „Dies steht im Gegensatz zu Setups, bei denen Video nur als zusätzliches Element verwendet

20 Alle Zitate in eigener Übersetzung.

21 Alexander Schubert: Videodokumentation zu *HELLO* (2014): http://www.alexanderschubert.net/works/Hello.php. Zugegriffen am 31. März 2020.

22 Alexander Schubert: Videodokumentation zu *STAR ME KITTEN* (2015): http://www.alexanderschubert.net/works/Star.php. Zugegriffen am 31. März 2020.

wird [...], aber ich finde das eine schwache Rechtfertigung für die Verwendung von Video." In seinem Musiktheater *F1*[23] (2016) schließlich wechselt die Handlung um den Performer im Hasenkostüm kontinuierlich zwischen der Bühne und einer vorproduzierten Videoprojektion. Parallel dazu stellt Schubert durch ein Videofenster in der Bildschirmecke wiederum die kompositorische Arbeit aus: Man sieht Aufnahmen vor dem Green Screen, die Programmierung der Max-Patches und das Arbeiten mit Photoshop und Premiere.

In Alexander Schuberts Arbeiten wird die performative Ebene der hybriden Kunstform Musikvideo medienästhetisch und -reflexiv greifbar. Ihn interessiert die Körperlichkeit in einer digital repräsentierten Welt, die er in seinen Performances auf die Bühne hebt. Die transmediale Verbindung von Klang, Szene und Licht erlaubt es ihm dabei, „die live auftretenden Musiker in eine quasi-digitale Darstellung zu verwandeln" (Schubert). Im Ergebnis führt dies zu einem Effekt, der dem des Videosamplings nahekommt, ohne jemals populär zu wirken.

2.3 Von der Erweiterung zur Auflösung: Johannes Kreidler

Das Ensemble Decoder kooperiert mit diversen Komponisten der „Generation ± 1980", etwa mit Johannes Kreidler, den man in gewisser Weise als einen „Influencer" der Neuen Musik bezeichnen könnte. Sein Blog heißt nicht zufällig *Kulturtechno*[24] – der 1980 geborene Konzeptkomponist beschäftigt sich in transmedialen Einsätzen mit seiner eigenen und der Kunst anderer, mit neuen Technologien und ihrer Politik. Dabei räumt Kreidler dem Video im wörtlichen Anschluss an Nam June Paik eine entscheidende Rolle ein: „Marcel Duchamp hat schon alles gemacht, außer Video [...]. Nur durch die Videokunst können wir über Marcel Duchamp hinausgehen."[25]

Diesen Brückenschlag tätigt Johannes Kreidler auf künstlerische Weise, indem er die visuelle Ebene generisch in seine Werke einfließen lässt; die grundsätzlich angefertigten Videodokumentationen seiner Aktionen erachtet er jeweils als eigene Version des Werkes. Wie Alexander Schubert ist auch er deshalb ein gutes Beispiel, weil Kreidler in seinen Schriften eine Nähe zu medienkulturwissenschaftlichem Denken zeigt und damit diskursive Schnittstellen offeriert.

---

23 Alexander Schubert: Videodokumentation zu *F1* (2016): http://www.alexanderschubert.net/works/f1.php. Zugegriffen am 31. März 2020.

24 Online unter: http://www.kulturtechno.de. Zugegriffen am 31. März 2020.

25 Johannes Kreidler im Gespräch mit der Autorin. Paik zitiert nach Lebeer (1975), S. 35.

Abb. 3: Ein „Influencer“ der Musik-Avantgarde: Der Konzeptkomponist Johannes Kreidler zeigt Musik im Medium Film.

In *Sätze über musikalische Konzeptkunst* (Kreidler 2018) reflektiert er in einer Aufsatz-Trilogie die „Erweiterung“ bzw. „Auflösung“ des Musikbegriffs – eben die Hybridisierungstendenzen und Transmedialen Audiovisionen seiner „Generation ± 1980“: *Der erweiterte Musikbegriff* (Kreidler 2014) beginnt mit Reflexionen zu Rahmungen – also „Strukturanalogien, Geschichtsbezüge, Mediendispositionen und Machtdispositive“ –, die seit Duchamps das hybride und transmediale Kunstwerk definieren: „Die Verflüssigung der Grenzen, ebenso wie neue, individuelle Grenzziehungen, konzeptionelle Rahmungen [...] werden durch multimediale Addition (Text, Video, Performance) im Werk selber mitgestaltet.“ Dabei ist sich Kreidler der besonderen Medialität des Videos bewusst: „Musik als Zeitkunst berührt andere Zeitkunst wie zum Beispiel Film“ und folgert: „Die eigengesetzlichste Musik findet heute auf Video statt“ (Kreidler 2018, S. 35). Im Folgetext *Der aufgelöste Musikbegriff* (2018, S. 70–82) kommt Kreidler ausgehend von Adornos „Verfransung der Künste“ zur Transmedialität der Künste („Von der Verfransung zur Ver-Transung“) und den aktuellen Hybridisierungstendenzen der Musik, die heute „etliche alte und neue Schnittstellen zu den Medien anderer Künste auf[weist]“. Das Instrument zur Bewältigung der „Kontingenz der mannigfachen Medienwahl“ sei der „Neue Konzeptualismus“ als „künstlerischer Universalismus“; er sei ästhetisches Gegenstück zur „Digitalisierung, die alle Medien in einen universellen Code transformiert“ (Kreidler 2018, S. 71). In seinen *Nachbemerkungen zum erweiterten und aufgelösten Musikbegriff* (2018, S. 177–194) bekräftigt der Konzeptkomponist: „Digitalisierung macht alles gleich von der Codierung her – Video IST jetzt auch Musik, zumindest vom technischen Standpunkt aus gesprochen." Er betont, dass „angesichts von Medienmoderne und globalem Austausch die Getrenntheit der Kunstsparten zur Disposition steht – eine günstige, notwendige Stunde für Theorie, Philosophie, Diskurs. Und das ist selbst Teil dieser Vermischung." Künstlerischer Ausdruck geht also über die Spartengrenzen hinaus mit dem Diskurs eine transmediale Verbindung ein, die „jetzt eine ganze Generation von Künstlern [...], Komponisten wie Interpreten erfasst" (Kreidler 2018, S. 182) – eben jene „Generation ± 1980".

„Warum auch Video in der Musik?" – konkret setzt sich Johannes Kreidler mit dieser Frage in *Das Shutter-Prinzip* (2015) auseinander und bietet am Beispiel eigener Werke eine diskursorientierte Klassifizierung audiovisueller Konzeptkunst an: Grundsätzlich gehe es darum, „vergleichbar den live auf Instrumenten produzierten Klängen [...] auch den Zuspielungen eine Performativität zu geben, die die Lautsprechermembran allein nicht erbringt". Es sei also angezeigt, eine visuelle Erfahrungsebene im Konzertsaal zu generieren – das zeigt sich etwa im 2012 bei den Donaueschinger Musiktagen uraufgeführten Stück *Der „Weg der Verzweiflung" (Hegel) ist der chromatische*, in dem Kreidler zwölf Posaunen, zwanzig Gitarren oder sogar einhundertacht Klaviere (auf Video) vereinte. In der Serie *Instrumentalisms* kommt Live-Video zum Einsatz, weil „Vorgänge so klein sind, dass sie vergrößert werden müssen, um im Saal performativ zu sein". Einen weiteren Grund für den Einsatz von Video sieht er in der Integration einer semantischen Ebene:

> In *Charts Music* muss man verstehen, woraus die erklingenden Melodien gewonnen wurden (von Aktienkursen), in *Compression Sound Art* wird im Video die Herkunft der winzigen Klangschnipsel als Text erzählt, darin liegen die Pointen. In Instrumentalisms wird den Klängen durch den visuellen Kontext eine neue Bedeutung gegeben, in *Kinect Studies* und *IRMAT Studies* durch den performativ-visuellen Kontext. Auch die Semantik des Fernsehens, Public Viewing (*Shutter Piece*), des Fernsehmachens (*Feeds. Hören TV*), des Fotografierens (*Steady Shot*) und der medialen Vermitteltheit (*Studie für Klavier, Steady Shot, Anfanglosigkeit*) ist dann Thema.
>
> (Kreidler 2015, S. 4)

Ein weiterer Vorteil visueller Arbeiten sei der, dass „mit Video als vergleichsweise sehr dominantem Medium ein dominanter Rhythmus artikuliert werden [kann]; dafür ist das Shutter-Prinzip das beste Beispiel". Ebenso ermögliche der Rhythmus von Schnitten Überraschungen, unter denen die Visualität des Instrumentalspiels mit filmischen Mitteln weiter gestaltet werden könne. „Dann dient Video natürlich auch zur Dokumentation von Stücken, bei denen es um Konzept, Kontext, Performance geht" (beispielsweise in *Product Placements*, *Fremdarbeit*, *Music for a Solo Western Man*, *Earjobs*). Schließlich entspreche es „den heutigen

Wahrnehmungsgewohnheiten (dem „Materialstand"), das Visuelle zu gestalten, mit Video Kunst zu machen [...] – der „Iconic Turn" allenthalben" (Kreidler 2015, S. 5).

Ein weiteres Beispiel ist Johannes Kreidlers Trilogie *Film 1* (2017), *Film 2* (2017) und *Film 3* (2018): Einem „aufgelösten Musikbegriff" folgend, werden zum Klang auch Videorhythmen, die Visualität von Instrumenten und Performance, von Noten und Schallwellen sowie die Bedeutung von musikalisiertem Text, von Dirigiergesten und weiteren Bildern komponiert. Diese „Filme" sind wie Tonbandstücke komponiert und verstehen sich als Aufführungsstücke, die für den Konzertsaal oder das Kino gedacht sind. Die konzeptionelle Rahmung besteht darin, die Präsentationen mit Ausnahme des Trailers und einiger Standbilder auf spezifische Veranstaltungsorte zu beschränken – und eben gerade nicht das Internet als „totales Archiv" zu nutzen.

Und doch ist die *Film*-Reihe nichts anderes als ein Remix: *Film 1* (17 Min., 2017),[26] ein Auftragswerk des Ensemble Decoder, ist eine rhythmische Sequenz aus vielen Schnipseln psychoanalytischer Motive; zugleich wird eine spezifische „Film"-Ästhetik aus Bausteinen der Musik gebildet. Der Musikbegriff ist in seine Bestandteile aufgelöst, die nun neu zusammengesetzt werden: Schnelle Motive und Schnitte, unterschiedliche Vocoder-Manipulationen, Konzepte und Assoziationen von Klang und Bild erweitern den tradierten Musikbegriff, der sich in seine transmedialen Bestandteile auflöst. *Film 2* (21 Min., 2017),[27] ein Auftragswerk des Ensemble LUX:NM, bezieht sich auf eine computergenerierte „Lyrik", die auf Philosophie und Musiktheorie zurückgreift. Sujets wie Küssen, Selbstmord und Umgestaltungen von Werken der Kunst- und Kinogeschichte fügen sich in einen primär stilisierenden und rhythmisch organisierten Ablauf. *Film 3* (17,30 Min., 2018)[28] schließlich, uraufgeführt 2018 im Rahmen der Darmstädter Ferienkurse für Neue Musik, ist ein Auftragswerk des Projekts *Série Rose*, in dem das reizvolle Thema Sex und Neue Musik transmedial verbunden wird. Kreidlers Interpretation des Sujets ist eine 17-minütige Assoziation nackter Musiker*innen vor schwarzem Grund, an deren Ende er selbst hingebungsvoll mit erigiertem Penis am Keyboard seine Version einer Bach-Partita klimpert, die sich zunehmend in digitalen Glitches „verfranst und vertranst".

26 Johannes Kreidler: *Film 1* (2017): http://www.kreidler-net.de/werke/film1.htm. Zugegriffen am 31. März 2020.

27 Johannes Kreidler: *Film 2* (2017): http://www.kreidler-net.de/werke/film2.htm. Zugegriffen am 31. März 2020.

28 Johannes Kreidler: *Film 3* (2018): http://www.kreidler-net.de/werke/film3.htm. Zugegriffen am 31. März 2020.

3 U+E=Ü, oder: Transmediale Schwellen

Die hier vorgestellten Beispiele zeigen, dass der Einsatz von Video innerhalb der Szene Neuer Musik einer Eigengesetzlichkeit folgt, die über die Videoclipästhetik im Musikfernsehen der 1980er Jahre oder die gegenwärtigen Spielregeln von YouTube und Co. hinausgeht – auch weil es in der zeitgenössischen Musikpraxis als performativer Bestandteil innerhalb eines Konzertsettings wirkt: Ein Video ist live auch immer eine Lichtquelle, die im besten Falle in das durchkomponierte Gesamtwerk aus Audio, Vision und Szene mit eingebunden wird.

Darüber hinaus setzen die Vertreter*innen der „Generation ± 1980" mit ihren Transmedialen Audiovisionen auf sozioästhetische Diversität, was das Zerstechen künstlerischer Blasen ebenso meint wie historische, mediale oder gesellschaftliche Demarkationen. „Mit Video kann man sich leicht auf Dinge außerhalb des Konzertsaals, auf Dinge aus der Lebenswelt, beziehen", benennt Johannes Kreidler die sozioästhetischen Potentiale audiovisueller Konzertformate. Julia Mihály ergänzt: „Durch visuelle Informationen kann ein (Bezugs-)Rahmen gesetzt werden. Visuelle Informationen können auf der Aussage-Ebene ein Kommentar sein."[29]

Auf medialer Ebene bleibt festzuhalten, dass die Konjunktur hybrider und audiovisueller Formate erstens als Ausdruck einer durch die Digitalität geprägten Schwellenphase verstanden werden kann, in der ein Medienwechsel alles unter einen gemeinsamen Nenner – dem Digitalcode – subsumiert. Auf ästhetischem Feld schließlich lässt sich der performative Einsatz von Video im Bereich der zeitgenössischen Musik zweitens als ein generischer dieser analog-digitalen Epochenschwelle und „Generation ± 1980" interpretieren.

Zum Ersten, der medientechnischen Ebene: Hier ist die Eigenschaft von Video, Bild- und Tonspur immer zugleich zu liefern, was in den Transmedialen Audiovisionen konzeptionell und medienimmanent eingelöst wird. Zum Zweiten: Unter den Vertreter*innen dieser hybriden Kunstform hat die Zugehörigkeit zur „Generation ± 1980" eine kritische Masse erreicht. Dies ist den gemeinsamen Erfahrungen und nicht zuletzt dem Musikfernsehen geschuldet, das mit seiner Videoästhetik die Bilderfluten des digitalen Zeitalters vorwegnahm und eine hybride Epochenästhetik kreierte. Diese schlägt sich nicht nur im Pop, sondern eben auch in der Neuen Musik nieder, die nur noch wenig mit dem autonomieästhetischen Imperativ ihrer Gründerväter aus der analogen Moderne gemeinsam

29 Johannes Kreidler im Gespräch mit der Autorin.

hat. In dieser digitalen Klangzeit sollte endgültig Abstand und Abschied genommen werden von der Spartentrennung, indem die Vertreter*innen der „Generation ± 1980“ mit Transmedialen Audiovisionen die hybride Auflösung von sogenannter „U“ und „E“-Musik in eine hybride „Ü-Musik“ betreiben, die nicht gewollt populär ist, aber das Populäre als ästhetische Größe in den Schaffensprozess einbeziehen.

Besitzt die Formel U + E = Ü nicht eine frappierende Plausibilität? Noch 1986 bemerkte Friedrich Kittler in *Grammophon Film Typewriter* resigniert: „U-Kultur und E-Kultur [...]: seit Mediengründerzeit bleibt es bei diesen zwei Optionen“ und stellte fest: „Zwischen [...] U-Kultur und E-Kultur, Schallplattensongs und Experimentallyrik gibt es nur ein Drittes: – die Wissenschaft“ (Kittler 1986, S. 128ff.). Dem könnte man heute mit „medienmusikkulturwissenschaftlichem“ Blickwinkel die Idee von einer Ü-Musik entgegenhalten, die eng mit der von Harry Lehmann beschriebenen digitalen Revolution der Musik zusammenhängt (vgl. Lehmann 2013). Die musiklinguistische Verschiebung der kategorischen Umlaute zu einer „Ü-Kultur“ meint nicht die mehr ver*w*ischenden als ver*m*ischenden Überschneidungen und Übel des Crossover. Vielmehr bezeichnet Ü-Musik die ästhetische Überblendung unterhaltender und ernster Musik sowie die paritätische Verwendung akustischer und visueller Versatzstücke, die sich in den Transmedialen Audiovisionen der „Generation ± 1980“ zu einer neuen Epochenästhetik verbinden.

Medienverzeichnis

Abbildungen

Abb. 1: Foto: © Ela Mergels
Abb. 2: Foto: © Richard Stöhr / Lorin Strohm
Abb. 3: Foto: © Johannes Kreidler

Literatur

Daniels, Dieter und Sandra Naumann. Hrsg. 2015. *Audiovisuology. A Reader*. Köln: Verlag Walther König.

Kittler, Friedrich. 1986. *Grammophon Film Typewriter*. Berlin: Brinkmann & Bose.

Kreidler, Johannes. 2015. Das Shutter-Prinzip. http://www.kreidler-net.de/theorie/kreidler__das_shutter_prinzip.pdf. Zugegriffen am 31. März 2020.

Kreidler, Johannes. 2018. *Sätze über musikalische Konzeptkunst*. Hofheim: Wolke.

Lebeer, Irmeline. 1975. Irmeline Lebeer: Interview de Name June Paik. *Chroniques de l’art vivant* 55.

Lehmann, Harry. 2013. *Die digitale Revolution der Musik. Eine Musikphilosophie*. Mainz: edition neue zeitschrift für musik.
Lilkendey, Martin. 2017. *100 Jahre Musikvideo. Eine Genregeschichte vom frühen Kino bis YouTube*. Bielefeld: transcript Verlag.
Sanio, Sabine und Bettina Wackernagel. Hrsg. 2019. *Heroines of Sound. Feminismus und Gender in elektronischer Musik.* Wolke: Hofheim.
Schubert, Alexander. 2017. Binäre Komposition. *MusikTexte* 153: 46–50.
Schubert, Alexander. 2018a. Die Ästhetik des Fehlers. Bruch der Kodierung als Chance ein System zu verstehen. *Neue Zeitschrift für Musik* (2/2018): 14–19.
Schubert, Alexander. 2018b. Virtualität und Täuschung. *MusikTexte* 158: 21–30.
Schubert, Alexander. *Focusing the View. On the Use of Light*, http://www.alexanderschubert.net/on/Focussing%20the%20View.pdf. Zugegriffen am 31. März 2020.
Schürmer, Anna. 2016. Ü-Musik entsteht in den Grenzbereichen. Ein Gedankenmodell zur Überwindung einer belastenden Sezession. *Neue Musikzeitung 65*. http://www.nmz.de/artikel/ue-musik-entsteht-in-den-grenzbereichen. Zugegriffen am 31. März .2020.
Schürmer, Anna. 2019. (A)sozial?! Neue Musik – Neue Medien. *Neue Zeitschrift für Musik* (2/2019).
Schürmer, Anna. 2020. Deae ex Machina. Technofeministische Perspektiven auf analoge, elektronische und digitale Pionierinnen musiktheatraler Performancekunst. In *Techniken des Performativen*, hrsg. Kathrin Dreckmann, Maren Butte und Elfi Vomberg, 401–412. Bielefeld: transcript Verlag.
Stuckenschmidt, Hans Heinz. 1955. Die dritte Epoche. Bemerkungen zur Ästhetik der Elektronenmusik. *In Die Reihe, Band I: Elektronische Musik*, hrsg. Herbert Eimert und Karlheinz Stockhausen, 17–19. Wien: Universal Verlag.

Kathrin Dreckmann

Notes on Pop

Campy Popästhetiken in Musikvideos

Zusammenfassung: Auf der MET-Gala 2019 zeigte sich die pansexuelle schwarze Musikerin Janelle Monáe in einem surrealistischen Outfit von Christian Siriano. Das Outfit enthält viele Referenzen, so unter anderem Bildzitate aus der Kunst von Salvador Dalí und Pablo Picasso. Das Thema der MET-Gala war Susan Sontags „Notes on ‚Camp'", ein im Jahre 1964 erstmals in der Partisan Review veröffentlichter Essay, der 58 „notes" zu „Camp" enthielt und dessen Titel für die Gala zu „Camp: Notes on Fashion" abgewandelt wurde. Das „Sontagian concept" hat in der Pop-Geschichte eine lange Tradition und hat zur Ausbildung spezifischer Medienästhetiken geführt, die zwischen „high" und „low culture" zu verorten sind. Dass für Janelle Monáe gerade die Rezeption dieses Konzepts auch in Rekurs auf David Bowie so wichtig war, wird hier in einzelnen Schritten nachvollzogen. Die hier angestellten Überlegungen verfolgen in ihrem Konzept vor allem auch das Queere und Subkulturelle und wie sich diese Aspekte in den popkulturellen Medienästhetiken beispielsweise bei David Bowie oder Madonna finden lassen und vor allem in ihren Musikvideos visuell wahrnehmbar werden. Darüber hinaus werden semiotische Zeichengebilde popkultureller Produktions- und Rezeptionsmodelle zwischen Camp und Pop, zwischen Camp, Homosexualität und Queerness sowie der Zusammenhang zwischen „high" und „low culture" in den Blick genommen.

Schlüsselwörter: Camp, Pathosformel, Pose, Musikvideo, Queer

1 Pop, Camp und Pose: Einführung

Wer sich mit der Frage nach semiotischen Zeichengebilden popkultureller Produktions- und Rezeptionsmodelle beschäftigt, wird sich zwangsläufig auch mit Susan Sontags „Notes on ‚Camp'" auseinandersetzen müssen. Historische Subkulturen stehen in einem unmittelbaren Zusammenhang mit semiotischen Kodifizierungsverfahren. Unweigerlich ist die Frage nach der Aktualität von Camp

---

Anmerkung: Dieser Text ist in Teilen bereits in englischer Sprache publiziert worden. Vgl. Dreckmann 2020.

https://doi.org/10.1515/9783110730623-008

deswegen auch immer eine, die nach der Praxis und Aktualität der subkulturellen Codes und ihren massenindustriellen Verarbeitungen fragt. Bemerkenswert ist in diesem Zusammenhang, dass sich ein großes Ensemble an Akteur*innen der zeitgenössischen Popkultur in Inszenierungsfeldern bewegt, die an den Camp-Diskurs anknüpfen. Camp kann als ein Gegenmodell zu der produktionsästhetisch argumentierenden Kritik an der standardisierenden und affirmierenden Kulturindustrie in der Tradition Max Horkheimers und Theodor W. Adornos verstanden werden, da Camp eine Distanzierung von der Massenkultur durch die Verwendung ihrer eigenen Mittel erreicht.

Camp akzentuiert dabei das Künstliche, Inszenierte und Übertriebene als eine Second-Order-Ästhetik des Pop. Gleichsam werden kulturelle Grenzen und Hierarchien, wie von Leslie Fiedler gefordert, überschritten und neu zusammengefügt: „Camp-Ästhetik unterscheidet nicht grundsätzlich zwischen hoher und niederer Kunst, sondern erkennt Camp-Qualitäten in Mozart, Tennyson und den Präraffaeliten ebenso wie in Beat-Bands, Flash-Gordon-Comics und Jane Russel“ (Fiedler 2013, S. 39).

So gilt, dass bei der Beschäftigung mit Camp auch immer mit Fragen nach Subkulturen und oder Gegenkulturen einhergehen, die von einer Authentizität und Unmittelbarkeit suggerierenden Rock-Ästhetik abzugrenzen sind. „All camp objects and persons, contain a large element of artifice. Nothing in nature can be campy“ (Sontag 1996, S. 236), heißt eine Anmerkung in den 1964 erschienenen „Notes on ‚Camp‘“ in der Zeitschrift *Partisan Review*, in der die „Notes“ von Susan Sontag zuerst veröffentlicht wurden. So gilt, dass Camp-Ästhetik auch immer ein subversives Momentum hat, aber umgekehrt eben nicht jede Subkultur zugleich Camp ist. So sind es bestimmte Merkmale, die sich im Laufe der Popgeschichte erst historisch herausbilden mussten. Dies betrifft die Zergliederung der Produktionsmittel, die damit einhergehende Fetischisierung der Objekte und das Theatral-Künstliche als konstitutive Elemente bestimmter Genres.

Als erster Aspekt soll an dieser Stelle auf die Praktiken von Popkultur als Subkultur näher eingegangen werden, um die Verwendung von Camp-Ästhetik in der Popmusik historisch herzuleiten. Die 58 Thesen, in denen Sontag die Logik von Camp herausarbeitet, stehen nicht explizit mit der Verweislogik von Pop in Beziehung und wurden mit dieser auch nicht gleichgesetzt. Der subkulturelle Begriff gewann mit der Zeit für die Theoretisierung des Pop und seinen gegenkulturellen Strategien an Bedeutung (vgl. Diederichsen 2014).

Grundsätzlich gilt, dass Popmusik den Jugendlichen half, sich der Logik der Disziplinarordnung zu entziehen. Dem Aufschub von Genuss, wie ihn Adorno in seinem Kulturindustrie-Aufsatz feststellte, setzten sie intensivere, hedonistische

Praktiken des Konsums entgegen. So heißt es bei Tom Holert und Mark Terkessidis:

> Sie [die Jugendlichen] wehrten sich vehement gegen die fabrikartig organisierte Welt ihrer Eltern, gegen die ständige Disziplinierung und Bedrängung ihrer Körper und verlangten von der Kulturindustrie die Einlösung ihrer Versprechen. Wenn Elvis mit den Hüften wackelte, dann forderte er zur Flucht aus dem Gefängnis des reglementierten Alltagslebens auf.
>
> (Holert und Terkessidis 1996, S. 12f.)

Folgt man dieser Lesart, wurde Pop zu einem Medium körperlicher Entfesselung und formierte einen Widerspruch zu der auf Konformität angelegten Massenkultur dieser Zeit.

In der Medialität des neuen Phänomens Pop kam laut Diedrich Diederichsen der Beschwörung und Übertragung abweichender Körperlichkeit eine konstitutive Funktion zu. Die scheinbar authentische Erfahrung des Rock 'n' Roll, die den Jugendlichen zur Einforderung einer „verdrängten körperlichen Wirklichkeit" (Diederichsen 2016) animierte, resultierte ihm zufolge aus dem spezifischen Wahrheitsanspruch der elektrifizierten Rockmusik, sprich: aus den in „hoher Auflösung übertragenden Indizes von fremder und individueller, nicht standardisierter Körperlichkeit" (Diederichsen 2014, S. XXIV). Der Index übermittelt tatsächlich authentische Spuren. Unmittelbarkeit ist das Versprechen der Popmusik, aber diese Unmittelbarkeit ist Ergebnis eines Mittels, ein Medieneffekt (vgl. ebd., S. XXIV). Diesen durch die medientechnischen Möglichkeiten der Stimmaufzeichnung bedingten Effekt beschreibt Diederichsen unter Verwendung eines durch Roland Barthes geprägten Begriffs als „Punctum-Effekt" (ebd., S. XIX–XXIV). Dieser sei entscheidend für die medienästhetische Erfahrung der Rockmusik gewesen, denn die „indexikalische Wahrheit der Stimmübertragung" (ebd., S. 375) erzeuge den genuinen Anspruch auf Unverfälschtheit und fördere den singenden Körper innerhalb eines zu großen Teilen standardisierten Unterhaltungsangebots der konformistisch-ford-istischen Nachkriegsgesellschaft. Der Punctum-Effekt verweist dabei jedoch noch auf einen weiteren Umstand. Nicht nur die Unverfälschtheit des Augenblicks in der Stimme bei Diedrichsen bzw. im Foto und in der Malerei bei Barthes charakterisiert zentrale ästhetische Rezipienten-Erfahrungen im Pop. Roland Barthes' Überlegungen in *Die helle Kammer: Bemerkungen zur Photographie* (1980) zeigen, dass er das Punctum in enger Relation zu seinem visuellen Material denkt, also als nicht autonomes, unscheinbares Detail, mit dem er eine Art Authentizitätsversprechen macht:

> Ein Wort gibt es im Lateinischen, um diese Verletzung, diesen Stich, dieses Mal zu bezeichnen, das ein spitzes Instrument hinterläßt; dieses Wort entspricht meiner Vorstellung um so besser, als es auch die Idee der Punktierung reflektiert und die Photographien, von denen ich hier spreche, in der Tat wie punktiert, manchmal geradezu übersät sind von diesen empfindlichen Stellen; und genausgenommen sind die Male, diese Verletzungen Punkte.“ Das Punctum ist für ihn ein „Stich, kleines Loch, kleiner Fleck, kleiner Schnitt – und: Wurf der Würfel. Das Punctum einer Photographie, das ist jenes Zufällige an ihr, das *mich besticht* (mich aber auch verwundert, trifft).
>
> (Barthes 1980, S. 36)

Das Zufällige in der Fotografie ist demnach auch das Echte, das bei Barthes vor allem visuell zu entdecken ist. Bei Diederichsen ist es an der Schnittstelle zwischen Künstlichkeit und Echtheit verortet, denn auch Fotografie und die Malerei inszenieren, was man später Authentizität nennen sollte. Das Foto wie auch die Malerei sind in ihrem Zuschnitt einerseits inszeniert und erfüllen damit andererseits die Paradigmen der Künstlichkeit wie im Camp; zugleich ist in ihnen etwas, das von Barthes als Wesen eines inszenierten Blicks entblößt wird:

> die Lektüre des *punctum* (des „getroffenen“ Photos, wenn man so sagen kann) ist hingegen kurz und aktiv zugleich, geduckt wie ein Raubtier vor dem Sprung. Eine List des Wortgebrauchs: Man sagt: ‚ein Photo entwickeln‘; doch was beim chemischen Vorgang entwickelt wird, ist das, was nicht entwickelt werden kann, ist das Wesen (einer Verwundung), ist das, was sich nicht verwandeln, sondern sich nur in Form von Beharrlichkeit (des beharrlichen Blicks) wiederholen kann.
>
> (Ebd., S. 21)

Das „Verwalten, Fördern, Prozessieren“ (ebd., S. 377) und Leben dieses Wahrheitsanspruches, so Diedrich Diederichsen, erhielten den Charakter einer Triebkraft und wurden damit zu dem „Stoff, aus dem man mehr als Freizeitvertreib und Reproduktion basteln kann; aus diesem Stoff kann man herstellen, was man eine Gegenkultur nennen würde“ (Diederichsen 2014, S. 377). In der Gegenkultur sind damit nicht nur das echt Lebbare und zugleich die Pose („geduckt wie ein Raubtier vor dem Sprung“) zu finden, sondern zugleich das „Wesen“, das im Zufälligen liegt und angeblickt wird.

2 Camp als Pop

Dieser Rezeptionstypus darf wohl für alle Formen des Pop gelten. Dabei gruppiert sich das Material auf unterschiedlichen Ebenen: Gerade Fragen der Authentizität sowie die der Künstlichkeit strukturieren einerseits das Material und bilden andererseits eine eigene Pop-Ästhetik aus und machen Identitätsangebote. Auf diese Weise entsteht schließlich auch die subversive Kraft jeweiliger Camp-Ästhetiken.

Ob nun zunächst für Rocker*innen oder später auch für den Glam-Rocker*innen, die selbstbewusst mit der von vornherein widersprüchlichen performativen Inszenierung der Authentizität im Rock bricht und Rock affirmativ als großes postmodernes Theater inszeniert: Ein Lob der Künstlichkeit löst hier den Kult des Authentischen ab und bildet, wo die Camp-Ästhetik zu einem eigenen popkulturellen Rezeptionstypus wird, eine Zäsur im popkulturellen Kontext.

Als einflussreiches Beispiel kann dabei auf die theatrale Bühnenästhetik David Bowies verwiesen werden, die sich von dem Authentizitätsparadigma des Rock distanzierte. Dabei fällt auf, dass diese so deklarierten gegenkulturellen Strategien und popkulturellen Inszenierungen, die auf der Annahme eines freien Bewusstseins beruhen, komplexeren Identitäts- und Körperpolitiken weichen. Bowies performative Praktiken verlaufen über einen sich selbst objektivierenden Körper, der so zu einem flexiblen Code mit durchlässigen Grenzen wird. Seine hybriden ästhetischen Strategien, die im Medienverbund Pop verwirklicht werden, verweisen auf ein hohes Maß an Selbstreflexivität, Konzeptualität und einen Referenzrahmen, der Kunst und Pop gleichermaßen miteinschließt.

Diese folgten dabei weder der Logik visueller Zurückgenommenheit noch der Darstellung expressiv-authentischer Individualität „echter" Menschen. Vielmehr schimmerte spätestens seit dem Album „The Man Who Sold The World" durch, was später als Dekonstruktion der Rock-Form durch postmoderne „Performativisten" (ebd., S. 137) zur Strategie wurde. Bowies Inszenierung zeichnet sich im Übergang zum Glam durch die emphatische Markierung der eigenen Performance als Pose und in der Reizsteigerung der Darstellung von Androgynie und artifizieller Identität aus. So ist der Performance als narrative Inszenierung eine transgressive Positionierung zwischen Greta-Garbo-Pose, sexueller Devianz, Pop Art, Okkultismus und Nietzscheanismus eingeschrieben. Auch Reflexionen über Popmusik sind dabei Teil dieses Themenspektrums. Im Song „Oh, You Pretty Things" besingt Bowie die Triebkraft des Generationskonflikts, in dem die jugendlichen „Pretty Things" mit den Moralvorstellungen sowie den Körper- und Geschlechtsinszenierungen ihrer Elterngeneration brechen. Er verbindet dies jedoch mit einer Auseinandersetzung mit Identität und ihren Spielarten, von denen er selbst betroffen ist und die er bedient.

Zusammenfassend lässt sich sagen, dass Bowies Medienästhetik eine Zäsur in der Verwendung und Produktion von Camp im Pop bildet. Der Rock 'n' Roll der 1950er Jahre kann als ein Aufstand der Natur gegen die Kultur gedeutet werden, der dann durch Glam Rock und dessen dandyistische und theatrale Inszenierung – wie beispielsweise bei Bowie – nur kurze Zeit später wieder überholt wurde. Der Dandy steht dabei der Natur feindlich gegenüber und verweist damit auf eine Spur, die schließlich den Dandyismus als das geschichtliche Vorläufermodell des Camp identifizieren lässt und damit für das öffnet, was die produktive Rezeption von Popmusik voraussetzt: „eine zur Hälfte nicht gläubige und antireligiös-nüchterne, ja am eigenen Gebrauchswert-Vorteil orientierte Fähigkeit, zur anderen Hälfte aber eine fanatische Neigung, das Produkt aufzutrennen, Teile zu fetischisieren, andere zu verwerfen – und sich selbst bei der Tätigkeit zu beobachten“ (ebd., S. 26).

Bowies Zugang zur postmodernen Theorie und seine intermediale Verarbeitung von unterschiedlichsten Einflüssen wie der Arbeiten von Brion Gysin, den direkten Verweisen auf den Aufsatz von Susan Sontag sowie auf Arbeiten von William S. Burroughs und ebenso auf Theatertraditionen wie dem Bauhaus-Theater nach Oskar Schlemmer oder dem Kabuki und schließlich dem theatralen gendertheoretischen Spiel mit Zeichen zeigen im doppelten Sinn Zitationslogiken des Camp an. Einerseits wird queere Subkultur kommuniziert, andererseits bedient Bowie sich – wie in der Logik Sontags – sowohl der „high“ als auch der „low culture“. Die Auseinandersetzung mit den sozialen Bedingungen queeren Lebens, die die besondere Form der Rezipientenermächtigung des Camp umfasst, kulturelle Objekte aufzutrennen und sich gegen oder unabhängig von beabsichtigten Bedeutungen eigene solche zu konstruieren, ermöglicht ihm seine spezifische provokante Bühnensemiotik. Er hat dadurch schließlich einen starken medienästhetischen Einfluss auf die Popkultur wie auch auf die Gegenkultur und deren spezifische Produktionsbedingungen ausgeübt (vgl. Paglia 2013). Wenn Bowie sich selbst als Dandy und als Diva inszeniert, manifestiert sich ein Spiel mit den stereotypischen Geschlechterrollen, die zu Codes popkultureller Spielart werden, sich zu einer Second-Order-Ästhetik verdichten und sich vor allem visuell mitteilen und zitierfähig werden. Nach Sontag hat der Dandy keinen Ort, so dass der Dandy sich im Zeitalter der Massenkultur nur noch in der Subkultur aufhalten könne. Laut Sontag sind die Träger des Camp-Geschmacks „eine improvisierte Klasse, die sich selbst ernannt hat und vorwiegend aus Homosexuellen besteht, die sich als die Aristokraten des Geschmacks einsetzen“ (Sontag 2015, S. 245).

Das zeichentheoretische Spiel mit Geschlechtlichkeit verweist jedoch dann auch noch auf ein Drittes, denn Camp ist mit Sontag gelesen subversiv und zugleich der theoretisierte Zugang zur Montage, Bricolage (Claude Lévi-Strauss) oder Intertextualität (Julia Kristeva). Camp steht für aktivierte Rezipient*innen, die sich zwischen „high“ und „low“ bewegen und Identifikationsangebote macht, aber auch eine neue Lesart popkultureller Codes erkennen lässt. So heißt es bei Sontag: „Und Camp ist esoterisch – eine Art Geheimcode, ein Erkennungszeichen kleiner urbaner Gruppen“ (ebd., S. 229).

Madonna hat dies internalisiert, wenn sie das semiotische Spiel mit den Diven Maria Callas, Marlene Dietrich, Greta Garbo, Judy Garland oder Barbara Streisand bemüht oder deren erste metaphorologische Verarbeitung der Signifikanten durch Bowie im Popdiskurs weiterführt. Damit interpretiert Madonna sich laut Pamela Robertson als Subjekt des Camp. Sie macht sich nicht zum Objekt wie die einstigen Diven (vgl. Robertson 1999). Madonnas feministische Verwendung der Camp-Ästhetik zeigt sie quasi nach 1960 als eine Darstellerin des „gender bending“, das zur Parodie der weiblichen und männlichen Maskerade und stereotyper Rollenklischees gerät und sich damit zwischen Authentizität und Camp in der Pose inszeniert. Mit Madonna, Mae West oder Joan Crawford, so könnte geschlussfolgert werden, ist Camp als Rezeptionsästhetik ein intendiertes popkulturelles Modell einer etablierten intertextuellen Verweisstruktur, die sich über Bilder vermittelt. Die subversive Kraft des bildlichen Zitats zeigt sich in Form einer intermedialen Signifikantenkette, die in der Popkultur immer weiter geführt wird und bei Bowie ihren popgeschichtlichen oder medienarchäologischen Anfang findet.

So verweist Bowie bei seinen Bühnenshows beispielsweise auch auf Oskar Schlemmer und dessen „Tänzermenschen“, man denke dabei an den Jumpsuit von 1974. Die Tänzermenschen werden zur Kunstfigur im Raum und/oder in den Kulissen des Bühnenaufbaus aus dem Kabuki-Theater. Er zitiert also ein Stück Hochkultur, so dass dieses Zitat zu einem Stück konzeptioneller Pop-Kultur wird und es intermediär wandern lässt. Gleichzeitig ist seine inszenierte Androgynität als Ziggy Stardust (in Anlehnung an Andy Warhols „Concepts“) die Herstellung einer eigenen Zeichenwelt, in der das Geschlecht in heteronormativen Stereotypen-Kategorien aufgesprengt und als subkulturelles Zitat in einen kommerziellen Popdiskurs eingeführt wird. Hier ließe sich auch an das Album „The Man Who Sold the World“ von 1971 denken. Auf dem Album-Cover liegt er auf einer Chaiselongue im man-dress von Mr. Fish, mit hohen Lederstiefeln in einem präraffaelitischen Setting im Retroflair. Die Sprengkraft einer campy Zeichenverwendung wurde ihm selbst spätestens dann bewusst, als er in Interviews immer wieder nach seiner sexuellen Neigung gefragt wurde, was ihn durch sein später revidiertes Outing als bisexuell fast seine Karriere gekostet hätte: „I’m gay, and always have been, even when I was David Jones.“ Das nachfolgende „Mmmmmmmmm“ des Journalisten Michael Watts der Zeitschrift

Melody Maker wirkt ambivalent und verwirrt. Es wirkt so als wüsste er nicht, was „gay“ bedeutet.[1] Bowie hat insofern mit medientheoretischen Auseinandersetzungen dazu beigetragen, dass Pop subversiv auch das andere, die andere Ordnung mitschwingen lässt, bei Bowie gehören dazu Fragen zum Medium, aber eben auch zum Körper, Geschlecht und zur Herkunft. Zum Beispiel führte Mark Goodman im Januar 1983 ein Interview mit David Bowie zu dessen neuem Album „Let's Dance“. Das Interview wurde im Januar 2016, einen Tag nach Bowies Tod, auf der Internetplattform YouTube von MTV News veröffentlicht. Er fragt darin:

> It occurred to me, having watched MTV over the past few months, it's a solid enterprise and it's got a lot going for it. I'm just floored by the fact that there are so few Black artist featured on it. Why is that? [...] That's evident. It's evident in the fact that the only few Black artists that one does see, are on about 2:30 in the morning to around 6:00.
>
> (MTV News 2016)

Entlarvend die Antwort von Goodman:

> Absolutely, I think it is happening because white music and white musicians are now starting to play more than ever or more than they have lately, let's say the last ten years, what Black artists have been into and now hopefully the lines are gonna start to blur and when we play a band like ABC, well there are Black and white kids who are enjoying it and all of a sudden, it is a little bit easier for a white kid to understand it. The fact is quite frankly, I can even point you towards a letter in the new Issue of The Record, the magazine "The Record", responding to an article by Dave Marsh. This kid just ranted about what he didn't want to see on MTV."
>
> (MTV News 2016)

Bowie identifiziert diese Konstellation „weißer Musik“ als Problem medialer Repräsentationen, seine mediale Sensibilität scheint heute fast dreißig Jahre später besonders deutlich hervorzutreten, wenn an Bewegungen wie *Black Lives Matter* gedacht wird oder auch an Strategien wie die von Streamingdiensten wie Netflix & Co., die Diversität zunehmend medial repräsentiert umgesetzt sehen.

---

1 „David's present image is to come on like a swishy queen, a gorgeously effeminate boy. He's as camp as a row of tents, with his limp hand and trolling vocabulary. ‚I'm gay,‘ he says, ‚and always have been, even when I was David Jones.‘ But there's a sly jollity about how he says it, a secret smile at the corners of his mouth. He knows that in these times it's permissible to act like a male tart, and that to shock and outrage, which pop has always striven to do throughout its history, is a ball-breaking process. And if he's not an outrage, he is, at the least, an amusement. ‚Why aren't you wearing your girl's dress today?‘ I said to him (he has no monopoly on tongue-in-cheek humour). ‚Oh dear,‘ he replied, ‚You must understand that it's not a woman's. It's a man's dress‘“ (Watts 1972).

Das Bemerkenswerte daran ist nun aber in diesem Fragenzusammenhang, dass diese von Bowie so inszenierte Camp-Ästhetik eine eigene und neue Signifikantenlogik entstehen lässt, die sich über intertextuelle Verweisstrukturen mit Rekurs auf Camp-Ästhetiken nach Bowie in der Popkultur etabliert und vor allem Fragen nach Sex und Gender neu reflektieren lässt.

3 Camp im Musikvideo

Solch spezifische Medienästhetiken lassen sich insbesondere an der Ikonographie von frühen und neueren Musikvideos exemplifizieren. Musikvideos sind nämlich die Kommunikationsmittel für die Identitätsangebote popkultureller Nischenbereiche. Waren es vor 1981 die Musikzeitschriften, Konzerte und Filme, sind es ab 1981 Musikvideos, die als Telegramme zum Pop-Lifestyle beitragen. In ihnen sind intermediale Codestrukturen des Camp aufgehoben und archiviert, weil sie die Popdiskurse und ihre Signifikantenlogiken transportieren.

Grundsätzlich kann davon ausgegangen werden, dass sich Madonna bei der Camp-Ästhetik Bowies bedient, indem sie Geschlechtlichkeit und Dandyismus auf sich bezieht (zum Beispiel in dem Musikvideo *Vogue* von 1990). Indem Madonna Bowies Zeichenlogik wiederum übernimmt, vollzieht sich eine Wanderung des Signifikanten. Im Buch *Video thrills the Radio Star* von Henry Keazor und Thorsten Wübbena (2007) lassen sich derartige Fortsetzungen von Semantiken anhand einiger dort vorgestellter Beispiele gut herausarbeiten. Ein Beispiel dazu: An einer Stelle beziehen sich Keazor und Wübbena auf neuere Videoproduktionen wie diejenige von Christina Aguilera, die „bei ihrem ersten Erscheinen 1999 zunächst noch als attraktive, aber etwas scheue Britney-Spears-Epigonin“ (ebd., S. 421) auftrat, dann mit „Perücke und starkem Make-Up in [...] Ricky Martin[s] Video Nobody wants to be lonely“ (ebd.) reüssierte und sich erst später mit einer „das Groteske streifende[n] Prostituiertenverkleidung für Paul Hunters Clip zu Lady Marmelade“ (ebd.) ein auffälliges Profil verschaffte. Einen weiteren Imagewechsel vollzog sie dann laut Keazor und Wübbena schließlich mit der schmutzig-schlampigen Ästhetik des Clips *Dirrty* oder in *The Voice Within* von 2003. Die Autoren erinnert dies an die häufigen Imageinszenierungen Madonnas. In Aguileras Album „Stripped“ von 2002, in dem die zuvor genannten Songs enthalten sind, findet diese an Madonna anknüpfende Zitatlogik

> nun seinen bildgewordenen Ausdruck, wenn Christina Aguilera sich nicht nur wieder (wie die eben hiermit imitierte Madonna) scheinbar ‚beständig neu erfindet‘, sondern nun tat-

> sächlich in einem Outfit erscheint, das sich stark an Madonnas Auftritt in Chris Cunninghams Clip ‚Frozen' von 1998 anlehnt.
>
> (Ebd., S. 436)

So sei laut Keazor und Wübbena nicht nur erinnert an die

> geheimnisvoll-düstere [...] Atmosphäre, in der sich beide Sängerinnen präsentieren, über deren schwere, schwarze Haartrachten und die vorgezeigten Körperverzierungen (Henna-Tattoos bei Madonna, Bindi-artige Gesichtszeichnungen bei Christina Aguilera) bis hin zu dem ähnlichen schwarzen Gewand mit seinem wallenden Stoff, der in beiden Fällen eingesetzt wird, um die Frauen zu umfließen und zu verhüllen, während diese sich verwandeln.
>
> (Ebd., S. 436)

Bei den MTV-Video Music Awards 2003 scheint Aguilera sodann den Sprung auf die Bühne mit klar provokanter Pose geschafft zu haben: Eine in ein Bräutigamkostüm gewandete Madonna küsst die als Bräute verkleideten Kolleginnen Britney Spears und Christina Aguilera auf den Mund.

Diese Szene ist bis heute als eine der berühmtesten und eigenartigsten Szenen der Popkultur in Erinnerung geblieben. Auf diese Weise verschafft sich Aguilera ein Image und eine Pose, die zu Madonna nicht stärker in Beziehung hätte gesetzt werden können. Die Bezugnahme und Produktionsästhetik, die sich hier auf den Star Madonna beziehen und sie quasi kopieren oder imitieren, scheinen geglückt. Diese Zitations- und Interreferenztechniken sind sicherlich ein marketingtechnisches Kalkül bei der Produktion von Musikvideos und Starimages. In der Tiefenstruktur jedoch manifestiert sich quasi die *translatio studii*: also die Übertragung eines „role models" auf ihre Nachfolgerin, die für beide einen Mehrwert ergibt. Beide nämlich profitieren davon, die alte und die neue Königin. Diese Szene ist aber vielmehr auch im Blumenberg'schen Sinne eine Kette, eine Wanderung von Metaphorologien (vgl. Blumenberg 2013), vom Kabuki zu Schlemmer, zu Bowie und zu Madonna über Prince bis hin zu Lady Gaga oder Janelle Monáe, die sich wiederum sehr stark auch auf Prince bezogen hat (vgl. Murchison 2018).

Das Bemerkenswerte daran ist, dass die Konzepte der auratisierten Hochkultur in der avancierten Popkultur zu sich selbst kommen. Bowie kommt gewissermaßen durch das triadische Ballett zu sich selbst. Insofern sind die Axiome der Popkultur immer mehr als ihre Musik, sie sind ein Ensemble von kulturellen Praktiken. Bei Diedrich Diederichsen ist dieser Sachverhalt folgerichtig und prägnant formuliert worden: nämlich, dass Popkultur in ihren reflektierten visuellen Strategien und Rezeptionspraktiken immer auch ein durch den Camp-Rezeptionsstil aktiviertes Hybrid ist (vgl. Diederichsen 2014, S. 21–23). So geht es dabei nicht mehr nur um das Queere, und „nicht jedes Mal" wird

> das kulturelle Objekt aufgetrennt und sozusagen die Genealogie seines Ambivalent-Werdens, das Werden des Doppelsinns nachvollzogen, sondern es gehört zur Ästhetik des späteren Camp, dass eine bestimmt Form des Doppelsinns auch aktiv intendiert wird und eine eigene Form findet. Es ist zwar nicht beliebig, was zum campy Objekt taugt, aber wenn es einmal als solches erlebt und codiert worden ist, dann sind auch die kulturindustriell verursachten Voraussetzungen der Auftrennbarkeit des Werkes und seiner Lesbarkeit gegen die Urheber für die Rezeption selbst egal.
>
> (Ebd., S. 23)

Alles kann demnach zu Camp werden.

4 Camp, Homosexualität und Queerness

Camp als ästhetisches Handeln durch Queerness und die durch den Doppelsinn schon beabsichtigten intermedialen Verweisstrukturen sind Spezifika der Produktionsgeschichte des kulturindustriell hervorgebrachten Musikvideos. Bezüge im Musikvideo auf ästhetisches Handeln im Sinne eines queeren Camp-Objekts zeigen sich eindrücklich in Madonnas Musikvideo *Vogue*, das selbst Bezug nimmt auf Malcolm McLarens *Deep in Vogue* oder eben auf die Voguing-Kultur, wie sie in dem Film *Paris Is Burning* von Jennie Livingston dokumentiert ist und Ausgangspunkt der Gendertheorie Judith Butlers war. Dass Madonna ein Stück weit die homosexuelle Subkultur aus Harlem (New York) für ihre Produktion benutzt und dies so weit geht, dass sie schwule Tänzer gegen ihren Willen outet, wird schließlich in dem Film *Kiki* herausgestellt. Die Ballroom-Szene der frühen 1980er Jahre wird durch Madonnas Video kulturindustriell und kommerziell vermarktet. Dieses Diskursdenken, in dem sich „high" und „low culture" vereinen, bezieht sich schließlich auf das Sampling, Covern, Rezitieren und die Imitation zwischen Subversion und Kommerzialisierung. Als eine Art Bricolage[2]

---

2 Man kann Bowie als personifizierte Einlösung des Versprechens der Moderne, Kunst und Leben miteinander zu verbinden, ansehen. Dafür ist eine radikale Erweiterung künstlerischer Kategorien notwendig, die in den 1960er Jahren auf rasante Weise stattfindet und für die Umberto Ecos *Opera Aperta* 1962 die notwendige theoretische Basis zur zeichentheoretischen/semilogischen Argumentation liefert. Das Prinzip „Bricolage" ist auch ein künstlerischer Zeitgeist der Nachkriegsmoderne, fängt natürlich mit den Collagen bei Picasso/Braque an und wird von den Dadaisten zur frühen Meisterschaft gebracht. Das Prinzip Collage bestimmt die Kunst seither und die Pop-Kultur hat ihren Sinn in genau dieser grandiosen Kombinatorik, die

verbinden sich die Elemente einer Videoclipästhetik, die sich immer wieder selbst reproduziert, indem sie auch auf die Historizität früherer Produktionen verweist. Camp ist hier immer auch als eine intertextuelle Verweisökonomie zu verstehen, in der die Geschichte des Musikvideos und der diskursiven Popkultur, die zwischen Sub- und Gegenkultur und Kommerzkultur changiert, sich selbst hervorbringt. Besonders eindrücklich wird dieses Verfahren, wenn Queerness selbst zum Gegenstand oder zum aufzutrennenden Objekt wird, wie das bei Madonna der Fall war. Genau hier ist die „Lesbarkeit gegen die Urheber für die Rezeption selbst egal". Dennoch: Da „Camp" doch immer auch „an die konkrete Geschichte queerer Kultur gebunden ist […] sind Camp-Objekte nicht zufällig und beliebig." (Diederichsen 2004, S. 24).

5 Pop, Museum, Monáe

Die MET Gala 2019, die von einem Zusammenschluss aus dem New Yorker Metropolitan Museum of Art, der Vogue-Chefredakteurin Anna Wintour sowie dem Modehersteller Gucci ausgerichtet wurde, hatte sich Susan Sontags Essay „Notes on ‚Camp'" zum Thema gemacht und den Titel für den Gegenstand einer Ausstellung und die dort eingeladenen Gäste umgeschrieben in „Camp: Notes on Fashion".

In den Ausstellungsräumen des Metropolitan Museum waren bunt gestrichene Wände zu sehen, während im Hintergrund Judy Garlands „Somewhere over the Rainbow" gespielt wurde:

> In einer Galerie, die mit „Sontagian Camp" überschrieben ist, sollen Sontags Camp-Betrachtungen Artefakte zugeordnet werden. Sontag war häufig in diesem Museum, heißt es, deswegen hatte es einige Ausstellungsstücke, über die Sontag sprach, sozusagen vorrätig. Zu sehen sind fotografische Porträts von Greta Garbo und Marlene Dietrich, ein Balenciaga-Abendkleid von 1965 oder sogar eine Tiffany-Lampe aus dem frühen 20. Jahrhundert. Am Ende der Sontagian Galerie, bezogen auf den 56. der 58 Einträge des Camp-Essays, hängt auch der berühmte Siebdruck von Andy Warhols Campbell's-Suppendose.
> (Oehmke 2019)

ikonographisch auf Beispiele aus der frühen Moderne zurückgeht. Marcel Duchamp und seine Pose als „Rose se la Vie", Max Ernst als „Loplop" (alter Ego) und als Meister der Collagen ohne sichtbare Schnittkanten.

Pop kommt also an dieser Stelle zu sich selbst, indem im Metropolitan Museum in New York explizit auf Sontag verwiesen wird, aber zugleich das Kommerzielle, die hochkulturelle Institution des Museums sowie das Kitschige selbst Teil dieser Performance sind. Besonders bemerkenswert war der Auftritt Janelle Monáes, die zu diesem Anlass in einem surrealistischen Outfit, entworfen von Christian Siriano, auftrat. Auffällig war ein mechanisches Auge, das an ihrer linken Brust montiert war und sich sowohl öffnen als auch verschließen ließ. Ihr Kostüm war zudem eine Mischung aus dekonstruierten Smoking-Elementen und einem Stapel breitkrempiger Hüte. Die Künstlerin, davon darf ausgegangen werden, hat sich offenbar sehr intensiv mit der Lesart von Camp auseinandergesetzt. Bereits in ihrem Album „Dirty Computer" setzt sie auf die Zergliederung und Zitation vergangener Ästhetiken, insbesondere mit Blick auf eine Medienästhetik David Bowies in dem Musikvideo *Pynk*, in dem sie eine Vulva-Hose trägt, die in Form und Design Bezug auf Bowies Jumpsuit von 1973 nimmt (entworfen von Kansai Yamamoto). Sie verweist damit zudem auch auf Oskar Schlemmers Tänzermenschen.

Dieser Verweis ist hier auch als ein Moment des Black Female Empowerment zu lesen. Im Video *Pynk* gibt es keine Männer. Sie kommen nur insofern vor, wenn es heißt, es sei cool, dass „boys" blau als Farbe hätten, und gleichzeitig reinszeniert sie Frauen in stereotypischen Hollywood-Perspektiven, zum Beispiel in Form einer Kissenschlacht, einem Zusammensein im rosa Cabriolet oder einem Eis am Stil. Gezeigt werden ein gemeinsames Herumturnen am Pool und Lolly-Lutschen, hier allerdings nicht für den Konsum durch einen *male gaze* gedacht, sondern als ermächtigende Selbstdarstellung von Frauen für Frauen. Janelle Monáe kommentiert dies sei ein ungestümes Fest der Schöpfung, der Selbstliebe, von Sex und „pussy power". Pink sei die Farbe, die uns alle verbinde, die man in den tiefsten und dunkelsten Rissen und Falten der Menschen fände, dort wo die Zukunft geboren werde. Und doch ist Monáe natürlich auch blau, sie ist „Dandy" und „Diva", heißt es in einem Artikel in der *Frankfurter Allgemeinen Sonntagszeitung* vom 29.4.2018. Das Momentum des Black Female Empowerment besteht also darin, sich die Rezeptions- und Produktionsmechanismen von Pop anzueignen, sie zu zitieren und umzudeuten. Genau dies ist auch auf der MET Gala 2019 geschehen: Eine Referenz weißer kunstgeschichtlicher Kanonbildung ist durch sie in eine neue Konstellation gebracht und repräsentiert. Es geht hier also um mehr als nur um Subkultur und Gegenkultur, es geht um die bereits vorhandenen medienkulturellen Durchmischungen und die Rekompositionen der Geschlechter und Sexualitäten, die unter dem scheinbar gesetzten Bild der Chancengleichheit rumoren. Sie sind dabei nicht Anzeichen einer Krise, sondern produktiver Ereignisse. Sie sind die neuen Ausgangspunkte, die ungenutzten Möglichkeiten von weiblicher Bindung, weiblicher Gemeinschaftsbildung und female Empowerment. Bereits in früheren Arbeiten hat Monáe die zitathafte Aneignung und Weiterentwicklung von medienhistorischen Bildästhetiken vorangetrieben, und ihre Musikproduktionen sind vielleicht auch deshalb regelmäßig Gegenstand der Feuilleton-Berichterstattung. In der Forschung steht ihr Werk bereits seit 2008 für eine hybride Medienästhetik, die insbesondere filmhistorisch arbeitet:

> Since releasing the EP Metropolis: The Chase Suite in 2008, the popular recording artist Janelle Monáe has been an adventurous and enigmatic performer, blending and mixing a variety of styles and genres, from early rock and roll to psychedelic music, from classical to funk. Along with her Atlanta-based arts collective, the Wondaland Arts Society, Monáe combines these sounds with wide-ranging concept albums, music videos, and stage shows to create sci-fi and futuristic themes that deal with androids, outer space, and the malleability of the very concept of ‚the human'.
>
> (Valnes 2017)

Die Künstlerin Monáe arbeitet außerdem mit Diskursstrukturen, die sich ganz explizit auch auf die theoretische Auseinandersetzung mit camphaften Bildästhetiken beziehen sowie der Queerness und der Frage nach Geschlechtlichkeit verbunden sind:

> The playfulness and wit in Monáe's response serves to highlight the gendered nature of the discourse surrounding her work, as well as the way that she critiques the very gendered politics of the musical genres she performs. By drawing attention to her physical appearance – through the reference to her eyelash length – she also highlights what reviewers and scholars by and large do not discuss: the music, and how her message is conveyed in and through it. Implied in her response is the idea that the message is not solely in her appearance, or, as I will argue below, the lyrics. Rather, her message is conveyed through the ways these elements are combined with her approach to sound organization.
>
> (Ebd., S. 3; vgl. ergänzend Murchison 2018)

Camp kommt also im Pop zu sich selbst und wird auch besonders dann bedeutsam, wenn aktuelle Kunst und Pop auf der MET Gala zusammengeführt werden, Camp jedoch immer mehr ist als das Übertriebene oder Kitschige.

Das Spiel mit diesen Zeichen als ein immer wiederkehrendes Zeichen vom Zeichen (vgl. Fischer-Lichte 1983) ist hier das entscheidende Signum einer Medienästhetik, die dabei auch immer schon theatral begründet zu sein scheint und offenbar das „Queere" nicht vergisst. Indem Pop immer mehr ist als seine Musik, also Posen, Frisuren, Bilder, Texte, Poster, Gesten und Haltungen miteinbezieht, ist das materielle Spiel mit diesen Zeichen nicht nur popkulturell identifiziert, sondern imaginiert eine Bühne, die über eigene medienästhetische und auch politische Konstituenzien verfügt, die aber immer ebenso auf ihre jeweilige Geschichte verweisen. Daher könnte man die frühe Geschichte des Musikvideos seit 1981 in Bezug zu öffentlichen Auftritten und Inszenierungen im Museum, auf der Bühne oder anderen Darstellungsformaten setzen, die als ein eigenes Ensemble der Referenz eine neue Geschichte des Videoclips und seiner Verbundmedien beschreiben.

Das Spannende ist, dass Popkultur besonders im Musikvideo ihren ikonologischen Schatz nicht nur rekonstruiert, sondern sie eine eigene Performance kultiviert, archiviert, reflektiert und reinszeniert. Genau deshalb ist Janelle Monáe in einer Zitationslogik zwischen Bowie, Prince und Madonna und im Zeitalter digitaler Medien auch immer nachprüfbar. Popkultur ist damit ein Ensemble von Gesten, die medientechnisch aufgezeichnet und reinszeniert werden – man könnte sagen, eine Bayreuther Pathosformel mit Wagner und Warburg, die quasi in medientechnischer Auseinandersetzung mit Camp überhaupt erst entstanden ist.

Medienverzeichnis

Literatur

Barthes, Roland. 1980. *Die helle Kammer: Bemerkungen zur Photographie*. Frankfurt am Main: Bibliothek Suhrkamp.

Blumenberg, Hans. 2013. *Paradigmen zu einer Metaphorologie*. Frankfurt am Main: Suhrkamp.

Diederichsen, Diedrich. 2014. *Über Pop-Musik*. Köln: Kiepenheuer & Witsch.

Diederichsen, Diedrich. 2016. Nachruf David Bowie: Wir selbst waren gemeint. *Die Zeit*. https://www.zeit.de/2016/03/nachruf-david-bowie-diedrich-diederichsen. Zugegriffen am 1. April 2016.

Dreckmann, Kathrin. 2020. Camp and Pop: David Bowie, Oskar Schlemmer, Madonna and Janelle Monáe. *Text Matters: A Journal of Literature, Theory and Culture* (10): 79–92. https://doi.org/10.18778/2083-2931.10.05.

Fiedler, Leslie. 2013. Überquert die Grenze, schließt den Graben! In *Texte zur Theorie des Pop*, hrsg. Charis Goer et al, 39. Stuttgart: Reclam.

Fischer-Lichte, Erika. 1983. *Semiotik des Theaters. Das System der theatralischen Zeichen*. Tübingen: Gunter Narr Verlag.

Holert, Tom und Mark Terkessidis. 1996. Einführung in den Mainstream der Minderheiten. In *Mainstream der Minderheiten. Pop in der Kontrollgesellschaft*, hrsg. dies., 5–19. Berlin: id-Verlag.

Keazor, Henry und Thorsten Wübbena. 2007. *Video thrills the radio star: Musikvideos: Geschichte, Themen, Analysen*. Bielefeld: transcript Verlag.

Murchison, Gayle. 2018. Let's Flip It! Quare Emancipations: Black Queer Traditions, Afrofuturisms, Janelle Monáe to Labelle. *Women and Music: A Journal of Gender and Culture* 22: 79–90. DOI: https://doi.org/10.1353/wam.2018.0008.

Oehmke, Philipp. 2019. Wer oder was ist Camp? *Der SPIEGEL*. https://www.spiegel.de/plus/metropolitan-museum-of-art-new-york-wer-oder-was-ist-camp-a-00000000-0002-0001-0000-000163834473. Zugegriffen am 31. Januar 2021.

Paglia, Camille. 2013. Spiel der Geschlechter: David Bowie auf dem Höhepunkt der sexuellen Revolution. In *David Bowie*, hrsg. Victoria Brookes und Geoffrey Marsh, 68–92. München: Knesebeck.

Robertson, Pamela. 1999. What makes the feminist camp. In *Camp: Queer Aesthetics and the Performing Subject*, hrsg. Fabio Cleto, 266–282. Edinburgh: Edinburgh University Press.

Sontag, Susan. 1996. Notes on „Camp". In *A Partisan Century: Political Writings from Partisan Review*, hrsg. Edith Kurzweil, 232–243. New York: Columbia University Press.

Sontag, Susan. 2015. Anmerkungen zu Camp (1964). In *Ästhetik und Gesellschaft. Grundlagentexte aus Soziologie und Kulturwissenschaft*, hrsg. Andreas Reckwitz, Sophia Prinz und Hilmar Schäfer, 229–248. Berlin: Suhrkamp.

Valnes, Matthew. 2017. Janelle Monáe and Afro-Sonic Feminist Funk. Journal of Popular Music Studies 29 (3): https://doi.org/10.1111/jpms.12224.

Watts, Michael. 1972. Oh, you pretty thing. Interview with David Bowie. *Melody Maker* 22. Januar 1972.

Videoclips und Musikvideos

Christina Augilera feat. Lil Kim, Mya und P!Nk. 2001. *Lady Marmelade*. Regie: Paul Hunter.

Christina Augilera feat. Redman. 2002. *Dirrty*. Regie: David LaChapelle.

Christina Augilera. 2003. *The Voice within*. Regie: David LaChapelle.

Janelle Monáe. 2018. *Pynk*. Regie: Emma Westenberg.

Madonna. 1990. *Vogue*. Regie: David Fincher.

Malcom McLaren und The House of McLaren. 1989. *Deep in Vogue*.

MTV News. 2016. David Bowie Criticizes MTV for Not Playing Videos by Black Artists | MTV News. *YouTube*. https://www.youtube.com/watch?v=XZGiVzIr8Qg. Zugegriffen am 31. Januar 2021.

Ricky Martin feat. Christina Augilera. 2001. *Nobody wants to be lonely*. Regie: Wayne Isham.

Filme

Kiki. 2016. Regie: Sara Jordenö. USA/SWE: Story AB/Hard Working Movies

Paris is Burning. 1990. Regie: Jennie Livingston. USA: Academy Entertainment/Off White Productions.

Michael Fleig

Michel Gondry und Spike Jonze – Auteurs des Musikvideos

Abstract: In den 1990er Jahren hat sich das Konzept des Musikvideo-Auteurs etabliert. Nach einer Einleitung zum Musikvideo in den 1980er Jahren wird diese Entwicklung umrissen, um anschließend ausführlich auf zwei Clipregisseure einzugehen, die hierbei eine herausragende Stellung einnahmen. Der Aufsatz widmet sich exemplarisch dem Schaffen von Michel Gondry und Spike Jonze. In ihrer Kreativität gelten sie als „Brothers beneath the skin" (Austerlitz 2007, S. 163). Ihre Videos widersetzen sich der Musikvideos zugeschriebenen Flüchtigkeit, indem sie zur Mehrfachsichtung einladen. Dabei kommen unterschiedliche Strategien zur Anwendung. Gondrys Anerkennung als Auteur beruht auf einem persönlichen visuellen Stil, der als Lo-Fi-Ästhetik beschrieben werden kann, und seiner Fähigkeit, das Musikvideo als audiovisuelle Kunstform des Sichtbarmachens von Musik ernst zu nehmen. Gondry gelingt dies insbesondere durch eine visuelle Verräumlichung musikalischer Strukturen. So wird er als ein aktueller Vertreter der visuellen Musik in der Tradition Oskar Fischingers angesehen (vgl. Gabrielli 2010, S. 104). Jonze hingegen gilt als der Trickster des Musikvideos. Über unterschiedliche Arten des intertextuellen Verweises auf TV- und Filmerzählungen oder durch eigenständige Videos in der Art von Minispielfilmen produzierte er Arbeiten, die durch Brüche mit den Konventionen des Musikvideos herausstechen. In den 2000er Jahren forcierten Gondry und Jonze den Auteurismus des Musikvideos weiter, indem sie eine DVD-Reihe, die Arbeiten bestimmter Videoclipregisseure versammelt, herausbrachten.

Schlüsselwörter: Michel Gondry, Spike Jonze, Musikvideo, Autorentheorie, Popkultur, Audiovisualität, Intertextualität, Flüchtigkeit, MTV

1 „Verramschung" der Avantgarde in den 1980er Jahren

Das Musikvideo verfügt zwar über eine reichhaltige Genealogie in Form von Vorläufern, Einflüssen oder frühen Vertretern. Die „‚eigentliche' Geburtsstunde des (kommerziellen) Musikvideos" (Schmidt et al. 2009, S. 12) wird jedoch häufig auf den 1. August 1981 datiert, als der Sender MTV auf Sendung ging und damit die

https://doi.org/10.1515/9783110730623-009

Folie für das 24-Stunden-Musikfernsehen lieferte. Die 1980er Jahre gelten deswegen als das erste goldene Zeitalter des Musikvideos (vgl. Strøm 2007). Mit MTV wurde das Musikvideo zum omnipräsenten Massenmedium. Die Allianz von Fernsehen und Musikindustrie erwies sich als sehr erfolgreich, und das Musikvideo wurde zu einer Voraussetzung für eine Musikkarriere.[1] Die Budgets für Musikvideos stiegen entsprechend. Clips wurden zu dem popkulturellen Experimentierfeld audiovisueller Gestaltung schlechthin. Dabei konnte der Videoclip auf diverse Techniken aus der audiovisuellen Kunstgeschichte zurückgreifen. Als wichtige Inspirationsquellen gelten Vertreter des Absoluten Films wie Oskar Fischinger oder Walter Ruttmann, ferner der strukturelle Film, der experimentelle Animationsfilm oder die Videokunst, die nicht nur Verfahren der Bildmanipulation erforscht, sondern ebenso einen „akustischen musikalischen Zugang" bietet (Weibel 1987, S. 114).[2]

Allerdings wurde diese postmoderne Liaison mit der Kunst in den 1980er Jahren von vielen Kritiker*innen beargwöhnt. Obwohl diese Dekade viele faszinierende Clips hervorbrachte, stand bei deren Wahrnehmung noch eindeutig die kommerzielle Funktion im Vordergrund. Ein Musikvideo sei an „etwas ‚Primäres' angehängt" (Schmidt et al. 2008, S. 8) und damit an die Aufgabe gebunden, „einem Popmusikstück durch Zugabe visuellen Materials zu kommerziellem Erfolg zu verhelfen" (Neumann-Braun und Schmidt 1999, S. 13). Neben der Promotion des Songs wurden Musikvideos als eine Bühne für den Star angesehen: „Der zentrale Auftrag der Clips liegt in der Vermittlung der Personality des Stars: Die Botschaft ist das Produkt, das der Star ist" (ebd., S. 13). Dabei fungierte das Musikvideo als ein Gegenstück zum Kino. Während im Kino die Musik dem Zweck dient, die auf den Bildern aufgebaute Erzählung zu unterstützen, existiert hier das Musikstück zuerst, und das Video wird anschließend geschaffen, um dieses zu bebildern. Ferner folgen die Bilder selbst einem anderen Prinzip. Während das Kino auf Bilder im Sinne der Repräsentation setzt, feiern die Bilder des Musikvideos demonstrativ ihre Künstlichkeit. Verschiedene in der Postproduktion vorgenommene Manipulationstechniken weisen die Bilder als artifizielle Konstrukte aus. Gleichermaßen geht es bei der genannten Vermittlung der Personality der Stars nicht um einen Identitätskern, sondern um Images. Für die Kritiker*innen der 1980er Jahre sind die entwickelten Techniken des Musikvideos keine selbstän-

1 Während die Fernsehsender von den Werbeeinnahmen profitieren, schlagen sich die Videoclips für die Musiklabels in höheren Verkaufszahlen von Tonträgern und Konzertkarten nieder.

2 Für eine ausführliche Darstellung der Vorgänger des Musikvideos siehe z. B. Weibel 1987 und Moritz 1987.

dige Leistung, sondern eine Indienstnahme von ehemals künstlerisch motivierten Verfahren. „Die besten Werke der Kinematographie – zu deren Gattung auch die Musik-Clips gehören – zeichnen sich durch die nicht marketingmäßig manipulierte Produktionsweise und die freie Anwendung von Poesie und Komposition einer eigenen Bildsprache aus." (Bódy 1987, S. 15). Die „im Clip eingesetzten Stilelemente" jedoch „sind immer dieselben" (ebd., S. 13), so Veruschka Bódy. Peter Weibel gesteht Videoclips bestenfalls den Status einer „Volksschule für Avantgarde" (Weibel 1987, S. 126) zu, konstatiert aber vor allem eine „Verramschung des Avantgarde- und Animationsfilms" (ebd., S. 119).

2 Auteurs der 1990er Jahre

In den 1990er Jahren fand eine Verkehrung der Vorzeichen statt. Ab der zweiten Hälfte ging das goldene Zeitalter des Musikvideos, das in enger Symbiose mit dem Fernsehen stand, seinem Ende zu: „MTV had grown up, and left its adolescent infatuation with music behind" (Austerlitz 2007, S. 183). Dating-Shows, Reality-Fernsehen oder ausufernde Werbeblöcke verdrängten die Clips. Die Musikunternehmen reagierten auf die Verknappung der Distributionsmöglichkeiten, indem Videos keine Selbstverständlichkeit mehr waren, sondern nur noch produziert wurden, nachdem sich das Musikstück im Radio als erfolgreich abzeichnete. Infolgedessen entstanden weniger Videos, die aber umso mehr um Aufmerksamkeit buhlen mussten (vgl. ebd.). Dadurch brachen andere goldene Zeiten für diejenigen Regisseur*innen an, die ihre Musikvideos von den gängigen Verfahren der Musikbebilderung abzusetzen wussten: „[J]ust because the big television players were less interested than ever in showing them, that did not mean that artists weren't still making them" (ebd., S. 184). Das Musikvideo wurde zunehmend als ein Werk wahrgenommen, das nicht mehr nur durch einen kommerziell-industriellen Kontext bedingt ist, sondern ebenso als künstlerischer Ausdruck von Regisseur*innen dienen kann, die – anstatt immer dieselben Bausteine abzurufen – ihre eigene Kreativität einbringen (vgl. Korsgaard 2017, S. 28f.). Diese Entwicklung wurde vom Musikfernsehen selbst vorangetrieben, indem ab 1993 neben den üblichen Angaben auch der Name der für das Video verantwortlichen Filmemacher*innen eingeblendet wurde. Für Herbert Gehr war dies die „Geburtshilfe für einen (Video-)Kunstbegriff aus dem Geist der Autorentheorie“ (Gehr 1993, S. 22). In der Entwicklung des Musikvideo-Auteurismus[3] nehmen zwei Regisseure eine exponierte Stellung ein: „[T]he notion of the auteur did not truly reach the music video until the early 90s, and the rise of two filmmakers who would come to dominate the form as no directors before them had done: Spike Jonze and Michel Gondry“ (Austerlitz 2007, S. 163).

3 Michel Gondry: Visueller Stil und die Hybridisierung von Musik und Bild im Klangraum

Zu Beginn inszenierte der Franzose Michel Gondry Videoclips für seine eigene Band Oui Oui und andere nationale Interpret*innen. Internationale Aufmerksamkeit erfuhr er 1993 mit seinem Clip *Human Behaviour* für Björk. Hier ist bereits eine Bildsprache angelegt, die Gondry in weiteren Videos als visuelle Signatur etablierte. Diese lässt sich als Lo-Fi-Ästhetik bzw. Bastelästhetik bezeichnen. *Human Behaviour* ist geprägt von einem ausdrücklich künstlichen Szenenbild. Der Protagonist des Videos, neben der Sängerin, wird durch einen Akteur in einem Kostüm verkörpert, das aufgrund seiner klar erkennbaren materiellen Beschaffenheit (Kunstfell, Knopfaugen und Nähte) an einen überdimensionalen Teddybären erinnert. Die Kulissen sind gleichermaßen von comicartig überzogener, ostentativ ihre Artifizialität demonstrierender Qualität.[4] Als Gegenpol zu den in Videoclips gängigen Hochglanzbildern, die zunehmend computerbasiert erzeugt werden, entwirft Gondry in seinen Arbeiten eine Ästhetik, die durch ihre analoge, bewusst unperfekt gehaltene Inszenierung mit DIY-Charakter gekennzeichnet ist. Die farbenfrohen Kulissen bestehen häufig aus einfachen Materia-

---

3 Im Zuge dieser Entwicklung öffneten sich dem Musikvideo parallel zur Verdrängung aus dem Fernsehen neue Räume. Neben dem Internet als neuer Heimat fanden Videoclips zunehmend auch Platz in Museen und Galerien, indem Ausstellungen sich dem Medium allgemein oder einzelnen Regisseur*innen im Speziellen zuwenden (vgl. Korsgaard 2017, S. 71; Keazor und Wübbena 2011, S. 9f.). Gondry z. B. war Ende 2014 eine Ausstellung im Museum of Contemporary Art in Tokio gewidmet. Regisseure wie Chris Cunningham oder Gondry stellen nicht nur ihre Musikvideoarbeiten aus, sondern ebenso eigenständige Kunst-Installationen, wie z. B. *The All-seeing Eye (The Hardcore-Techno Version)*, realisiert von Gondry und Pierre Bismuth in der BFI Southbank Gallery 2008.

4 In seinem Spielfilmdebüt *Human Nature* knüpft Gondry visuell stark an das künstliche Dekor dieses Videos an; vgl. Fleig 2016.

lien wie Karton, Stoff, Holz oder Wolle, die den Videos eine haptische Textur verleihen. Die Requisiten wirken oft wie Spielzeuge, insgesamt gelten kindliche Bezüge als typisches Merkmal von Gondrys Werk (vgl. Austerlitz 2007, S. 171).[5] In ihrer analog-taktilen und kindlich-naiv überzogenen Art bieten seine Videos visuelle Spektakel, die sich vom Gros anderer Musikvideos abgrenzen. Gleichzeitig ergibt sich aus ihrer scheinbaren Einfachheit eine doppelte innere Spannung. Zum einen stehen dem aufgrund des verwendeten schlichten Materials erzeugten DIY-Eindruck eine extreme Akkuratesse und Kunstfertigkeit und ein augenscheinlich hoher Aufwand in der Herstellung gegenüber. Auch hier setzt Gondry einen Kontrapunkt zum Trend der 1990er und 2000er Jahre, die eigentliche Gestaltung vermehrt in die digitale Postproduktion zu verlagern. Viele der Effekte in seinen Videos sind noch vor und mittels der Kamera im realen Raum inszeniert; Gondry betreibt also die Kunst der *Mise en Scène* im klassischen Sinne. Zum anderen erweisen sich viele seiner Videos, oft auch erst auf den zweiten Blick, in Bewegungsablauf bzw. Choreographie als extrem durchgeplant und komplex.[6] Jonze bringt die Arbeit seines Kollegen folgendermaßen auf den Punkt: „For every video, Michel would not only come up with a whole new technique. [...] His stuff is the most sophisticated, most complicated techniques, mixed with the most naïve, childlike creative feeling."[7]

Zudem kommen in der Komplexität der Bildgestaltung und Bewegungsabläufe häufig avancierte Techniken der Visualisierung von Musik zum Ausdruck. An dem in typischer Lo-Fi-Ästhetik gehaltenen Video *Around the World* (1997) für Daft Punk lässt sich dies gut veranschaulichen: Die Kulisse begrenzt sich auf einen engen, übersichtlichen Raum. In der Mitte steht ein Podest, umgeben von einer kreisrunden, in Richtung Bildinneres aufsteigenden Treppe. Der Raum wird über die Spieldauer von vier Minuten hinweg von 20 Personen ausgefüllt, die in fünf Gruppen zu je vier Personen aufgeteilt sind. Jede Gruppe trägt eine spezifische Verkleidung.[8] Sie führen einzeln oder in Kombination eine an Busby Berkeley erinnernde Choreographie auf und bieten so in Verknüpfung mit dem schrägen Outfit eine skurrile Tanzperformance dar. Dies allein macht es möglich, das Video als visuelle Attraktion zu genießen. Erst bei genauerem Hinsehen erschließt sich eine spezielle Synchronisation zwischen Bild und Ton: Jede Gruppe

---

5 So ist etwa der Clip *Fell in Love with a Girl* (2002) für The White Stripes ausschließlich aus Legosteinen gestaltet.

6 Vernallis schreibt über Gondry: „[H]e possesses a mathematical mind, and investigates visual canons, palindromes, and complex schema" (Vernallis 2013, S. 269).

7 Spike Jonze im Booklet zur DVD *The Work of Director Spike Jonze* (2003).

8 Und zwar diejenige von Skeletten, Mumien, Schwimmerinnen, Robotern und Sportlern, denen ein künstlicher Oberkörper mit unproportional kleinem Kopf aufgesetzt wurde.

steht für eine bestimmte Tonspur. Die Bewegungen der Figuren sind exakt mit dem Einsatz der unterschiedlichen Musikelemente abgestimmt (vgl. Gabrielli 2010). Wenn die Musik am vollsten ertönt, also alle Spuren gleichzeitig zu hören sind, sind entsprechend alle Gruppen auf der Bühne in Aktion. *Around the World* ist somit ein gutes Beispiel für die Doppelcodierung, die in Gondrys Videos häufig verwendet wird: „[T]he interesting side of Gondry's work generally is [...] that it even can stand a superficial vision without being boring, and at the same time, it offers to the attentive viewer a densely and richly structured composition which can be analyzed in depth" (ebd., S. 104).

Abb. 1: Lo-Fi-Ästhetik als Klangraum – Daft Punk: *Around the World* (1997), Videostill.

Wie Mathias Bonde Korsgaard konstatiert, bedingt die Visualisierung von Musik gleichermaßen eine Musikalisierung von Visualität (vgl. Korsgaard 2017, S. 62ff.). Die offenkundigste Form der Musikalisierung von Bildern besteht in der Anpassung des Schnittrhythmus. Die typischen Manipulationen des Bildes (etwa durch innere Kadrierung, Überlagerungen mehrerer teiltransparenter Schichten, Split Screens und Vervielfachungen) lassen sich ebenso als Versuch interpretieren, den Bildern musikalischen Charakter zu verleihen. „The image aspires to become musical in becoming plural [...]. Part of the ambition in music video is thus to match this sonorous plurality with a visual plurality" (ebd., S. 90f.). Die Pluralisierung des einzelnen Bildes entspricht also einer strukturellen Annäherung an die Musik, welche durch die Gleichzeitigkeit verschiedener Spuren (Stimmen, Instrumente, Geräusche etc.) geprägt ist. Diese Form der Visualisierung bleibt in den meisten Fällen jedoch assoziativ und lässt die Musikalität des Visuellen eher punktuell spüren, nimmt jedoch nicht unbedingt eine konsequente Übertragung vor. Gondry setzt dem einen eigenen Ansatz entgegen (wie in *Around the World* zu sehen), indem er Musik als sich in der Zeit entfaltendes Medium verräumlicht, das heißt in lokalisierbare Punkte innerhalb des Bildraumes übersetzt, wo sie sich kontinuierlich in strukturell der Musik entsprechender Kombination entfalten.

Abb. 2: Björk fügt sich mit ihrem Erscheinungsbild in das künstliche Dekor ein – Björk: *Human Behaviour* (2003), Videostill.

Abb. 3: Die Band Metronomy befindet sich innerhalb eines Holzkonstrukts, das die Kamera als Oneshot kontinuierlich umkreist, während die Band nur durch die Öffnungen der künstlichen Kulisse zum Vorschein tritt – Metronomy: *Love Letters* (2014), Videostill.

Trotz der demonstrativen Affinität zu analoger Bildgestaltung spielen auch digitale Kompositionen eine Rolle in Gondrys Werk. Auch hier geht Gondry eigene Wege abseits der Trends. Er nutzt CGI (Computer Generated Imagery) nicht für aufwendige visuelle Effekte oder scheinbar perfekte Illusionen reeller Unmöglichkeiten. Digital erzeugte Bilder wie in *Star Guitar* (2002) für The Chemical Brothers präsentieren sich im Gewand eines perzeptiven Realismus (vgl. ebd., S. 72); sie erscheinen also zunächst nicht als ungewöhnlich. *Star Guitar* simuliert den Blick aus dem Fenster eines fahrenden Zuges, an dem eine Industrielandschaft vorbeizieht. Erst mit der Zeit fällt auf, dass sich die einzelnen Elemente der Landschaft nach einem bestimmten Muster wiederholen, das zu dem der Musik synchron läuft. Silos, Brücken, Bäume und Ähnliches entpuppen sich als visuelle Zuordnungen von Klängen. Diese Elemente verorten sich in der räumlichen Tiefenstaffelung von Bildvordergrund zu Bildhintergrund außerhalb und parallel zu dem sich bezeichnenderweise auf Gleisen (engl. *tracks*) bewegenden Zug. Diese Darstellung verweist auf Kompositionsverfahren der elektronischen Musik: „In electronic music, it is more common to think in ‚tracks' than in ‚voices', and the compositional method is often one of inserting additional layers or tracks, gradually adding upon layers of different sounds" (ebd., S. 75).[9] Inszeniert Gondry die Musikalisierung des Visuellen in *Around the World* angelehnt an den Titel in Kreisbewegungen innerhalb eines fixen Raumes, ist es hier ein vorbeiziehender Raum, der die flüchtige Struktur von Musik imitiert, deren Klänge im Moment des Ertönens bereits wieder im Verschwinden begriffen sind. Klänge werden symbolisch als Objekte dargestellt, Klangdauer und -abstände sind dabei durch ihre Länge und den Abstand zwischen ihnen unmittelbar herauszulesen. Beide Videos visualisieren die Struktur des Musikstückes auf so direkte Weise, dass es sogar möglich erscheint, die Musik auch dann noch zu erleben, wenn sie ohne Ton abgespielt würden. Wie sehr Gondry die Strategie der Übertragung von musikalischen Strukturen in räumliche Aspekte dem üblichen Vorgehen eines angepassten Schnittrhythmus vorzieht, zeigen die vielen (scheinbar) als Oneshots aufgenommenen Musikvideoclips in seinem Œuvre.

Gondry widersetzt sich durch die geschilderten Verfahren dem ursprünglich unterstellten Auftrag des Musikvideos, den Musiker*innen eine Bühne zu bieten, hinter denen sich Regisseur*innen als Künstler*innen zurückzuhalten hätten. In seinen Videos sind es primär die eigenen audiovisuellen Arrangements, die die Aufmerksamkeit auf sich ziehen. So verschafft er vielmehr der Musik selbst eine

9 Das Video nutzt noch weitere Möglichkeiten der audiovisuellen Synchronisation, so etwa die Anpassung des Tempos von Zug und Musik.

Bühne, indem er Bild und Ton zu einem visuellen Klangraum hybridisiert. Zugleich lenkt er dadurch die Aufmerksamkeit auf seine eigene Kreativität, indem er den zugleich simplen und komplexen Konstruktionscharakter der Bildanordnungen betont. Selbst Musiker*innen, die in den Videos auftreten, werden häufig in das von Gondry entworfene Dekor oder Ton-Bild-System integriert und damit dem audiovisuellen Ausdruck des Regisseurs untergeordnet.

4 Spike Jonze: Narrative Videos und Regelbrüche

Spike Jonze zeichnet sich weniger durch einen bestimmten visuellen Stil aus (vgl. Keazor und Wübbena 2011, S. 283). Was hier als Jonzes Spezifikum geltend gemacht werden soll, ist seine Tendenz zu filmischen bzw. narrativen Clips, die er deutlich über die Grenze dessen hinaus, was in einem Musikvideo als konventionell gilt, gestaltet und dabei Regelbrüche hervorbringt. Die Videos, die hier als narrativ betrachtet werden, arbeiten mittels Referenzen zu Fernsehserien (*Sabotage* [1994] für Beastie Boys und *Buddy Holly* [1994] für Weezer) und Spielfilmen (*It's oh so Quiet [1995]* für Björk und *Weapon of Choice* [2000] für Fatboy Slim) oder erzeugen eigenständige Geschichten in der Art von Minispielfilmen (*Big City Nights/Da Funk* [1997] für Daft Punk, *Elektrobank* [1997] für Chemical Brothers und *Praise You* [1999] für Fatboy Slim). Je kohärenter die Geschichte innerhalb des Videos angelegt ist, desto stärker manifestieren sich Merkmale, die als Regelbrüche des Musikvideos bezeichnet werden können.

Sabotage besteht durchgehend aus einer Aneinanderreihung von nachgestellten Actionsequenzen aus Polizeiserien der 1970er Jahre. Zwischendurch werden die Namen von Charakteren und deren fiktiven (und eigentlich von den Beastie Boys verkörperten) Darstellern eingeblendet, so als hätte man es mit einem Trailer oder Vorspann[10] für eine solche Serie zu tun. Diesen Credits geht nach 40 Sekunden Spielzeit die Einblendung des Songtitels voraus, der im Kontext des Videos weniger als solcher, sondern eher als Titel dieser fiktionalen TV-Polizeiserie gedeutet werden kann. Dies hat den Effekt, dass die eigentliche Vorrangigkeit des Musikstückes unterwandert wird, da es wie der Soundtrack zum Trailer/Vorspann wirkt. Die Bilder haben einerseits eine ausgeprägte Binnenstruktur (vgl. Schmidt et al. 2008, S. 18), da sie alle auf dasselbe Sujet rekurrieren, sind

---

10 Den Vorspann als eine Kompilation von Szenen zu gestalten, die verschiedene Figuren in Aktion zeigen, ist für Actionserien der 1970er Jahre gängig.

andererseits in ihrer Abfolge jedoch nur schwach kausal bedingt, was die Binnenstruktur wieder lockert. Die semantische Struktur der Aneinanderreihung von ironischen gebrochenen Action-Momenten erscheint „lose, inkohärent und bisweilen beliebig“ (Schmidt et al. 2009, S. 15) und erzählt somit noch keine Geschichte.[11] Hinzu kommt, dass die Nachstellung eindeutig als Parodie gekennzeichnet ist.[12] Doch ungeachtet dessen sticht das Video als ungewöhnlich narrativ unter dem Gros von Musikvideos hervor. Eben jene Verweisfunktion auf eine externe, komplette Geschichte, die das Video als Inszenierung eines Trailers/Vorspanns übernimmt, erzeugt die Assoziation eines größeren narrativen Komplexes, der so in diesem Videoclip wie allgemein in Trailern selbst nicht gegeben ist. Zusätzlich ruft gerade der parodistische, also imitierende Modus Assoziationen und Erinnerungen an konkrete TV-Serien wie z. B. *Kojak* (USA 1973-1978) hervor.

Buddy Holly verfährt komplexer. Auch hier dient eine TV-Serie aus den 1970er Jahren als Grundlage, diesmal die Sendung *Happy Days* (USA 1974-1984). Die Musiker treten als die tatsächliche Band Weezer auf, passen sich in ihrem Erscheinungsbild jedoch an die Ästhetik der Serie an, die allerdings nicht in den 1970er Jahren, sondern zur Rock’n’Roll-Zeit der 1950er Jahre[13] spielt. Die Band ist in Originalaufnahmen der Serie hineinmontiert, so dass der Eindruck entsteht, sie würde an einem der Hauptschauplätze der Serie, Arnold’s Drive-In, auftreten. Noch mehr als in *Sabotage* spielt Jonze hier mit den Konventionen des Musikvideos, besonders wieder mit der Vorrangigkeit des Musikstücks. Während dieses bei *Sabotage* noch dieselbe Länge wie das Video hat, wie es als Regel für Musikvideos gilt,[14] geht dem Einsatz der Musik in *Buddy Holly* eine serientypische Einleitung voraus, die ihrerseits wieder mit Opening Credits aufwartet, in denen sich Spike Jonze selbst als Regisseur ausweist (sowohl von dieser vorgeblichen Serienfolge als auch des Musikvideos). Die Musik setzt erst nach 35 Sekunden Laufzeit

---

11 So sieht dies auch Carol Vernallis, wenn sie schreibt: „In [...] *Sabotage*, there is a deliberate use of narrative techniques, but for the sake of a particular style – that of 70s cop shows – rather than to tell a story: the video brings out the extent to which the borrowed mode itself was much interested in style and feel as in plot“ (Vernallis 2004, S. 13). Die finalen Bilder bekräftigen schließlich die eigentlich stets nur angedeutete Narrativität, weil sie die Figuren nicht mehr aufgeregt, sondern ruhig die Straße entlanggehend zeigen und damit die vorangegangenen Action-Sequenzen ausklingen lassen und eine narrative Schließung implizieren.

12 Dies geschieht etwa durch absichtlich schlampige Effekte, lächerliche Maskierungen oder Overacting.

13 Insofern ist ein Bezug zum Songtitel vorhanden.

14 Das typische Musikvideo wird beschrieben als „eine Kurzform, deren Dauer sich [...] an der Länge des zugrundeliegenden Musikstücks bemisst“ (Schmidt et al. 2009, S. 8).

ein und endet bereits 40 Sekunden vor dem Video, das schließlich noch mit einem serientypischen Schlussgag aufwartet. Das Musikstück dient diesmal nicht als Soundtrack, sondern wird innerhalb der Diegese aufgeführt. Die Anpassung des Videos an die Form einer TV-Serienepisode geht sogar so weit, dass inmitten des Songs gestoppt wird, um eine Werbeunterbrechung anzukündigen. Ein weiterer Regelbruch deutet sich an, indem Figuren Sprechanteile haben (vgl. Vernallis 2004, S. XII). Er wird jedoch abgemildert, indem diese nur innerhalb des Vor- und Abspanns, also nicht während des Songs selbst erfolgen. Zwar wird durch die Originalserie ein Kontext gegeben, der letztendlich auch hier weniger der Kreation einer tatsächlichen Erzählung, sondern in diesem Fall in erster Linie als Rahmung eines originellen Performancevideos fungiert. Dennoch bleibt das Video über ähnliche Verweisregister als ungewöhnlich narrativ assoziiert, die bereits bei *Sabotage* wirksam sind. Hier ist es zusätzlich das über die konkrete Referenz der Kultserie doppelt nostalgische Potential,[15] das die narrativen Assoziationen unterstützt.

It's Oh So Quiet von Björk funktioniert trotz der Referenz an Jacques Demys Musical *Les Parapluies de Cherbourg* (1964) anders. Die hier durch den Verweis auf einen Spielfilm erzeugten narrativen Assoziationen sind deutlich geringer ausgeprägt, weil das Musical, in seiner primären Ausrichtung auf die Darbietung von Gesangs- und Tanznummern, selbst als das klassische Erzählkino überschreitender Exzess gilt und daher wiederum einen spezifischen Platz in der Geschichte des Musikvideos einnimmt. Insofern korreliert die Imitation der Form eines Musicals schlüssig mit der des Musikvideos. Auch *Weapon of Choice* folgt formal musikvideotypischen Konventionen, generiert aber konträr zu *Sabotage* und *Buddy Holly* besondere Aufmerksamkeit durch einen Bruch mit Erwartungshaltungen, die durch intertextuell aktivierte narrative Kontexte erzeugt werden. Der Hollywood-Star Christopher Walken spielt hier einen Gast, der sich in einem menschenleeren Hotel ausruht. Aufgrund der zeitlichen Begrenztheit ist ein narrativer Videoclip generell auf intertextuelle Verweise angewiesen: Anspielungen auf Hintergrundtexte, wie sie mit bekannten Stars einhergehen, rufen damit verbundene narrative Zusammenhänge auf, ohne sie selbst auserzählen zu müssen (vgl. Schmidt et al. 2008, S. 15). Der einleitend emotionslose Ausdruck von Walkens Figur passt noch zum Rollenimage des Schauspielers, der besonders als Darsteller von ernsten Figuren in Gangsterfilmen bekannt ist. Wenn Walken jedoch nach einigen Sekunden vom Musikstück, das innerhalb der Diegese aus einem in der Nähe stehenden Radio erklingt, dermaßen ergriffen wird, dass er mit

15 Der 1990er-Jahre-Clip ruft Erinnerungen an die Serie aus den 1970er Jahren wach, die ihrerseits die nostalgisch verklärten 1950er Jahre zum Inhalt hat.

unvermutet professionellen, schließlich sogar die Schwerkraft überwindenden Bewegungen durch das Hotel tanzt, steht diese Performance diametral zu den anfangs aufgerufenen Referenzen. Ein weiterer Querverweis wird ferner zu einem konkreten Film außerhalb von Walkens Filmographie aufgerufen: Wenn die Musik Walken überwältigt und scheinbar die Kontrolle über seinen Körper übernimmt, steht dieses Motiv Jonzes eigenem, nur ein Jahr zuvor erschienenem Spielfilm *Being John Malkovich* (1999) sehr nahe. Hier geht es um den Marionettenspieler Craig (John Cusack), der die Kontrolle über den Körper des Schauspielers John Malkovich (John Malkovich) erlangt. Ähnlich wie Craig den Körper von Malkovich zu seiner Marionette macht, erscheint hier Walken mit seiner irrwitzigen Choreographie als Marionette in den Händen des Regisseurs Spike Jonze.[16]

Abb. 4: In Spike Jonzes Spielfilmdebüt lässt der Marionettenspieler Craig John Malkovich ebenso tanzen… – *Being John Malkovich* (1999), Videostill.

16 2016 drehte Jonze einen sehr ähnlichen Clip, in dem die Schauspielerin Sarah Margaret Qualley in einer vergleichbar eleganten Umgebung ebenso von einer Tanzwut befallen ist, die durch plötzlich einsetzende Musik ausgelöst wird. Am Ende des Clips wird deutlich, dass es sich nicht um ein Musikvideo im eigentlichen Sinne handelt, sondern um einen diese Form übernehmenden Werbeclip.

Abb. 5: ...wie der Regisseur Jonze Christopher Walken im Video für Fatboy Slim – Fatboy Slim: *Weapon of Choice* (2000), Videostill.

In *Elektrobank*, *Praise you* und *Da funk/Big City Nights* zieht Jonze das narrative Korsett noch fester und treibt damit die Regelbrüche noch weiter. Alle drei Videos können für sich als eigene (musiklastige) Minispielfilme stehen und beginnen mit einem Vorspann samt diegetischen Geräuschen und Figurenreden, bevor die eigentliche Musik einsetzt. Bei *Elektrobank* ist dieser besonders auffällig, nicht nur, weil er mit 86 Sekunden bei knapp sechs Minuten Gesamtspielzeit verhältnismäßig lang dauert, sondern weil sogar eine andere Musik zu hören ist, die nichts mit der Band zu tun hat. Ebenso tritt in allen Clips die Musik, nachdem sie gemeinsam mit dem Hauptstrang der Erzählung einsetzt, stellenweise immer wieder in den Hintergrund, um diegetischen Geräuschen oder Dialogen Platz zu machen. In *Praise You* verstummt die Musik sogar zweimal komplett, weil innerhalb des Plots der Ghettoblaster abgestellt wird, aus dem der Song als innerdiegetisches Musikstück ertönt, zu dem eine Amateurtanzgruppe eine ungenehmigte öffentliche Choreographie aufführt. Der Leiter der Gruppe (dargestellt von Jonze selbst) schaltet das Gerät daraufhin nicht einfach nur wieder ein, sondern spult die Kassette zurück zu einem geeigneten Zeitpunkt, an dem die Choreographie wiedereinsetzen kann. Diese Szene spiegelt gewissermaßen das, was Jonze mit dem ihm anvertrauten Musikstück macht. Er spielt es nicht einfach ab, sondern verändert seinen ursprünglichen Ablauf, um es der Dramaturgie seines Videos funktional unterzuordnen. *Electrobank* und *Praise You* orientieren sich prinzipiell an der aristotelischen Erzählform mit Anfang, Mitte, retardierendem Moment und Ende und geben eine bewährten Mustern folgende Underdog-Erfolgsgeschichte wider.[17] Demgegenüber verweigert sich das Video für Daft Punks Musikstück *Da Funk* einer klassischen Dramaturgie und inszeniert den Protogonisten Charles in Verwandtschaft zum Independent-Kino als Großstadt-Drifter, der keinen Platz in der Gesellschaft findet. Die Entfremdung von seiner Umwelt wird zudem durch den Umstand symbolisiert, dass Charles ein Mensch-Hund-Hybrid ist, was jedoch innerhalb der Erzählung niemand als befremdlich empfindet. Aufsehen erregt vielmehr sein Ghettoblaster, aus dem auch hier das das Video begründende Musikstück ertönt und somit gleichermaßen innerdiegetisch in die Handlung eingebettet ist. Hinter diese muss es auch einige Male zurücktreten, und zwar nicht nur, weil es so häufig wie in kaum einem anderen Clip von Dialogen dominiert wird. In einer Szene, die Charles und eine Bekannte in einem Supermarkt von außen durch eine Glasscheibe zeigt, ist die aus dem Innenraum erklingende Musik nur gedämpft zu hören. An dieser Stelle bricht Jonze noch weiter mit der üblichen Ton-Bild-Hierarchie des Musikvideos. Nicht nur durch die erzählungsbedingten innerdiegetischen Dialoge und Geräusche muss sich die Musik anpassen, auch der visuellen Perspektive auf das Geschehen hat sie sich unterzuordnen. Jonze verleiht dem ‚Minispielfilm' sogar einen eigenen Titel. So beginnt das Video mit der Einblendung „Daft Punk presents", der nicht wie zu erwarten der Songtitel folgt, sondern der Videotitel *Big City Nights*. Die hier gemeinte Großstadt ist nicht nur Handlungsort. Regelmäßige Einschübe von Zeitrafferaufnahmen des Großstadtverkehrs, die zugleich die Handlung in Episoden unterteilen, fokussieren sie als zentrales Sujet. Als eigenständiger Kurzfilm, der seine Funktion als Werbeträger weit hinter sich lässt, offeriert *Big City Nights* dabei hohes Reflexionspotential zu diesem Sujet. Die hier angelegten Referenzen schöpfen weniger aus der Popkultur, sondern verweisen auf kulturwissenschaftliche Theorien zur Großstadt als modernes Phänomen oder entsprechende Avantgarde-Filme wie *Der Mann mit der Kamera* (1929) von Dziga Vertov. Die Darstellung des Großstadtchaos, besonders in den pulsierenden Zeitrafferaufnahmen, lässt sich mit Walter Benjamins bekannter Choc-These[18] zum modernen Großstadtleben in Verbindung bringen. Die Interaktion zwischen Charles und den ihm gegenüber wenig interessierten Menschen, die er trifft, ist wiederum anschlussfähig an Georg

---

17 *Elektrobank* erzählt von einem Gymnastikwettbewerb, *Praise You* von einer Tanzaufführung. In ihrer Formelhaftigkeit verweisen beide Videos auf einen umfangreichen Bestand ähnlicher (Sport-)Filme (vgl. Keazor und Wübbena, S. 289).

18 Diese These, wonach der Mensch in den Großstädten durch Straßenverkehr und extreme Zunahme visueller Impulse einer permanenten Reizüberflutung ausgesetzt ist, entwickelte Benjamin vor allem in seinen Aufsätzen *Über einige Motive bei Baudelaire* und *Das Kunstwerk im Zeitalter seiner technischen Reproduzierbarkeit*.

Simmels *Die Großstädte und das Geistesleben*, einem weiteren kanonischen Text über die moderne Großstadt, der die Blasiertheit der Großstädter*innen[19] zum Thema hat.

Abb. 6: Zeitrafferaufnahmen fangen die Reizflut des Großstadtverkehrs ein, ähnlich... – Daft Punk: *Da Funk/Big City Nights* (1997), Videostill.

Abb. 7: ...wie dies bereits in Dziga Vertovs Film zu sehen ist. – *Der Mann mit der Kamera* (1929), Videostill.

19 Für den Soziologen Simmel, der den Aufsatz 1903 verfasste, ist es besonders die exponentielle Zunahme an menschlichen Interaktionen in der Großstadt, die zu einer Reizüberflutung führt. Blasiertheit bezeichnet in diesem Zusammenhang eine notwendigerweise entwickelte Abstumpfung der Menschen zueinander, da sonst die Interaktionsdichte nicht zu ertragen wäre.

Jonze bricht in den genannten Videos unterschiedlich deutlich mit Regeln des Musikvideos, die dazu dienen, den Werbeauftrag für Musikstück und Star abzusichern, indem er die Musik auf verschiedene Arten narrativen Komplexen zu- und unterordnet und das Video somit als eigenes, auf einen (filmisch konnotierten) Regisseur verweisendes Werk kennzeichnet. Die ursprüngliche Werbefunktion wird damit jedoch keineswegs unterminiert, schließlich profitiert auch die, wenn auch im Werk selbst etwas zurückgestellte, Musik von der Aufmerksamkeit des Videos.

5 Gondry und Jonze in den 2000er Jahren

Zusammen mit Chris Cunningham forcierten Jonze und Gondry die Etablierung des Musikvideo-Auteurs weiter, indem sie 2003 die DVD-Serie *Directors Label* ins Leben riefen und so die Idee eines Musikvideo-Künstler-Kanons verbreiteten. Diese Serie[20] enthält jeweils unter dem Titel *The Work Of Director* ... eine Kompilation von Videoclips und anderen Inhalten eines bestimmten Regisseurs, angefangen mit Jonze, Cunningham und Gondry selbst. Sind Musikvideo-DVDs an sich nicht ungewöhnlich, versammeln sie allerdings üblicherweise ausschließlich Videos bestimmter Interpret*innen oder Labels. Videoregisseur*innen[21] eine Kompilation zu widmen war neu. Die DVD erlaubt die Zusammenführung bisher verstreuter Einzelarbeiten an einem Ort, der die jeweiligen Videos als zu einem Werkkomplex zugehörig kennzeichnet und so dank des diskursiven Mechanismus des Namens von Autor*innen, wie Foucault ihn beschreibt, mit Bedeutung auflädt.[22] Ferner ist auch Bonusmaterial wie „Making of"-Berichte und Interviews enthalten, so dass das Potential der DVD als „Auteur Machine" (vgl. Grant 2008) zur vollen Geltung kommt. Entscheidend an der DVD für die Autor*innentheorie

20 Herausgegeben von Palm Pictures.

21 Dieser ersten Staffel folgen weitere Ausgaben zu Mark Romanek, Jonathan Glazer, Anton Corbijn, Stephane Sednaoui und Hammer & Tongs.

22 „[M]it einem solchen Namen kann man eine gewisse Zahl von Texten gruppieren, sie abgrenzen, einige ausschließen, sie anderen gegenüberstellen. Außerdem bewirkt er eine Inbezugsetzung der Texte zueinander. [...] Hat ein Diskurs einen Autornamen, kann man sagen, ‚das da ist von dem da geschrieben worden', oder ‚ein gewisser ist der Autor von ...', so besagt dies, daß dieser Diskurs nicht aus alltäglichen, gleichgültigen Worten besteht, nicht aus Worten, die vergehen, vorbeitreiben, vorüberziehen, nicht aus unmittelbar konsumierbaren Worten, sondern aus Worten, die in bestimmter Weise rezipiert werden und in einer gegebenen Kultur ein bestimmtes Statut erhalten müssen" (Foucault 2000, S. 210). Neben Musikvideos finden sich auch Kurzfilme und Werbeclips auf der DVD, die ebenso in den Werkkomplex miteingehen.

ist, dass sie als digitales Medium erlaubt, bisherige Haupttexte mit ihren Paratexten direkt miteinander zu verschränken.[23]

In den 2000er Jahren stellten Jonze und Gondry ihre Musikvideoarbeiten zugunsten ihres Wechsels ins Kino etwas zurück, wo sie sich als Auteurs des Smart Cinema[24] etablierten. Während Jonzes Spielfilme bei Kritiker*innen viel Anerkennung fanden, scheint seine Hochzeit als Clipregisseur mit den 1990er Jahren geendet zu haben. Die Aufmerksamkeit, die seine beschriebenen Strategien der Regelverstöße durch narrative Videos erzielen konnten, scheinen denn auch stark an das Musikfernsehen gebunden. In den 1990er Jahren hatten sich Sender wie MTV als Institution gefestigt, und das einst radikal neue Programm, das überwiegend aus Musikvideos bestand, wurde zu einer Normalität. Als die Verabschiedung von Linearität, Kohärenz und Bedeutung zum vorherrschenden Prinzip wurde, konnte das, was in anderen Kontexten ironischerweise als konventionell galt, plötzlich radikal wirken. Innerhalb des unaufhörlichen MTV-Flusses aus Inkohärenz, Kontingenz, Abstraktion und Oberflächeneffekten (vgl. Weibel 1987, S. 127) erscheinen Videos, die auf nicht allzu offen interpretierbare Formen im Sinne des narrativen Fernsehens und Films verweisen oder solche ansatzweise selbst darstellen, ungewöhnlich. Dies bezieht sich nicht nur auf die als Minispielfilm auftretenden Videos, sondern auch auf Clips wie *Sabotage* oder *Buddy Holly*, die die narrative Sinnstiftung vor allem über Verweise vornehmen und auf entsprechendes Vorwissen der Rezipient*innen als Kenner*innen der Serien setzen. Dass in diesen Clips gerade keine erzählerische Dichte erlangt wird, weil u. a. zwischen dem eigenen Text und referenzierten Texten Lücken bestehen bleiben, belässt den Videos einen enigmatischen Charakter. Dieser wiederum stellt „Kohärenz eher durch ein ‚emotionales Klima' […], also eher durch Momente von Gefühlstrukturen denn durch kognitive Aspekte" (Schenk 2004, S. 79) her.[25] Bezeichnenderweise findet sich unter Jonzes ab den 2000er Jahren entstandenen Clips auch kein einziger mehr, der mit den diskutierten narrativen Videos vergleichbar wäre. Auch Gondry konnte mit seinen in den 2000er Jahren produzierten Videos nicht mehr an die herausragenden Erfolge aus den 1990er Jahren anschließen.

---

23 Die Idealform eines Paratextes der DVD, der Regisseur*innen eine Selbstinszenierung als Auteur*in erlaubt, stellt der Audiokommentar dar, indem diese üblicherweise ihre Filme direkt während der Wiedergabe kommentieren.

24 So nennt Jeffrey Sconce eine bestimmte Sorte von Filmen, die konventionelles Hollywood- und Arthouse-Kino miteinander verschmelzen (Sconce 2002). Zur Verortung von Gondry und Jonze darin siehe Hill 2008.

25 Ein entsprechender Effekt wird auch durch die Verrätselung in *Big City Nights* durch den unthematisiert bleibenden hundeähnlichen Protagonisten erzielt.

Dass die Konkurrenz anspruchsvoller Videos im Internet so groß ist, dass von einem zweiten goldenen Zeitalter des Musikvideos die Rede ist (vgl. Strøm 2007), dürfte nicht zuletzt Jonze und Gondry[26] selbst geschuldet sein. So lässt sich mit den Worten von Saul Austerlitz zu dem Schluss kommen:

> Jonze and Gondry's restless spirit of innovation would be the inspiration for a cadre of up-and-coming filmmakers who would keep the spirit of the music video alive in the face of a culture no longer fascinated by the form. In that heroic effort, Jonze and Gondry helped lead the way to the contemporary re-emergence of the music video as product of the internet, virally weaving its way into inboxes and browsers worldwide after being unceremoniously booted from the television screens everywhere."
>
> (Austerlitz 2007, S. 182)

Medienverzeichnis

Abbildungen

Abb. 1: Videostill: Daft Punk. 1997. *Around the World*. Regie: Michel Gondry.

Abb. 2: Videostill: *The Works of Director Michel Gondry*. 2003. Regie: Michel Gondry. USA: Palm Pictures.

Abb. 3: Videostill: Metronomy. 2014. *Love Letters*. Regie: Michel Gondry.

Abb. 4: Videostill: *Being John Malkovich*. 1999. Regie: Spike Jonze. USA: Universal Pictures.

Abb. 5: Videostill: *The Works of Director Michel Gondry*. 2003. Regie: Michel Gondry. USA: Palm Pictures.

Abb. 6: Videostill: *The Works of Director Michel Gondry*. 2003. Regie: Michel Gondry. USA: Palm Pictures.

Abb. 7: Videostill: *Der Mann mit der Kamera*. 1929. Regie: Dziga Vertov. SUN.

Literatur

Austerlitz, Saul. 2007. *Money for Nothing: A History of the Music Video, from the Beatles to the White Stripes*. New York: Continuum.

Bódy, Veruschka. 1987. Eine kleine Cliptomathie. In *Clip, Klapp, Bum. Von der visuellen Musik zum Musikvideo*, hrsg. ders. und Peter Weibel, 12–16. Köln: DuMont-Buchverlag.

---

26 Gerade Gondry hat mit seiner komplexen Gestaltung unter einfallsreicher Verwendung einfacher Mittel während der Aufnahme einen Erfolgstrend für Internetvideos vorweggenommen (vgl. Vernallis 2013). Gerade die im Internet sehr erfolgreichen Oneshot-Videos der Band OK Go scheinen in ihren Strategien den Ideen von Gondrys nahe zu stehen.

Fleig, Michael. 2016. Bezüge zwischen den Musikvideos und Filmen von Michel Gondry. In *(Dis)Positionen Fernsehen & Film*, hrsg. Miriam Drewes, Valerie Kiendl, Lars Robert Krautschick, Madalina Rosca und Fabian Rudner, 80–87. Marburg: Schüren.

Foucault, Michel. 2000. Was ist ein Autor? In *Texte zur Theorie der Autorschaft*, hrsg. Fotis Jannidis, Gerhard Lauer, Matías Martínez und Simone Winko, 194–229. Stuttgart: Reclam.

Gabrielli, Giulia. 2010. The Analysis of the Relation between Music and Image. The Contribution of Michel Gondry. In *Rewind, Play, Fast Forward. The Past, Present and Future of the Music Video*, hrsg. Henry Keazor und Thorsten Wübbena, 89–99. Bielefeld: transcript Verlag.

Gehr, Herbert. 1993. The Gift of Sound & Vision. In *Sound & Vision – Musikvideo und Filmkunst*, hrsg. Herbert Gehr, 11–27. Frankfurt am Main: Deutsches Filmmuseum.

Grant, Catherine. 2008. Auteur Machines? Auteurism and the DVD. In *Film and Television after DVD*, hrsg. James Bennett und Tom Brown, 101–115. London: Routledge.

Hill, Derek. 2008. *Charlie Kaufman and Hollywood's Merry Band of Pranksters, Fabulists and Dreamers: an Excursion into the American New Wave.* Harpenden: Oldcastle Books.

Keazor, Henry und Thorsten Wübbena. 2011. *Video Thrills the Radio Star. Musikvideos: Geschichte, Themen, Analysen.* Bielefeld: transcript Verlag.

Korsgaard, Mathias Bonde. 2017. *Music Video after MTV. Audiovisual Studies, New Media, and Popular Music.* New York: Routledge.

Moritz, William. 1987. Der Traum von der Farbmusik. In *Clip, Klapp, Bum. Von der visuellen Musik zum Musikvideo*, hrsg. Veruschka Bódy und Peter Weibel, 17–51. Köln: DuMont-Buchverlag.

Neumann-Braun, Klaus und Axel Schmidt. 1999. McMusic. In *Viva MTV!. Popmusik im Fernsehen*, hrsg. Klaus Neumann-Braun, 7–42. Frankfurt a.M.: Suhrkamp.

Schenk, Irmbert. 2004. Zeit und Beschleunigung. Vom Film zum Videoclip? In *Zeitsprünge. Wie Filme Geschichten erzählen*, hrsg. Christine Rüffert, ders., Karl-Heinz Schmidt und Alfreys Tews, 73–86. Berlin: Bertz.

Schmidt, Axel, Klaus Neumann-Braun und Ulla Autenrieth. 2009. *Viva MTV! Reloaded. Musikfernsehen und Videoclips crossmedial.* Baden-Baden: Nomos.

Sconce, Jeffrey. 2002. Irony, nihilism and the new American 'smart' film. *Screen*, 43 (4): 349–369.

Simmel, Georg. 2007. Die Großstädte und das Geistesleben. In *Die Stadt*, hrsg. Gunter Runkel, 27–39. Hamburg: Lit.

Strøm, Gunnar. 2007. The Two Golden Ages of Animated Music Video. *Animation Studies* 2: 56–67.

Vernallis, Carol. 2004. *Experiencing Music Video. Aesthetics and Cultural Context.* New York: Columbia University Press.

Vernallis, Carol. 2013. *Unruly Media. YouTube, Music Video, and the New Digital Cinema.* New York: Oxford University Press.

Weibel, Peter. 1987. Von der visuellen Musik zum Musikvideo. In *Clip, Klapp, Bum. Von der visuellen Musik zum Musikvideo*, hrsg. Veruschka Bódy und ders., 53–162. Köln: DuMont-Buchverlag.

Musikvideos

Björk. 1993. *Human Behaviour.* Regie: Michel Gondry.

Björk. 1995. *It's Oh So Quiet.* Regie: Spike Jonze.
Daft Punk. 1997. *Around the World.* Regie: Michel Gondry.
Daft Punk. 1997. *Da Funk / Big City Nights*. Regie: Spike Jonze.
Fatboy Slim. 1999. *Praise You.* Regie: Spike Jonze.
Fatboy Slim. 2000. *Weapon of Choice*. Regie: Spike Jonze.
Metronomy. 2014. *Love Letters*. Regie: Michel Gondry.
The Chemical Brothers. 1997. *Elektrobank.* Regie: Spike Jonze.
The Chemical Brothers. 2002. *Star Guitar.* Regie: Michel Gondry.
The White Stripes. 2002. *Fell in Love with a Girl.* Regie: Michel Gondry.
Weezer. 1994. *Buddy Holly*. Regie: Spike Jonze.

Filme und Serien

Being John Malkovich. 1999. Regie: Spike Jonze. USA: Universal Pictures.
Der Mann mit der Kamera. 1929. Regie: Dziga Vertov. SUN. https://www.youtube.com/watch?v=yzxrSX79oz4. Zugegriffen am 14. September 2020.
Happy Days. 1974–1984. Idee: Garry Marshall. USA: ABC.
Kojak. 1973–1978. Idee: Abby Mann. USA: CBS.
Les Parapluies de Cherbourg. 1964. Regie: Jacques Demy. FRA: Roissy Films.

Teil IV: Neue Dispositive: Mediale Repräsentationen im aktuellen Musikvideo

Naomie Gramlich

Rich posing – queer (non)passing

Sichtbarsein und Reichwerden in afroamerikanischen Hip-Hop-Musikvideos an den Intersektionen von *race*, Klasse und Gender

Abstract: Der Beitrag beschäftigt sich aus einer intersektionalen Perspektive von *race*, Gender, Sexualität und Klasse mit der Inszenierung von Reichtum in Hip-Hop-Musikvideos von Schwarzen Künstler*innen. Vor dem Hintergrund anhaltender ökonomischer Ungleichheit für Afroamerikaner*innen wird das Zuschaustellen von materiellem Besitz als spannungsreiches Moment der Verhandlung von rassistischer Geschichte und gegenwärtiger Schwarzer Subjektivität begriffen. In dem Beitrag wird argumentiert, dass die Auffassungen von Reichtum und Eigentum zusammen mit Vorstellungen von hegemonialer Männlichkeit und *Weißsein* entstanden ist. Die für den Gangsta-Rap markante Ästhetik des „Bling-Bling" wird deswegen mit Konzepten von weiblicher Männlichkeit sowie von *Weißsein* als Besitz verknüpft und anhand von Musikvideos der Rapperin Young M.A untersucht.

Schlüsselwörter: Musikvideo, Hip-Hop, Bling-Bling, Young M.A, Critical Race, Female Masculinity, Queerness und Klasse

Die Inszenierung von Reichtum in Musikvideos prägt die Wahrnehmung von Hip-Hop-Kulturen. Wie Schwarze[1] Musiker*innen ihren durch Musik erlangten Reichtum thematisieren, veranschaulicht exemplarisch das Musikvideo *ApeShit* (2018) von The Carters. Der Clip erlangte großes Aufsehen, da Beyoncé und Jay-Z den Pariser Louvre als Drehort angemietet hatten, um dort „ihren Erfolg und ihren Reichtum zu zelebrieren" (Keazor und Anwar 2018), wie es Shanli Anwar in einem Gespräch mit dem Kunsthistoriker Henry Keazor nennt. Diese Aussage ist repräsentativ für eine Berichterstattung, die an das Celebrity-Paar die Frage richtet, ob es sich bei dem Video um eine „gnadenlose Selbstüberhöhung oder um den Gipfel von Black Empowerment" (Keazor und Anwar 2018) handelt. Neben

1 Um zu markieren, dass es sich bei den Begriffen „Schwarz", „Weiß" und „*race*" um keine biologischen Gegebenheiten, sondern um historische Konstruktionen handelt, werden die Groß- bzw. die Kursivschreibung verwendet. Bis auf den Gebrauch der männlichen Form bei historischen Begriffen wie „Kolonialisten" wird in der Regel das Gender-Sternchen verwendet.

https://doi.org/10.1515/9783110730623-010

der Kulisse sind es Verweise auf Mode- und Schmuck-Designer*innen wie Alexander Wang oder Patek Philippe und Liedzeilen wie „stack my money fast and go“, welche die eigene Ungläubigkeit, reich geworden zu sein („I can't believe we made it“), nach und nach aus dem Weg zu räumen scheinen. Eine mögliche Kritik an Rassismus wird, so Keazor, vom visuellen „Bling-Bling“, von „Posen“, vom „Zitieren“ und von der Zuschaustellung von Besitztümern überdeckt (vgl. Keazor und Anwar 2018). Das Hauptargument der Kritik lautet, dass eine Schwarze Elite ihre neue Existenz in einem visuellen Moment von Prunk einfriert, der sich selbst nur als Resultat von Ungleichheit und Ausbeutung aufrechterhalten kann.

Die Anmietung des Louvres durch die Carters zeigt jedoch noch etwas anderes: dass nämlich das Geld Schwarzer Menschen noch immer in postkoloniale, primär *weiße* Ökonomien fließt. Afroamerikaner*innen sowie die meisten heutigen Regierungen der ehemaliger Kolonien Europas erhalten umgekehrt keine Reparationsleistungen für jahrhundertelange Sklaverei, Entmenschlichung und Ausbeutung durch die USA (vgl. Coates 2014) bzw. durch große Kolonialmächte wie Deutschland (vgl. ECCHR 2019). In *ApeShit* wird durch die Zitation von Gemälden deutlich auf Kolonialgeschichte, transatlantischen Versklavungshandel und die Unsichtbarmachung afrikanischer Präsenz in Europa verwiesen (vgl. Bidisha 2018) – etwas, worauf Keazor und Anwar kaum eingehen. Den Louvre anzumieten und durch Schwarze Menschen zu bespielen, versinnbildlicht *ex negativo*, dass dieser Ort nie für sie als Kunstschaffende vorgesehen war. Vielmehr ist der Louvre selbst eine Manifestation des Reichtums Europas, der durch die kolonialen Akkumulationsprozesse von Menschen, Waren und Rohstoffen entstanden ist, die durch Landenteignung, Plantagenwirtschaft, Extraktivismus und die Zwangsarbeit von Millionen versklavter Menschen aus West- und Mittelafrika erwirtschaftetet wurden. Kolonialrassistische Gewalt und dessen anhaltende Folgen für afroamerikanische Menschen sind bis heute weder juristisch aufgearbeitet noch monetär entschädigt.

Die anhaltende Ungleichheit in postkolonialen und rassifizierenden Ökonomien soll der Ausgangspunkt dieses Beitrags über die Inszenierung von Reichtum in Hip-Hop-Kulturen sein. Es soll nicht darum gehen, die „zwiespältige Botschaft“ (Keazor und Anwar 2018) von Hip-Hop-Kulturen aufzulösen, um darin entweder eine politische Botschaft oder ein materielles Zuschaustellen von Reichtum zu erkennen. Wenn populäre Kulturen von „Widersprüche[n], Paradoxien und Heterogenitäten“ (Villa et al. 2012, S. 9) gekennzeichnet sind, sollen in diesem Beitrag ökonomische Paradoxien postkolonialer Ökonomien gerade anhand der spannungsreichen Zurschaustellung von Reichtum in Musikvideos afrodiasporischer Hip-Hop-Kulturen herausgearbeitet werden.[2] Heutige Auffassungen von Reichtum und Eigentum entstanden zusammen mit Vorstellungen von Männlichkeit und *Weißsein*, weswegen hier die Analyse aus einer intersektionalen Perspektive erfolgen wird, die das Gendering und die Rassifizierung von Reichtum mit berücksichtigt. Die Musikerin Young M.A vereint in ihrer Pop-Personae zentrale Spannungen dieser Intersektionen, weshalb ihre Musikvideos im zweiten Teil des Aufsatzes für das Thema beispielhaft analysiert werden.

Das Medium des Musikvideos verstehe ich hier als Möglichkeitsraum, in dem afrodiasporische Künstler*innen die Modalitäten hegemonialer (Un-)Sichtbarkeiten Schwarzer Subjekte in *weißen* Räumen ausprobieren und umschreiben. Damit folge ich einem Verständnis von Musikvideos in zeitgenössischen Hip-Hop-Kulturen, das Krista A. Thompson in ihrer Monographie *Shine. The Visual Economy of Light in African Diasporic Aesthetic Practice* (2015) erarbeitet hat. Thompsons Verständnis von Hip-Hop-Kulturen und insbesondere ihrer visuellen Ästhetik geht über Keazors Sichtweise hinaus, die stellvertretend für eine Reihe ähnlicher Vorwürfe von Materialismus, Individualismus, Narzissmus oder gar Nihilismus an die Adresse von Schwarzen Musiker*innen der Post-Soul-Ära steht (vgl. Gilroy 1991; West 1994). Im Gegenteil dazu versteht Thompson die für das Musikvideo zentralen Mittel des Posens, Zitierens und Zurschaustellens als Strategien, einen generativen Raum der Bild- und damit Subjekterzeugung zu besetzen, in dem trotz *weißer* Hegemonie der Effekt, gesehen zu werden und repräsentiert zu werden, dargestellt wird. Besonders in der Zurschaustellung glänzender, teurer Objekte in Hip-Hop-Musikvideos werden naturalisierte Ökonomien der (Un-)Sichtbarkeit verhandelt: „[E]xpressions of visuality in hip-hop place an emphasis on the moment of being made into a representation and its optical effects“ (Thompson 2015, S. 216).[3]

Um das generative Moment in der Zurschaustellung von Reichtum (*rich posing*) zu untersuchen, verknüpfe ich *posing* mit Fragen von *passing* bzw. *nonpassing*. *Passing* meint die (scheinbare) Übereinstimmung mit hegemonialen – also *weißen*, heteronormativen, cis-geschlechtlichen, ableistischen, klassistischen –

2 Diese Art der Kritik, die Spannung und Differenzen auszuhalten, basiert auf Donna Haraways feministischem Verständnis von kritischem Denken, das sowohl über das oppositionell-binäre Modell von Kritik als auch über deren dialektisches Verständnis hinausgeht (vgl. Haraway 1995 und auch Thiele 2020).

3 Musikvideos können medienhistorisch auch als Formate verstanden werden, in und mit denen sich Hip-Hop-Kulturen von Vinyl und Radio zu einer globalen Revolution entwickeln konnten. In den späten 1980er Jahren veränderte das Musikvideo die Art und Weise, wie Hip-Hop verbreitet und produziert wurde, radikal (vgl. Watkins 2006).

Strukturen und kann auch als situative Überlebensstrategie von Schwarzen Menschen und People of Color und/oder LGBTIQ+-Personen verstanden werden. Mit *Posing* referiere ich hier auf ein performatives Overacting, eine Hypervisualität und das Ausstellen der Markiertheit.[4] Die Figuren des *passing* und *posing* setzen sich dynamisch in Beziehung zur angenommenen Natürlichkeit hegemonialer Strukturen und fordern deren Sichtbarmachung heraus. *Passing* und *posing* schließen sich nicht zwangsläufig gegenseitig aus, sondern reagieren kontextabhängig auf unterschiedlich hegemonial strukturierte Räume. Musikvideos werden hier nicht in Gänze, sondern anhand einzelner visueller, medial-ästhetischer Performances des *posing* von Reichsein und *(non)passing* mit Gender- und Begehrensnormen unter Zuhilfenahme von Liedtexten analysiert. Bevor ich Reichsein aus einer intersektionalen Perspektive am Beispiel von Young M.As Musikvideos diskutiere, beginne ich mit zwei für Hip-Hop-Kulturen zentralen Momenten im Kontext von *race*, Gender und Klasse.

1 Feministisches *getting rich*

Insbesondere in der Geschichte der USA und der Karibik wurde die Existenz Schwarzer Menschen an die Ökonomie von Versklavung und Plantagenarbeit gekoppelt. Dies ist einer der Gründe dafür, dass Schwarzsein und Armsein bis heute in einem engen Zusammenhang steht (vgl. Oliver und Shapiro 1995). „Blacks were never meant to survive" (Lorde 1978, S. 31), schreibt Audre Lorde. Dass heute zum Alltag Schwarzer Menschen ihr nacktes Überleben gegen die rassistische Gewalt gehört, zeigen die Proteste der Bewegung *Black Lives Matter* in aller Deutlichkeit, die nach der Ermordung von Breonna Taylor, George Floyd und Ahmaud Arbery im Jahr 2020 eine globale Dimension angenommen haben. Schwarze Menschen sind konfrontiert mit der Situation, dass sie in der heutigen ökonomischen Ordnung keinen eigenständigen Platz sozialer Mobilität beanspruchen können. Millionen von Menschen sind nach wie vor auf einen (Nicht-) Ort von Armut und unterbezahlter Arbeitskraft strukturell verwiesen,[5] der nur mit äußerster Anstrengung einzelner Individuen verlassen werden kann. Beispielhaft steht dafür der von Angela Davis geprägte Ausdruck „Prison Industrial Com-

4 Für eine ähnliche Lesart des Begriffspaares siehe Williams 2001.

5 Zum historischen Zusammenhang von Sklaverei und der Entwicklung unterbezahlter Arbeiter*innen of Color in kapitalistischen Ökonomien siehe Lowe 2015.

plex", der das ökonomisch-juristisch vernetzte, rassistische System meint, welches hinter der Statistik steht, dass viermal so viele Schwarze Männer als *Weiße* in den USA inhaftiert sind, um für Großunternehmen zu geringen Löhnen zu arbeiten, als dass sie Colleges und Universitäten besuchen (vgl. Davis 1998). Wenn für Schwarze Menschen niemals vorgesehen war, zu überleben, wie Lorde schreibt, dann gilt heute, dass für sie nicht vorgesehen ist, auf institutionalisierten Wegen Wohlstand zu erlangen. Reichwerden durch Hip-Hop gilt deswegen als eine der wenigen Möglichkeiten, nicht durch Bandenkriminalität zu sterben oder inhaftiert zu werden (vgl. Crossley 2005, S. 504). „It was either get rich or die, I had to choose." (Young M.A, „Bleed") In dieser Hinsicht hat sich für die in Brooklyn geborene Rapperin Young M.A seit 50 Cents tonangebenden Album *Get Rich Or Die Tryin'* von 2003 nichts verändert.

In ihrem gemeinsamen Lied „Tempo" (2019) spornen sich Lizzo und Missy Elliott gegenseitig an: „Thick girl (Thick girl), split (Split) / Get a bag (Get a bag), *get rich (Get rich)* / Hair done (Hair done), fixed (Fixed) / If you see a hater, tell him quit (Stop)." In diesem Song spielt Reichtum in Verbindung mit Schwarzer, weiblicher Selbstermächtigung eine zentrale Rolle. Die im Video gezeigten Attribute – teure Autos, Pelzmäntel, glänzende Paillettenkleidung und Diamantenketten – unterstreichen die *Get-rich*-Aufforderung an Schwarze, weibliche Communities, es den Sängerinnen gleich zu tun und den ihnen körperpolitisch und ökonomisch zugewiesenen (Nicht-)Ort zu verlassen und zu unterwandern.[6] Im Video symbolisiert Reichwerden den *Rite de Passage* im Moment des Verlassens des hegemonial strukturierten Raums, der dicke, Schwarze Frauen durch die Dominanz *weißer* Schönheitsnormen entweder unsichtbar macht oder mit abwertenden Vorstellungen von Armut und Ungebildetheit belegt. Diese Zusammenführung von Reichwerden und Schwarzer, feministischer Körperpolitik legt nahe, die spezifische Verbindung von monetären Ressourcen nicht nur mit *race* und Klasse, sondern auch um Fragen von Gender und Sexualitäten zu erweitern.

Wurde in zahlreichen Studien eine konzeptionelle und ökonomische Feminisierung von Armut erarbeitet (vgl. z.B. Sellach 2008), wirkt der Zusammenhang von Armut und Gender umso stärker für weibliche, trans*, lesbische, queere Menschen of Color (vgl. Taylor 2017, S. 25). Die Arbeiten von Lizzo und Missy Elliott

---

6 Der Zusammenhang von Hip-Hop und ökonomischem Aufstieg kann dabei nicht zwangsläufig als selbstbestimmt gelten: Kulturelle Aneignung sowie die Exotisierung und Sexualisierung Schwarzer (weiblicher) Körper dient(e) nicht nur der Unterhaltung eines *weißen* Publikums und zur Stabilisierung *weißer* Überlegenheit, sondern auch der finanziellen Ausbeutung, Kapitalisierung und Kommodifizierung der Kultur und Körper von Schwarzen Menschen und People of Color (vgl. Relates 2015; hooks 1994).

lassen sich in ihren Aufrufen zum Reichwerden als Erinnerung an die Geschichte und Gegenwart der rassistischen, ökonomischen Unmöglichkeiten für Schwarze Menschen, insbesondere für Frauen, betrachten.[7] Ihr Reichsein ist nicht in der hegemonialen, *weißen* Ökonomie angelegt, weswegen letztendlich eine Kritik an einem vermeintlich inszenatorischen Materialismus die *weiße* Position wiederholt, die blind für die komplexen intersektionalen Eigenheiten von Vergeschlechtlichung, Rassifizierung und Klassismus ist. Vielmehr kann vor dem Hintergrund des Zusammenhangs von Weiblichkeit mit Armut gefragt werden, inwiefern bestimmte Inszenierungen von Reichwerden Potential haben, auch ein hegemoniales Bild von Weiblichkeit zu verändern.[8] Ich werde im zweiten Teil des Textes auf diese Frage zurückkommen.

2 „Gotta have a rich nigga ID (Gotta have what?)“

Um die Strukturen der rassistischen, ökonomischen Unmöglichkeiten für Schwarze Menschen (in den USA) aufzuzeigen, stelle ich im Folgenden exemplarisch eine Koppelung von *Weißsein* mit Reichtums-, Eigentums- und Freiheitsvorstellungen vor. Cheryl I. Harris hat in ihrer einschlägigen, rechtswissenschaftlichen Studie *Whiteness as Property* (1993) untersucht, wie sich *Weißsein* von einer partikularen Identität zu einer als universell angenommenen Form von Eigentum entwickelt hat. Die Verbindung von *Weißsein* und Eigentumsrecht fand historisch erstmalig in der US-amerikanischen Verfassung Anerkennung und wird bis heute geschützt. Die rechtliche Grundlage, Eigentum zuzusprechen, wurde in dem rechtlichen Gründungsdokument der USA zum einen über den Besitz von Land der *first nations* geschaffen und zum anderen über den Besitz afrikanischer bzw. afrodiasporischer, versklavter Menschen. Diese Besitzverhältnisse standen nur *Weißen* – vorwiegend Männern – zu, was ihre *race* und ihr Gender zu einer universellen, scheinbaren Norm werden ließ. Eigentumsrecht und *Weißsein* operieren gleichermaßen anhand der Verfügungsmacht, indigene und Schwarze Menschen von ihrem Recht auf Menschlichkeit auszuschließen und davon, sich fremdes Land anzueignen (vgl. Harris 1993, S. 1714). *Weißsein* als Grundlage für

7 Reichtum in Verbindung mit männlichen Attribuierungen finden sich beispielsweise in Rihannas Video *Pour it up* (2012) und Cardi Bs *Money* (2018).

8 Insbesondere die Tradition afrofeministischer Autorinnen und Aktivistinnen versteht Identität als komplexes Konzept, das stets durch Intersektionen aus rassifizierenden, vergeschlechtlichten, heteronormativen und die Klasse betreffenden Ebenen gebildet wird, wobei Fragen um den eigenen ökonomischen Platz eine zentrale Rolle spielen (vgl. Taylor 2017, S. 25).

Besitz und damit als rechtlicher Inbegriff von Bürger*innen wurde darüber hinaus nicht nur an das Recht gebunden, Land und Menschen zu besitzen, sondern auch zur alleinigen Sicherheit, selbst nicht versklavt zu werden: „Whiteness was the characteristic, the attribute, the property of free human beings“ (ebd., S. 1721). Schwarzen Menschen wurde im Gegenzug das Recht auf ihr Selbst abgesprochen, z.B. das Recht auf Reisen, Besitz oder Versammlungen; sie wurden ferner zum Gegenstand des Eigentums gemacht, wie Harris schreibt: „The hyperexploitation of Black labor was accomplished by treating Black people themselves as objects of property“ (ebd., S. 1716). In der juristischen Genealogie des Besitz- und Eigentumsrechts wurde *Weißsein* zum Inbegriff des wertvollen Guts der Menschenrechte, das erst ausschließlich und dann insbesondere *Weiße* schützte. *Weißsein* bildet bis heute die Grundlage für die Zuweisung von gesellschaftlichen Vorteilen privater und öffentlicher Art. Schlüsselprivilegien der Weißen sind dabei immer noch der Zugang zu Wohlstand sowie die Möglichkeit zu dessen Akkumulation und die Vererbung von Reichtum über Generationen hinweg (vgl. Oliver und Shapiro 1995, S. 233).

Dass die Übernahme von *weißer* Identität und damit des vermeintlich universellen Rechts auf Besitz, also ein *white passing*, für Schwarze Menschen keine Möglichkeit darstellt, thematisiert z.B. Jay-Z in *The Story of O. J.* (2017). Das Video stellt mittels rassistischer Karikaturen die Ausbeutung von Afroamerikaner*innen, insbesondere in der Unterhaltungsindustrie, zur Schau. Der Liedtitel bezieht sich auf den Football-Star und Schauspieler O. J. Simpson, der sich im Laufe eines Gerichtsverfahrens, das wegen Rassismusvorwürfen für Aufsehen sorgte, mit dem folgendem Satz zu verteidigen suchte: „Im not black, I'm O.J.“ Dieser Aussage liegt die Idee zugrunde, mittels Reichtums und Bekanntheit *race* „überwinden“ zu können. Dass in Hip-Hop-Kulturen dieser Gedanke, „creating a lifestyle that transcends race and ethnicity“ (Watson 2016, S. 179), immer wieder anzutreffen ist, spiegelt sich auch in Jay-Zs Liedzeile „financial freedom my only hope“ wider. Allerdings gibt er sich auch im Refrain selbst die Antwort, dass trotz Reichtum keine Transzendierung der Rassismuserfahrung möglich ist: „Light nigga, dark nigga, faux nigga, real nigga / Rich nigga, poor nigga, house nigga, field nigga / Still nigga, still nigga.“

Dass der Bürger*innen-Status und damit das Erreichen von (formellem) *Weißsein* über Besitz bzw. Konsum geregelt werden können – was etwa auch Young M.A anspricht, wenn sie rappt „Gotta have a rich nigga ID (Gotta have what?)“ (*RNID*) –, hat eine lange Geschichte, in der sich Eigentumsrecht, Ökonomie und Rassismus auf komplexe Weise verbinden. In Jamaika ermutigten britische Gesetzgeber befreite Sklav*innen, materiellen Besitz anzustreben, in der

Hoffnung, dass dieses Streben nach Gütern sie zu produktiven und disziplinierten Arbeiter*innen machen würde. Einige Kolonialisten unterstützten abolitionistische Forderungen dagegen nur, um die Anzahl der möglichen Verbraucher*innen zu erhöhen. Schon während der Sklaverei gab es deswegen rechtliche Grundlagen, mit deren Hilfe argumentiert werden konnte, sich Freiheit und damit *Weißsein* zu erkaufen. Paul Gilroy betont: „[T]here is evidence to suggest that, at times, forms of conspicuous consumption contributed to the strategies that the minority pursued in order to win and to compel recognition as human beings, as fellow citizens." (Gilroy 2010, S. 34)

Weißsein als Besitz vererbt der Gegenwart eine schwere Bürde. „It is a ghost that has haunted the political and legal domains" (Harris 1993, S. 1791), schreibt Harris. Der „Geist", der die ökonomisch-rechtliche Privilegierung als *Weißsein* konzipiert, zeigt sich bis heute im bürgerlichen Sprechverbot, die kolonialrassistische Herkunft *weißer*, ökonomischer Privilegien nicht auszuformulieren: dem Nichtsprechen und damit dem Nichterkennen des erleichterten Zugangs zu Ressourcen für *Weiße*, also der strukturell vereinfachten Möglichkeit für *Weiße*, reich oder (institutionell) gebildet zu sein. In diesem gesetzlich und politisch etablierten System von *Weißsein* liegt Geld qua Geburt, sozialer Herkunft und *race* wie ein Vermögen griffbereit, mit dem agiert, die Welt gestaltet und angeeignet werden kann.

Da Reichtum, Macht und Besitzverhältnisse nicht nur als Marker von *Weißsein* gelten, sondern auch mit Vorstellungen von Männlichkeit korrelieren (vgl. Halberstam 1998, S. 2), möchte ich in den beiden folgenden Teilen das *white (non)passing* mit Fragen von Geschlechter- und Begehrensordnungen erweitern, um dies schließlich anhand der für Hip-Hop-Kulturen zentralen Ästhetik des „Bling-Bling" zu diskutieren. Wenn *race* einerseits über historisch gewachsene Ebenen des Besitzes und Reichtums bzw. deren Ausschluss verstanden werden muss und andererseits die Verwertungslogik, Hypererotisierung und Hyperfeminisierung insbesondere Schwarzer Frauen selbst Bestandteile von Hip-Hop-Kulturen sind, interessiert mich im Folgenden, wie die Künstlerin Young M.A in ihren Musikvideos derartige Spannungsverhältnisse verhandelt.

3 Kween's (non)passing

It is a peculiar sensation, this double consciousness, this sense of always looking at one's self through the eyes of others, of measuring one's should by the tape of a world that looks on in amused contempt and pity. One ever feels this twoness – an American, a Negro, two

> sounds, two thoughts, two unreconciled strivings; two warring ideals in one dark body, whose dogged strength alone keeps it from being torn asunder.
>
> (DuBois 1961, S. 16f.)

Diese Zeilen von W. E. B. Du Bois zum Konzept des doppelten Bewusstseins Schwarzer Menschen zitiert Leslie Feinberg in ihrem Roman *Stone Butch Blues* (1993), das von lesbischen Arbeiterinnen im Buffalo der 1970er Jahre und deren Gewalt- und Diskriminierungserfahrungen handelt.[9] Edwin, eine Schwarze *masculine of center*-Person, übergibt der befreundeten Protagonist*in das Buch *The Souls of Black Folk* (1903) von Du Bois, in welchem Edwin die oben zitierte Stelle markiert hat, mit folgenden Worten: „That's how I feel. I couldn't say it any better" (Feinberg 1993, S. 263). Die im Buch geschilderte Gewalt, der die mit hegemonialen Vorstellungen von Weiblichkeit und Heterosexualität nicht kompatiblen Frauen ausgesetzt sind, scheint die Du Bois'sche „twoness", das doppelte Bewusstsein Schwarzer Menschen, um eine dritte Ebene zu erweitern: Edwin ist als Schwarze, queere/lesbische Person und Butch einer „triple minority" (Lane-Steele 2011, S. 481) ausgesetzt. Dies ist auch der Grund dafür, weswegen sie sich zwischen zwei Communities – der mehrheitlich *weißen* LGBTIQ+-Community und der mehrheitlich heterosexuellen afroamerikanischen Community – bewegt und in keiner ein vollständiges *passing* vollzieht. Das doppelte bzw. das dreifache Bewusstsein, das durch die Intersektion von *race*, Gender und Sexualität in einer *weißen* Mehrheitsgesellschaft erfahren wird, scheint sich in der Pop-Personae von Young M.A zuzuspitzen. Gleichzeitig erfährt es eine Erweiterung, weil M.A im Unterschied zu den Protagonist*innen in *Stone Butch Blues* den Ort ihrer strukturellen Armut zwar verlässt, aber dennoch im Zwischenort der Klassen bleibt.

Seit 2016 ist Young M.A in der Hip-Hop-Kultur des Gangsta-Rap die sichtbarste queere/lesbische Rapperin, die aus armen Verhältnissen stammt und durch ihre Musik mittlerweile mehrfache Millionärin ist.[10] Ihr Reichwerden durch Gangsta-Rap trotz ihrer Sexualität wirft Fragen nach ihrer Überlebensstrategie des *passing* in hegemonial strukturierten Räumen wie der tendenziell frauenfeindlichen, cis-männlich dominierten, homo- und transfeindlichen Hip-Hop-Szene auf, in der sie sich bewegt.

9 Das folgende Teilkapitel erscheint in veränderter Version auch in Gramlich 2021.

10 Wenn es auch andere Rapper*innen des LGBTIQ+-Spektrums gibt, wie etwa Tim'm West, Mykki Blanco, Angel Haze, Temper und Siya, ist bislang niemand finanziell so erfolgreich und medial präsent gewesen wie Young M.A.

M.As Identität als maskulin präsentierende Lesbe (MPL)[11] lässt bei Kritiker*innen, Journalist*innen und Fans immer wieder die Frage aufkommen, welchem Geschlecht sie sich zuordnet (vgl. Quora 2019). Auch wenn M.A sich in Interviews und Liedtexten eindeutig als weiblich identifiziert – „Me a she, nigga, accept it I'm here." (*Eat*) –, sind ihre als männlich attribuierten Eigenschaften – Sprechen über Sex,[12] tiefe Stimme, „Männer"-Kleidung – immer wieder Auslöser für die Verwirrung von Geschlechternormen und für heterosexistische und homosexuellenfeindliche Gewalt innerhalb der Gangsta-Rap-Szene.[13] M.As Selbstbezeichnung im prahlerischen Rap-Stil des Braggadocio als König*in, als *Kween* – ein Kofferwort aus *king* und *queen* – unterläuft die gewaltvolle Zuweisung auf den Ort der Kommodifizierung, der für Rapperinnen vorgesehen ist, indem sie als *Kween* sowohl die weibliche als auch die männliche Zuordnung beansprucht (vgl. Hollywood Unlocked 2019, 10:49). Die*der *Kween* kann als M.As queere Spielart einer geschlechtlichen Fluidität verstanden werden.[14] Wie die Theoretiker*innen Jack Halberstam, Adreana Clay und Mingnon Moore herausgearbeitet haben, ist Männlichkeit keine Eigenschaft, die an vergeschlechtlichte Körper gebunden ist; vielmehr bewegen sich männliche Attribuierungen zwischen allen Geschlechtern (vgl. Halberstam 1998; Moore 2006; Clay 2007). Insbesondere die

---

11 Isoke schlägt „MPL" als Analysebegriff vor, um zu vermeiden, die betreffenden Personen mit nicht selbst gewählten Bezeichnungen wie „Butch", „Dyke" oder „Stud" zu belegen (vgl. Isoke 2017, S. 24).

12 In beinah allen Texten betont M.A ihr lesbisches Begehren sowohl als Begehrende als auch Begehrte: „Girl you got me open Wetter than an ocean" (Young M.A *Girlfriend*) oder „I make the pussy wet, she need a mop-iana, (Ooh)." (Young M.A *Thotiana*).

13 Für einen besonders gewaltvollen Fall von Heterosexismus, in dem durch eine Vergewaltigung Young M.As Weiblichkeit „wiedergeherstellt" werden soll, siehe Strauss 2019. In einem frühen Lied thematisiert Young M.A sexualisierte Gewalt: „A lot of niggas hate me / Cause they bitch either want to date me or rape me / In between my legs is where your bitch face be" (Young M.A *Pain*).

14 Wenn Queerness nicht gleichbedeutend mit homosexuellem Begehren ist, sondern für eine Abgrenzung zu heteronormativen Formationen steht, in der Identität kontinuierlich neu und mit Brüchen arrangiert wird (vgl. El-Tayeb 2015, S. 53), scheint sich Queerness vordergründig gegen das Konzept von „Realness" und Authentizität zu stellen. Letzteres wird von Young M.A bereits in ihrem Namen aufgerufen, in dem M.A für „Me Always" steht – eine einfache Umschreibung von „MA", ihrem sie feminisierenden Spitznamen aus Jugendjahren. Während Audre Lorde ihr multiples Sein als „Bindestrich-Identität" als Lesbe, Künstlerin, Mutter, Afroamerikanerin und Aktivistin verstanden hat, geht M.A in die gegenteilige Richtung. Ihr Queering der Hip-Hop-Kultur beschreibt sie selbst so: „So, I'm a whole different type of an artist. I'm not even no average artist. I'm literally in a whole laines of layers. Who I am ... and ... and ... my sexuality. It's like ... I bring a whole other category to the game. They got I'm dope. I'm able to balance that, and I never forefronted that" (Young M.A 2020).

Übertragbarkeit von Männlichkeit in Hip-Hop-Kulturen auf weibliche Personen zeigt die Brüchigkeit der Annahme, dass Männlichkeit exklusiv für cis Männer gilt. Wie Saidah K. Isoke in ihrem Buch über *Black Female Masculinity* schreibt, ermöglicht Hip-Hop durch von ihm angesprochene Themen wie Begehren und Klassenerfahrung ein offenes Konzept von Männlichkeit: „In hip-hop culture, desire and classed understandings of Black gender expressions makes both Black men and women legible as masculine. However, Black women, and specifically MPLs may experience a vetting process that grants them the ability to read as masculine" (Isoke 2017, S. 25; vgl. auch Halberstam 1988, S. 91). Isoke argumentiert weiter, dass Young M.A in ihren Songs und Videos Widerstands- und Überlebensstrategien dies- und jenseits der Hip-Hop-Kultur anwendet, um darin trotz der ihr entgegengebrachten Feindlichkeit einen Platz zu besetzen. In Hip-Hop-Kulturen und besonders im Gangsta-Rap spielt Geld dabei eine wichtige Rolle, um sich Respekt vor anderen Rapper(*innen) zu verschaffen (vgl. Watson 2016, S. 189f.).

In dem Video *Ooouuu* (2016) zu ihrem ersten erfolgreichen und gleichnamigen Song dient Geld Young M.A jedoch nicht nur zum Ausstellen ihres Reichtums, sondern es wird in Form von Dollarscheinen performativ zum Einsatz gebracht, um die „haters" und deren gewaltvolle Zuschreibungen, Kommentare und Blicke, die ein zwei- bzw. dreifaches Bewusstsein zur Folge haben, loszuwerden. In einer Szene, die als *frozen moment* zeitlich gedehnt und auf diese Weise betont wird, zeigt sie die obere und untere Zahnreihe ihrer goldenen Grills (vgl. Abb. 1). „These haters on my body, shake 'em off (I shake 'em off)" (Young M.A „Ooouuu"), rappt sie mehrere Male im Outro des Songs und vollführt wiederholt Gesten, als würde sie sich ihre „haters" lästigem Ungeziefer gleich vom Körper wischen. In der folgenden Szene wiederholt sie die Bewegung, wobei sie sich den Blicken und Kommentaren der „haters" mit Dollarscheinen zu entledigen scheint, indem sie imitiert, sich damit das Gesicht und den Oberkörper abzuwischen: „I could never lose, what you thought?" (Young M.A „Ooouuu"), endet sie schließlich (vgl. Abb. 2). Geldscheine und Grills fungieren als Medien der Protektion und der Reinigung. Sie stehen damit im Zeichen eines Freiheits- oder Heilungsversprechen, das immer wieder Gegenstand von Hip-Hop ist und bei M.A im Kontext struktureller Mehrfachdiskriminierung einen besonderen Gebrauch findet.

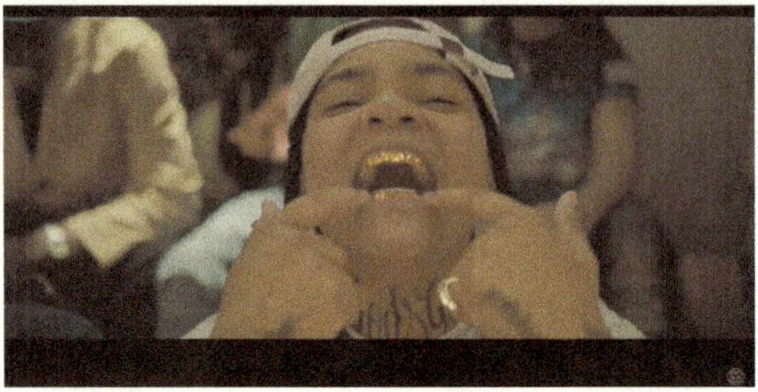

Abb. 1: Young M.A: *Ooouuu* (2016), Videostill.

Abb. 2: Young M.A: *Ooouuu* (2016), Videostill.

Denn es geht bei M.A nicht darum, einen bereits vorhandenen Platz zu besetzen: Als sichtbare queere Künstlerin war sie in der Hip-Hop-Kultur genauso wenig vorgesehen wie Schwarze Menschen im ökonomischen System diesseits der unterbezahlten und prekär beschäftigten Arbeiter*innen. „Like I ain't a part of this shit / Like I ain't go hard for this shit / Like I ain't the god of this shit. Like this world ain't got drug addicts and alcoholics / Rapists, robbers, dealers, murder, extortion / Like me being gay is so fucking important." (Young M.A „Kween") Indem sie einen Platz in der Hip-Hop-Kultur reklamiert, den sie als *Kween* queer besetzt,[15] bietet sie sowohl eine hegemoniale wie anti-hegemoniale Lesart ihrer Identität an, da sie außerhalb und innerhalb von Machtstrukturen arbeitet. Isoke schreibt: „[H]er body and willingness to always assert her gender and sexuality

15 „Kween" ist auch ein von schwulen Männern verwendeter Ausdruck für „Queen".

disrupts the space and breaks open the monopoly that cis-het men have on desire in hip-hop" (Isoke 2017, S. 32). Als *Kween* und als MPL stellt sie Heterosexualität und cis Männlichkeit als Norm des Gangsta-Rap in Frage: „Grown men hating on me / Bitch niggas in they feelings / Y'all niggas got a clitoris / Niggas must be on they period / Niggas must be bi-curious." (Young M.A „Body Bag") Auf hegemoniale Vorstellungen von Männlichkeit geht M.A in ironischer Weise ein, wenn sie rappt, dass ihre Sexualität „just make them look less of a man, fam" (Young M.A „Eat"), oder wenn sie auf den an ihre Adresse gerichteten Hass mit Zeilen wie dieser reagiert: „Why you mad man? Somebody give that man a hug" (Young M.A „Kween").

Race, Klasse und Gender an dieser Stelle intersektional zu perspektivieren, heißt deshalb auch, nach der spezifischen Art von Männlichkeit zu fragen, die *masculine of center*-Personen im Hip-Hop aufgreifen. Mignon R. Moore schreibt dazu: „When transgressive lesbian's appropriate certain representations of masculinity owned by black and Latino men, they portray images that are raced, classed, and associated with violence and menace" (Moore 2006, S. 132). Werden Attribute der Männlichkeit M.As – Geld, Autos, direktes sexuelles Begehren, Alkohol, Grills und Waffen, aber auch Authentizität, Selbstbewusstsein, Bestimmtheit, Stärke sowie Souveränität über den eigenen Körper – als Strategien des Überlebens und nicht der Überlegenheit verstanden, werden die Spezifik und Vulnerabilität Schwarzer Männlichkeit sichtbar. Bereits 1952 schrieb Frantz Fanon: „At risk of arousing the resentment of my colored brothers, I will say that the black is not a man" (Fanon 1967, S. 1). Heute wird die Debatte weitergeführt, dass Schwarze Männer aufgrund der Geschichte der Sklaverei und von anhaltendem Rassismus nicht dem hegemonialen männlichen Geschlecht zugeordnet werden können (vgl. z.B. Curry 2017). Als „Anderes" zum *weißen* Mann profitierten Schwarze Männer nicht von sozialen, ökonomischen, rechtlichen und politischen Privilegien. Auch wenn Schwarze Männlichkeit Sexismus, Misogynie, Transgender- und Homosexuellendiskriminierung nicht ausschließt – und auch M.A die Objektivierung von Frauen vorgeworfen wird[16] –, kann mit Laura Lane-Steele festgestellt werden, dass Schwarze MPL keine hegemonialen *weißen* Männlichkeitsbilder, sondern dagegen protestierende Formen von Männlichkeit

16 Young M.A wird die Übernahme toxischer Männlichkeit vorgeworden (vgl. Master 2016). Isoke bezieht sich in ihrer Lesart von Young M.A auf Andreana Clay, die der Aufführung von Männlichkeit durch MPL gespalten gegenübersteht: „Moreover, the expression of sexual desire between two queer women of color is rare, if at all existent, in popular culture. In these all female, queer club spaces, the decoding of black male masculinity is exciting, normalized and even ‚safe'" (Clay 2007, S. 157. Zitiert nach Isokee 2017, S. 25).

für den Entwurf ihrer Identität nutzen (vgl. Lane-Steele 2011, S. 484). Dabei ist es zentral, dass Young M.A die bestehenden Unterschiede zwischen ihr und der überwiegend heterosexuellen, männlichen Community markiert und gleichermaßen aufhebt, wenn sie rappt: „[W]e different, but we equal" (Young M.A „The Lyfestyle"). Diese Betonung von Gleichheit trotz Differenz ist die Verweigerung eines Separatismus, der sich auf Identitätskategorien wie weiblich, lesbisch oder LGBTIQ+ bezieht. M.A lehnt es ab, als weibliche Künstlerin oder als queere, homosexuelle oder lesbische Künstlerin bezeichnet zu werden, nicht weil sie es nicht ist, sondern weil sie die damit implizite Trennung von heterosexuellen Menschen und auch von cis Männern verneint. In einem Interview sagt sie: „Female rappers are the only one who seems to be in a box. You never say ‚male rappers' [...]. And the gay rapper thing. Why do you even make a distinction? [...]. We don't want to be separated" (Hollywood Unlocked 2019, Min. 11:40).[17] Deutlich wird hier, dass die Betonung weiblicher oder/und lesbischer Identität für Young M.A den problematischen Effekt hat, andere Erfahrungen, die primär mit *race* und Klasse und nicht mit marginalisierter Sexualität in Verbindung stehen, zu negieren. Rassifizierung und Klasse, schreibt auch El-Tayeb, spielen für queere Personen of Color hinsichtlich des Zugangs zum öffentlichen Raum eine wichtigere Rolle als Sexualität (vgl. El-Tayeb 2015, S. 250). Diese Argumentation ist insbesondere für Schwarze lesbische Feministinnen zentral, wie bereits das Combahee River Collective beschrieben hat, die ihre Politik in den 1970er Jahren gegen einen für *race* und Klasse blinden *weißen* Feminismus positionierten:

> [W]e reject the stance of lesbian separatism because it is not a viable political analysis or strategy for us. It leaves out far too much and far too many people, particularly Black men, women, and children. [...] As Black women we find any type of biological determinism a particularly dangerous and reactionary basis upon which to build a politic. We must also question whether lesbian separatism is an adequate and progressive political analysis and strategy, even for those who practice it, since it so completely denies any but the sexual sources of women's oppression, negating the facts of class and race.
>
> (Taylor 2017, S. 21)

Vor diesem Hintergrund können bei M.A in unterschiedlichen Spielarten sowohl ein *passing* als auch ein *non-passing* von Männlichkeit, Weiblichkeit und Queerness erkannt werden. Sie beansprucht einen Raum innerhalb des Gangsta-Raps,

17 Inwiefern die binäre und heteronormative Trennung wiederholt werden muss, um benannt und damit erst kritisiert werden zu können, und dies auch deren Verfestigung bedeuten kann, ist Bestandteil zentraler anti-essentialistischer Debatten im Feminismus und Postkolonialismus (vgl. z.B. Spivak 2008).

und gleichzeitig stellt sie ihr queeres Begehren und ihre MLP-Identität aus. Auffällig ist, dass sie sich mit queeren und feministischen Politiken bzw. Identitäten dis-identifiziert, was auf ihre Identität als MPL und darüber hinaus auf die Vernachlässigung von *race* und Klasse bei der Priorisierung ausschließlich queerfeministischer Politik und geschlechtlicher Identität zurückführen ist.[18] „The complex web of legible signposts that are read onto M.A's body and music are her own ways of disidentifying with a righteous queer politics and feminism, but also disidentifying with the wholeness of hip-hop hegemonic masculinity" (Isoke 2017, S. 32). Während José Esteban Muñoz mit dem Prozess der Disidentifikation eine Perspektive auf Strategien des Überlebens und Aktivismus von queeren Personen of Color vorgeschlagen hat, die mit und gegen dominante Ideologien arbeiten (Muñoz 1999), wendet sich, wie Isokes Interpretation nahelegt, das Konzept bei Young M.A selbst gegen eine rigide gewordene queere Politik. Dies lenkt die Aufmerksamkeit an dieser Stelle wieder auf eine Lesart, die sich Ökonomie- und Klassen-Fragen an der Schnittstelle zu *race* zuwendet, worauf ich im letzten Teil anhand von M.As Musikvideo *No Bap* (2019) eingehe.

4 Rich-Posing

> I remember when I barely had a dollar on me / I remember ducking cops 'cause I got it on me / Went from plain gold chains, now I'm watered down / Now I drink to my success and that water brown.
>
> (Young M.A „Kold World")

Mit Krista A. Thompson möchte ich vorschlagen, Hip-Hop-Musikvideos als eine spezifische Praktik von Visualität und Subjektivität zu verstehen. In Musikvideos kann eine von *weiß*er Hegemonie nicht nur ökonomisch unmöglich, sondern auch unsichtbar gemachte marginalisierte Gruppe Sichtbarkeit für sich beanspruchen. Geboten wird dabei nicht einfach eine alternative Sichtbarkeit, die auf eine stärkere Repräsentation Schwarzer Subjekte in postkolonialen Gesellschaften abzielt, vielmehr geht es um einen bestimmten Umgang mit vorhandenen *weißen* Ökonomien und deren (Un-)Sichtbarkeiten. Thompson bezieht sich auf

18 Die Erfahrung, von queeren Communities abgelehnt zu werden, machen viele MPL: „We are out, we are queer, but we are ashamed of butches", schildert eine Butch in der Dokumentation *Gender Troubles. The Butches* ihre Wahrnehmung aktueller queerer Politikansätze (vgl. Plourde 2019).

Ralph Ellisons Roman *Invisible Man* (1952), in dessen Einleitung dieser beschreibt, wie Schwarze in der US-amerikanischen Gesellschaft so hypersichtbar gemacht werden, dass sie letztendlich unsichtbar bleiben (vgl. Ellison 2014, S. 7ff.). Unsichtbarkeit beschreibt Ellison zum einen als den Zustand, als Mensch nicht erkannt zu werden, und zum anderen als moralische Blindheit gegenüber strukturellem Rassismus, *weißer* Vorherrschaft und *weißen* Privilegien. Vor diesem Hintergrund untersucht Thompson Hip-Hop-Praktiken des Glanzes, des Blings und des Posierens im hellen Licht auf ihre Fähigkeit, herrschende Ökonomien der Sichtbarkeit zu erschüttern: „These practices are political in that they refuse existing structures that define more formal political activity, highlighting the limits of these structures" (Thompson 2015, S. 41). Aus einer intersektionalen Sicht kann die von Thompson und Ellison festgestellte *weiße* Ökonomie der Sichtbarkeit um die Charakterisierung der Heteronormativität und normativen Erwartung, einem bestimmten Geschlecht und Begehren zu entsprechen, ergänzt werden. Da queere und insbesondere lesbische Sexualität Schwarzer Frauen kaum Eingang in historische und mediale Sichtordnungen gefunden hat (vgl. hooks 1989; Davis 1993), wird hier nochmals auf ein Musikvideo von Young M.A. referiert.

Spezifische Visualitäten in M.As Musikvideos als politische Praktiken zu begreifen, wie ich es im Folgenden tun möchte, bedeutet nicht, sie als vordergründig politische Musikerin zu verstehen, sondern einzelne Momente ihrer Ästhetik in eine politische Tradition des Hip-Hops einzureihen. Als strukturelle Bestandteile heutiger Gesellschaften gehören Homosexuellendiskriminierung und Rassismus zum allgegenwärtigen Bestandteil ihres Lebens. In einem Interview wird sie gefragt: „Do you still face discrimination for being a gay rapper?" Und sie antwortet: „That's everywhere. It ain't just the rap community – it's all around the world. We all struggle with some type of problems with race and identity. That's just the world we live in" (Chow 2019).[19]

19 In „Eat" (2017) rappt sie: „I swear to god I ain't scared of these niggas Damn / I'm must really put fear in these niggas / Because they call me a dyke, a faggot, a gay bitch / I ain't shit, that hate shit, that hatred, goddamn." Ihren Umgang mit Homosexuellendiskriminierung beschreibt sie folgendermaßen: „I'm not trying to force the fact that I'm gay on people. I'm not rapping ‚Why aren't there more gays in hip-hop?' Because I get it. I grew up in this community, I know that me being gay might make people uncomfortable. You can't expect people to change their views overnight. You gotta slowly, gradually get them used to it. [...] And now everyone's getting used to me" (Davis 2017).

Die Darstellung einer rassistisch-homosexuellenfeindlich[20] motivierten Polizeikontrolle bildet das Intro zum Musikvideo *My Hitta* (2019). Auch das Video zum Freestyle-Song *No Bap* lässt sich im Kontext der rassistischen Polizeigewalt verstehen, der insbesondere junge Schwarze Männer, aber auch Frauen (vgl. Khaleeli 2016) – und vor allem Schwarze MPL – in Vierteln wie Brooklyn ausgesetzt sind. „I remember ducking cops 'cause I got it on me" („Kold World"). Im Unterschied zu ihrem Video *Ooouuu*, in dem Dollarscheine performativ zum Einsatz kommen, um eine Selbstermächtigung gegenüber Diskriminierung und Hass zu symbolisieren (wie oben diskutiert wurde), steht *No Bap* in der Tradition des Bling-Bling-Raps. Das Video ist damit offen für eine Interpretation, die Motive der (Un-)Sichtbarkeit im Sinne Thompsons analysiert.

No Bap ist ein Freestyle, was heißt, dass die Texte frei improvisiert sind. Auch bereits in *Freestyles on Flex* rappt M.A über rassistische Polizeigewalt und die Möglichkeit, diese durch Reichtum und Geschäfte zu überwinden: „Niggas hungry, they'll kill you for a fifty pack, real shit / Police chase us, constant discrimination / Even the black cops is racist, no grass, just pavement / Honestly, every hood is the same shit / Let's change routes, different route, let's do it different / Instead of startin' a gang, nigga, let's start a business". (*Freestyles on Flex*) Stilistisch passend zur Improvisation sind M.As Videos häufig nur in einer einzigen Einstellung und binnen kurzer Zeit aufgenommen. So rappt M.A in *No Bap* direkt in die Kamera, während sie in einer nächtlichen Szene von einer Gruppe mitsingender und tanzender Personen umgeben ist. *No Bap* demonstriert, dass sie trotz ihres Reichtums und Erfolgs immer noch Teil der Straßen Brooklyns ist, dass sie „out here" bleibt. Zwar wird auch hier wieder auf das Motiv der Transzendenz durch ökonomische Privilegierung verwiesen („I'm makin' millions, I'm barely out here"), dennoch bleibt sie sichtbarer Teil der Straße: „I'm the queen out here (Facts), ayy / And I drop that top, make sure *I'm seen out here* (Skrrt)". Nur tot, wie eine Strophe andeutet, ist es möglich, das Straßenleben zu verlassen: „You won't leave out here, R.I.P I'll hear (R.I.P) / Put your picture on a poster, say ‚*Last seen out here*' (Damn)." Geht es in den hier zitierten Strophen um ein Sehen und Gesehen-Werden primär innerhalb der Hip-Hop-Szene Brooklyns, verweist *No Bap* noch auf eine andere Sichtordnung.

20 Die Untrennbarkeit von Diskriminierungsformen beschreibt das Combahee River Collective: „We also often find it difficult to separate race from class from sex oppression because in our lives they are most often experienced simultaneously. We know that there is such a thing as racial-sexual oppression which is neither solely racial nor solely sexual" (Tylor 2017, S. 5).

Abb. 3: Young M.A: *No Bap* (2019), Videostill.

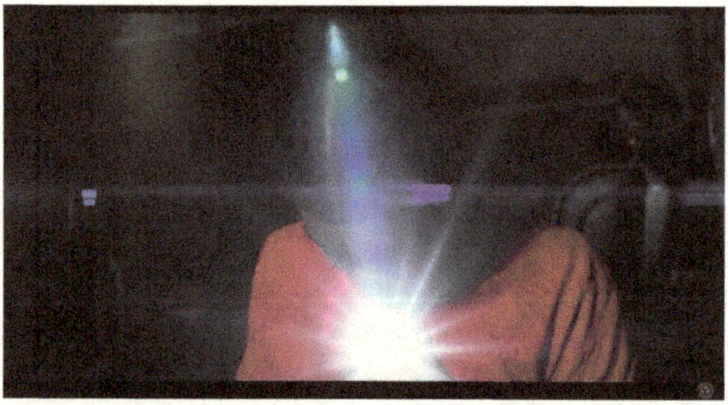

Abb. 4: Young M.A: *No Bap* (2019), Videostill.

Das Video zeigt Aufnahmen einer Handykamera, die vermutlich beim *Caribbean Carnival* in New York aufgenommen wurden, was sich an den jamaikanischen Flaggen im Video festmachen lässt.[21] Diese Aufnahmen bestimmen das Ende des Videos, in dem eine Szene zu sehen ist, wie eine vermutlich verletzte Person in Polizeilicht getaucht in einer Gruppe von Menschen verschwindet. „Out here“ zu sein, heißt von Polizei umgeben zu sein und daran gehindert zu werden, sich frei zu bewegen und frei zu sehen. „Police got it hot, can't move no keys out here (Can't move that) / So much NYPD, blue can't see no green out here (Can't see it)“ (siehe Abb. 4). Die sinnbildlich zur Blindheit führende Dauerpräsenz der Polizei wird im Video erst durch Autos dargestellt, um dann mit der Liedzeile „can't see

21 Young M.As Eltern kommen aus Puerto Rico und Jamaika.

it“ zu einer Einstellung mit einem diffusen Flackern von blauem und rotem Licht überzugehen. Dieses Licht kommt von den sich über das gesamte Bild allmählich ausbreitenden blickenden Scheinwerfern der Polizeiautos, die sich über die Young M.A umgebenden Personen legen und diese bedecken, Young M.A selbst aber sichtbar lässt (siehe Abb. 2). Das ubiquitäre und durchdringende Polizeilicht umgibt die anwesenden Schwarzen Körper und erinnert in dieser Symbolik an M.As Aussage über Rassismus und Homosexuellendiskriminierung: „That’s everywhere. That’s just the world we live in.“

Am Sehen gehindert zu werden, taucht in *No Bap* noch an anderer Stelle auf und verweist auf den Bling von Grills und Diamantenschmuck: „Even when the sun ain’t shine then I still gleam out here (Gleamin’) / VV’s out here (Gang), can’t even see out here (Okay).“ Die Quellen des Funkelns sind M.As runde, mit Diamanten besetzte Halskette, auf der neben ihrem Namen auch „Brooklyn, NY“ eingraviert ist, und eine ebenfalls mit Diamanten besetzte Kette mit Kronenanhänger. Von diesen Markern des Blings („My jewelry go bling bling / Your jewelry don’t say shit“, Young M.A „Foreign“) geht – trotz der Nachtszene – wie selbstgeneriert ein gleißend heller Strahl weißen Lichts aus, der sich über das gesamte Sichtfeld ausbreitet und danach von dem runden Anhänger förmlich aufgesogen wird. Für einen Sekundenbruchteil werden durch das Licht nicht nur alle anwesenden Personen und das Sichtfeld der Zuschauer*innen über- bzw. verblendet, auch das rot-blaue Scheinwerferlicht des Polizeiautos, das sich in horizontaler Form eines lila Schattens ähnlich eines Belichtungsfehlers in das Sicht- bzw. Bildfeld eingeschrieben hat, wird vom gleißenden Licht geschluckt (siehe Abb. 4). In der darauffolgenden Szene wird das Bling-Moment widerholt, indem das gleißende Licht von M.As Grills ausgeht.

Das Konzept des Bling-Bling als visueller Ausdruck der Hip-Hop-Kultur stammt aus den 1990er Jahren und bezog sich ursprünglich auf glänzenden, teuren Schmuck und im Zuge dessen auch auf andere kostspielige Objekte (vgl. Bok 2007, S. 51). „Bling“ ist ein Wort, das in seiner Verdoppelung die spektakuläre Darstellung von materiellem Überfluss hervorhebt, jedoch mehr als auffällige Objekte oder eine selbstverherrlichende Inszenierung meint. Bling beschreibt, wie Thompson unterstreicht, den spezifischen visuellen Effekt von Licht, das sich an Edelsteinen und Metallen bricht. Bling meint insofern auch ein sonisches Moment, als dass es den imaginären Klang charakterisiert, der entsteht, wenn Licht von einem Diamanten reflektiert wird; es verweist damit auf einen Bereich außerhalb des Sehens. Thompson schreibt: „Bling captures the moment, so central in contemporary hip-hop, when consumption becomes conspicuous. Even as ‚bling‘ denotes an investment in the light of visibility, the concept may also be seen to pinpoint the limits of the visible world: reflected light bounces off of a shiny object, it denies and obliterates vision" (Thompson 2015, S. 223). Als Bling-Element überstrahlen M.As Diamanten-Halskette und ihre Grills das Sichtfeld, sie sättigen die visuelle Ebene und blenden die Betrachter*innen. Polizeilicht und der „VV"-Wert des Diamants, was die geringe Anzahl von Kohlenstoffeinschlüssen und damit die Klarheit und Wert eines Diamanten meint, hindern gleichermaßen am „freien" Sehen und verweisen damit auf die Grenzen des Sehens in der hegemonialen Ökonomie der (Un-)Sichtbarkeiten. Diese Grenzen des Sehens, die sich visuell und textlich im Bling-Licht und Polizeilicht verbinden, rufen die Vulnerabilität Schwarzer Körper auf den Straßen Brooklyns in Erinnerung. Eine der Ursachen rassistischer Polizeigewalt ist das „Falschsehen" der Polizist*innen, die Schwarzen Menschen als Kriminelle und als weniger wertvoll und lebenswert betrachten. Die Unsichtbarkeit Schwarzer Menschen innerhalb der hegemonialen Ökonomie, die Ellison beschreibt, verhindert es, Menschen als *Menschen* zu sehen und den in den eigenen Handlungen internalisierten Rassismus zu erkennen.

Statt einen hohlen Materialismus im Ausstellen von glänzenden Dingen zu erkennen, lenkt, so meint Thompson, Bling die Aufmerksamkeit auf das Versagen des Sehens in der Geschichte rassistischer Ökonomien und darauf, was Sehen aus dem Blickfeld drängt, was es aber eigentlich offenbaren soll. Der Begriff „Bling" – um es hier zu betonen – beschreibt einen Zustand der (Nicht-)Sichtbarkeit, in dem das optische Feld so gesättigt ist, dass nichts mehr gesehen werden kann. Es meint also einen Zustand der Hypervisibilität, der in Wirklichkeit blind macht, und verweist damit auf die historische Verbindung von Ökonomie, Sehen und Glanz: „In fact, slave traders actually greased the bodies of enslaved Africans, using sweet oil or greasy water ‚to make them shine' [...] ‚before they [were] put up to sell'" (Thompson 2015, S. 233). Körperlicher Glanz trug dazu bei, den Wert von Sklav*innen zu steigern, indem die visuelle Wahrnehmung ihrer Körper an die Eigenschaft von (glänzenden) Gegenständen angeglichen wurden (vgl. Fanon 1976, S. 67). In der Erfindung von *race* wird die Kommodifizierung und Vergegenständlichung Schwarzer Körper als Besitz, wie sie oben beschrieben wurde, in Beziehung zu einer glänzenden Oberflächlichkeit und damit im Gegensatz zur vermeintlichen Transparenz von *weiß* konfiguriert. Während allein *Weiße* aufgrund ihrer angeblichen Allgemeingültigkeit „[p]assing for human" (Keeling 2005) konnten, wurde während der Sklaverei die Idee von *race* verstärkt, indem Glanz und Kommerzialisierung für die Konstituierung von Schwarzsein eine Verbindung eingingen.[22]

Die Bling-Ästhetik in Hip-Hop-Kulturen verweist auf diese historische Relation. *No Bap* verdeutlicht darüber hinaus nicht nur die historischen, sondern auch die gegenwärtigen Grenzen von (Un-)Sichtbarkeit, die Sehen und Sichtbarkeit als Maßstab für Erkennen und Erkenntnis aufrichtet. Thompson schreibt: „Bling refracts such logic, using precisely the site of racial inscription and commoditization, the black body, to disaggregate the equation between seeing and knowing" (Thompson 2015, S. 235). Da die Zeile „can't even see out here" sowohl in Verbindung mit dem Bling des Diamanten als auch im Kontext des rassistischen Miss-Sehens Schwarzer Menschen steht, richtet es die Aufmerksamkeit auf das Versagen des Sehens und ebenso darauf, was Fanon als „fact of blackness" (Fanon 1967, S. ix) bezeichnet hat. Dies meint, dass in der rassistischen Konzeption die Oberfläche schwarzer Haut *Weiße* davon abhält, die Menschlichkeit und Subjektivität von Personen afrikanischer Herkunft zu sehen – ein Versagen der herrschenden Ökonomien der Sichtbarkeit, die bis in die Gegenwart anhält, wie die *Black-Lives-Matter*-Proteste 2020 unmissverständlich verdeutlichen.

Wie schon die eingangs vorgestellte Perspektivierung auf das Video *ApeShit* von The Carters gezeigt hat, kann die Verhandlung des eigenen „unmöglichen" Reichtums Schwarzer Musiker*innen aus einer intersektionalen Sicht nicht ohne das Verständnis der Umdeutung *weißer*, herrschender Ökonomien vorgenommen werden. *Weiße* Ökonomien, sowohl in ihrer materiellen wie visuellen Ausrichtung, erweisen sich durch die Brechung des Bling-Blings als paradoxe Ökonomien, die von Ungleichheiten im Sehen und Gesehen-Werden bzw. Erkennen und Erkannt-Werden durchzogen sind. Dabei geht es in den besprochenen Musikvideo- und Liedbeispielen weder darum, einfach eine Sichtbarkeit als Form Schwarzer Subjektivität zu reklamieren, noch durch das Erzielen von Erfolg und Reichtum, die historisch verschränkte Position von Armut, kommodifiziertem Besitz und race/*blackness* einfach zu transzendieren (*white-passing*) oder die Identität einer hegemonialen Männlichkeit zu beanspruchen (*male-passing*). Bezeichnenderweise verweigert Young M.A nicht nur herrschende Ordnungen sowohl einer *weißen*, heteronormativen Gesellschaft als auch einer queeren Identitätspolitik, die insbesondere Fragen von Klasse zu wenig berücksichtigt. Vielmehr strebt sie ein einfaches *passing* als reich nicht an: „Yeah I'm rich, but I'm cheap, too". (*The Lyfestyle*) Wenn Hip-Hop und sein Medium des Musikvideos nicht nur als

---

22 Für eine Perspektive, die Gold und Glanz in afrikanischer Tradition verortet, siehe demnächst Gramlich 2021 und für eine andere Lesart des Motivs „Glanz" in populären Kulturen auch Köppert 2017.

Musikgenre, sondern als kulturelle Aushandlung von *weißer* Vorherrschaft in postkolonialen Ökonomien mittels Musikvideos verstanden werden, zeigt sich, dass die Perspektive afrodiasporischer Künstler*innen eine andere, intrinsische Perspektive auf Modernität, Kapitalismus und Materialismus und andere Bedeutungen von Reichtum, Erfolg, Eigentum und nicht zuletzt Menschsein ermöglicht.

Medienverzeichnis

Abbildungen

Abb. 1: Videostill: Young M.A. 2016. *Ooouuu*. Regie: a piece of guy und Young M.A. https://www.youtube.com/watch?v=gVf_4Ns3qLU. Zugegriffen am 21. August 2020.
Abb. 2: Videostill: Young M.A. 2016. *Ooouuu*. Regie: a piece of guy und Young M.A. https://www.youtube.com/watch?v=gVf_4Ns3qLU. Zugegriffen am 21. August 2020.
Abb. 3: Videostill: Young M.A. 2019. *No Bap*. Regie: Francisco Isaiah Perez. https://www.youtube.com/watch?v=lKQE0v6Xl90. Zugegriffen am 21. August 2020.
Abb. 4: Videostill: Young M.A. 2019. *No Bap*. Regie: Francisco Isaiah Perez. https://www.youtube.com/watch?v=lKQE0v6Xl90. Zugegriffen am 21. August 2020.

Literatur

Bidisha. 2019. A Guide to Beyoncé and Jay-Z's new Video. From the Mona Lisa to ‚living lavish'. *Guardian*. https://www.theguardian.com/music/shortcuts/2018/jun/18/shortcuts-beyonce-jay-z-apeshit. Zugegriffen am 4. Januar 2020.
Bok, Lee. 2005. *Little Book of Bling*. Surrey: Crombie Jardine Publishing Limited.
Chow, Andrew R. 2019. ‚Busted Some Doors Down.' Rapper Young M.A On Her New Album, Homophobia and Breaking Boundaries. *Time*. https://time.com/5684077/young-ma-herstory-interview/. Zugegriffen am 4. Januar 2020.
Clay, Andreana. 2007. 'I Used to be Scared of the Dick'. Queer Women of Color, Hip-Hop, and Black Masculinity. In *Home Girls Make Some Noise! Hip-Hop Feminism Anthology*, hrsg. Gwendolyn D. Pough, Elaine Richardson, Aisha Durham und Rachel Raimist, 149–165. Mira Loma, CA: Parker Publishing.
Coates, Ta-Nehisi. 2014. The Case for Reparations. *The Atlantic*. https://www.theatlantic.com/magazine/archive/2014/06/the-case-for-reparations/361631/. Zugegriffen am 4. Januar 2020.
Crossley, Scott. 2005. Metaphorical Conceptions in Hip-Hop Music. *African American Review* 39(4): 501–512.
Curry, Tommy J. 2017. *The Man-Not. Race, Class, Genre, and the Dilemmas of Black Manhood*. Philadelphia: Temple University Press.

Davis, Angela. 1998. Masked Racism. Reflections on the Prison Industrial Complex. *colorlines.com*. https://www.colorlines.com/articles/masked-racism-reflections-prison-industrial-complex. Zugegriffen am 4. Januar 2020.
Davis, Arianna. 2017. Young M.A Is Not Just Lesbian Rapper, Or One-Hit Wonder, She's A Game Changer. *refinery 29*. https://www.refinery29.com/en-us/2017/11/178013/young-ma-female-rapper-gender-sexuality-interview. Zugegriffen am 4. Januar 2020.
Davis, Madeline. 1993. *Boots of Leather, Slippers of Gold. The History of a Lesbian Community*. New York: Routledge.
DuBois, W. E. Burghardt. 1961. *The Souls of Black Folks*. Greenwich, CT: Fawcett Publications.
ECCHR. 2019. Colonial Repercussions. Namibia 115 Years after the Genocide of the Ovaherero and Nama. *ECCHR*. https://www.ecchr.eu/fileadmin/Publikationen/ECCHR_NAMIBIA_DS.pdf. Zugegriffen am 4. Januar 2020.
Ellison, Ralph. 2014. *Invisible Man*. London: Penguin Books.
Fanon, Frantz. 1967. *Black Skin, White Masks*. New York: Grove Press.
Feinberg, Leslie. 1993. *Stone Butch Blues. A Novel*. Ithaca, NY: Firebrand Books.
Gilroy, Paul. 1991. *There Ain't No Black in the Union Jack*. Chicago: University of Chicago Press.
Gilroy, Paul. 2010. Darker than Blue: On the Moral Economies of Black Atlantic Culture. *Cambridge, MA: The Belknap Press of Harvard University Press*.
Gramlich, Naomie. 2021. Bling-Bling Kweens. Intersektionale Aushandlungen von Reichwerden, Queerness und Rassifizierung in afrodiasporischen Hip-Hop-Kulturen. In *Rap & Geschlecht*, hrsg. Heidi Süß. Weinheim: Beltz Juventa [im Erscheinen].
Halberstam, Judith. 1998. *Female Masculinity*. Durham: Duke Univ. Press.
Haraway, Donna J. 1995. Ein Manifest für Cyborgs. Feminismus im Streit mit den Technowissenschaften. In *Die Neuerfindung der Natur. Primaten, Cyborgs und Frauen*, dies., 33–72. Frankfurt am Main u.a.: Campus.
Harris, Cheryl I. 1993. Whiteness as Property. *Harvard Law Review*, 106 (8): 1707–1791.
Hollywood Unlocked. 2019. Young M.A talks New Music & Says She's Not a Lesbian on Hollywood Unlocked. *YouTube*. https://www.youtube.com/watch?v=ANLVMmN7O4g. Zugegriffen 4. Januar 2020.
hooks, bell 2020. *Die Bedeutung von Klasse. Warum die Verhältnisse nicht auf Rassismus und Sexismus zu reduzieren sind*. Münster: Unrast.
hooks, bell. 1989. *Talking Back. Thinking Feminist, Thinking Black*. Boston: South End Press.
hooks, bell. 1994. Heiße Mösen zu verkaufen. Der Kulturmarkt und seine Bilder von der Sexualität schwarzer Frauen. In *Black Looks. Popkultur – Medien – Rassismus*, hrsg. dies, 81–101. Berlin: Orlanda-Frauenverlag.
hooks, bell. 2014. Bell hooks in an Open Dialogue with New School Students. Whose Booty Is This. *YouTube*. https://www.youtube.com/watch?v=QJZ4x04CI8c. Zugegriffen am 4. Januar 2020.
ifunny. 2016. Young M.A pulls out penis reveals she's a man. *ifunny.co*. https://ifunny.co/picture/young-m-a-pulls-out-penis-reveals-she-s-a-XhW3tFtG4. Zugegriffen am 4. Januar 2020.
Isoke, Saidah K. 2017. „Thank God for Hip-hop". Black Female Masculinity in Hip-hop Culture. https://etd.ohiolink.edu/apexprod/rws_etd/send_file/send?accession=osu1492775852958055&disposition=inline. Zugegriffen am 4. Januar 2020.
Keazor, Henry und Shanli Anwar. 2018. Beyoncé und Jay-Z drehen im Louvre Die Pop-Götter im Kunst-Olymp. *Deutschlandfunkkultur.de*.

https://www.deutschlandfunkkultur.de/beyonce-und-jay-z-drehen-im-louvre-die-pop-goetter-im-kunst.2156.de.html?dram:article_id=420675. Zugegriffen am 4. Januar 2020.

Keeling, Kara. 2005. Passing for Human: Bamboozled and Digital Humanism. *Women & Performance. A Journal of Feminist Theory* 15(1): 237–250.

Khaleeli, Homa. 2016. #SayHerName. Why Kimberlé Crenshaw is fighting for forgotten women. *Guardian*. https://www.theguardian.com/lifeandstyle/2016/may/30/sayhername-why-kimberle-crenshaw-is-fighting-for-forgotten-women. Zugegriffen am 4. Januar 2020.

Köppert, Kathrin. 2017. Glanz. Zur Diffraktion des Spiegels. Beyoncé und FKA twigs als ‚glänzend' Beispiele des Schwarzwerdens. *FKW//Zeitschrift für Geschlechterforschung und visuelle Kultur* 63: 49–63.

Kwesi Aikins, Joshua. 2017. Wer mit Feuer spielt ... Aneignung und Widerstand – Schwarze Musik/Kulturen in Deutschlands weißem Mainstream. In *Mythen, Masken und Subjekte. Kritische Weißseinsforschung in Deutschland*, hrsg. Maureen Maisha Eggers, Grada Kilomba, Peggy Piesche und Susan Arndt, 283–304. Münster: Unrast.

Lane-Steele, Laura. 2011. Studs and Protest-Hypermasculinity: The Tomboyism within Black Lesbian Female Masculinity. *Journal of Lesbian Studies* 15: 480–492.

Lorde, Audre. 1978. A Litany for Survival. In *The Black Unicorn*, hrsg. dies.: New York: Norton.

Lowe, Lisa. 2015. *The Intimacies of Four Continents*. Durham und London: Duke University Press.

Master, Samantha. 2016. Young M.A. The Most Visible Black Queer Woman in Hip-Hop Is a Misogynist. *theroot*. https://www.theroot.com/young-m-a-the-most-visible-black-queer-woman-in-hip-h-1790857931. Zugegriffen am 4. Januar 2020.

Moore, Mignon R. 2006. Lipstick or Timberlands? Meanings of Gender Presentation in Black Lesbian Communities. *Signs. Journal of Women in Culture and Society* 32 (1): 113–139.

Oliver, Melvin und Thomas Shapiro. 1995. *Black Wealth / White Wealth. A New Perspective on Racial Inequality*. New York: Routledge.

Quora. 2019. Is rapper Young M.A. a guy or a girl?. *Quora*. https://www.quora.com/Is-rapper-Young-M-A-a-guy-or-a-girl. Zugegriffen am 4. Januar 2020.

Relates, Ashley. 2015. Closer Look at the Butt. Appropriation and Exploitation of Black Female Sexuality. *medium*. https://medium.com/@ashleyrelates/closer-look-at-the-butt-appropriation-of-black-female-sexuality-1153b1840c9c. Zugegriffen am 4. Januar 2020.

Sellach, Barbara. 2008. Armut. Ist Armut weiblich? In *Handbuch Frauen- und Geschlechterforschung. Theorie, Methoden, Empirie*, hrsg. Ruth Becker und Beate Kortendiek, 471–479. Wiesbaden: Springer VS.

Strauss, Matthew. 2019. Young M.A Responds to Kodak Black After He Raps Homophobic Lyrics About Her. The Florida rapper name-dropped her in a song filled with anti-lesbian slurs. *Pitchfork*. https://pitchfork.com/news/young-ma-responds-to-kodak-black-after-he-raps-homophobic-lyrics-about-her/. Zugegriffen am 4. Januar 2020.

Taylor, Keeanga-Yamahtta. 2017. *How we get free. Black feminism and the Combahee River Collective*. Chicago, IL: Haymarket Books.

Thiele, Kathrin. 2020. Figurieren als spekulativ-kritische feministische Praxis. Relationalität, Diffraktion und die Frage ihrer ‚Nicht-Unschuldigkeit'. In *Feministisches Spekulieren. Genealogien, Narrationen, Zeitlichkeiten*, hrsg. Marie-Luise Angerer und Naomie Gramlich, 43–61. Berlin: Kulturverlag Kadmos.

Thompson, Krista A. 2015. *Shine. The Visual Economy of Light in African Diasporic Aesthetic Practice*. Durham u.a.: Duke University Press.

Villa, Paula-Irene, Julia Jäckel, Zara S. Pfeiffer, Nadine Sanitter und Ralf Steckert. 2012. Banale Kämpfe? Perspektiven auf Populärkultur und Geschlecht. Eine Einleitung. In *Banale Kämpfe? Perspektiven auf Populärkultur und Geschlecht*, hrsg. dies., 7–23. Wiesbaden: Springer VS.

Watkins, Samuel. 2005. *Hip hop matters. Politics, pop culture, and the struggle for the soul of a movement.* Boston: Beacon Press.

Watson, Allan. 2016. 'One time I'ma show you how to get rich!' Rap music, wealth and the rise of the hip-hop mogul. In *Handbook on Wealth and the Super-Rich*, hrsg. Iain Hay und Jonathan V. Beaverstock, 178–198. Cheltenham: Edward Elgar Publishing.

West, Cornel. 1994. *Race Matters*. New York: Vintage.

Williams, Linda. 2001. *Playing the race card. Melodramas of Black and white from Uncle Tom to O. J. Simpson*, Princeton: Princeton University Press.

Musikvideos

Jay-Z. 2017. *The Story of O.J.* Regie: Jay-Z; Mark Romanek.

Lizzo und Missy Elliott. 2019. *Tempo*. Regie: Andy Hines.

The Carters. 2018. *ApeShit*. Regie: Ricky Saiz.

Young M.A. 2016. *Ooouuu*. Regie: a piece of guy und Young M.A.

Young M.A. 2019. *No Bap*. Regie: Francisco Isaiah Perez.

Filme

Gender Troubles. The Butches. 2019. Regie: Lisa Plourde. USA: Catholic School Girl Gone Bad Productions.

Maren Butte

Dis-/Kontinuitäten

Über das (One-Cut-)Musikvideo als Melodrama

Abstract: Der Beitrag widmet sich dem Verhältnis zwischen den kulturellen Formen Musikvideo und Melodrama. Vertreten wird die These, dass das Musikvideo und das Melodramatische eine Form der medientechnisch und performativ bedingten Audiovision teilen, die insofern „mehr als bebilderte Musik“ ist, als bewegte Bilder und Musik sich nicht addieren, sondern sich gegenseitig transformieren und einen spezifischen affektiven Wahrnehmungsmodus ermöglichen. Musikvideos und Melodramen erzeugen eine bestimmte Verräumlichung der (Zeit-)Erfahrung, ein mehrdimensionales „worlding“, das eine gesteigerte Aufmerksamkeit, Intensität und nach Hermann Kappelhoff ein (subjektivierendes) „Genießen“ erzeugen kann. Diese audiovisuellen Konstellationen werden entlang von unterschiedlichen Musikvideo-Beispielen und unter Einbeziehung von filmwissenschaftlichen, performance-theoretischen und medienkulturwissenschaftlichen Schriften untersucht.

Schlüsselwörter: Musikvideoanalyse, Kontinuität, Affekttheorie, Melodrama, Ästhetik, Audiovision

Wie man das Musikvideo historisch, kulturell und ästhetisch auch bestimmen und eingrenzen mag, es zeichnet sich durch eine spezifische Form der Audiovision aus – einem Verhältnis oder Zusammenspiel von (bewegtem) Bild und Musik. Darüber hinaus wird diese Erscheinung zwischen Genre und Phänomen, zwischen Werbevideo und eigenem künstlerischen Ausdruck im Diskurs als problematisch und kontrovers beschrieben, weil seine historischen Vorläufer so unscharf erscheinen wie die Disziplinen zahlreich (Arnold et al. 2017, S. 3), die sich mit ihr befassen; und weil die ästhetischen Strategien aus Kunst, Film, Video, Performance und Tanz ebenso vielfältig sind wie die medientechnischen Bedingungen und sozialen Kontexte, in denen Musikvideos sich konfigurieren (ebd., S. 1).[1] Auch das Melodrama ist zwischen Genre und Phänomen angesie-

1 Je nach Forschungsperspektive treten unterschiedliche medientechnische Vorläufer in den Vordergrund (Chronofon, Scopitones oder Soundies) sowie verschiedene ästhetische Praktiken – der Avantgarde, der Film- und Videokunst oder von Werbeclips und Konzertaufzeichnungen – oder bestimmte performative Formate wie kultische und theatrale Riten, Tableaux Vivants,

https://doi.org/10.1515/9783110730623-011

delt. Das Melodramatische wandert durch die Medien und Kontexte (Butte 2014). Es aktualisiert sich scheinbar aus einer melodramatischen „Matrix“ immer wieder neu und bezieht sich dabei auch auf die eigenen (inter-)medialen Kontexte zurück (ebd.; Kappelhoff 2004). Es wurde zum Gegenstand unterschiedlicher Disziplinen, von den Theater- und Filmwissenschaften bis zu den Performance und Gender Studies. Trotz der Ubiquität und dichten Diskursivierung des Melodramas erscheinen mir der Begriff und das Genre nach wie vor unscharf. Markiert wurden aber an unterschiedlichen Stellen seine Sentimentalität, der musikalisierte und übertrieben bildhafte Stil in Theater und Film (vgl. Meisel 1983), seine vereinfachte dualistische Darstellung und stereotype Figuren, ein hyperbolischer Ausdruck und expressiver „Exzess“ (Brooks 1994, S. 38) sowie seine starke Moralisierung. All dies verweist auf seine Verankerung in Diskursen des Bürgerlichen und der Aufklärung (ebd.; Heeg 2000). Seit seiner Entstehung – und zwar unabhängig davon, wann dies datiert wird, ob mit dem antiken Theater oder mit dem Theater der Aufklärung und Romantik – erzeugt das Melodrama als Kombination aus *melos* und *drama*, aus Musik und Handlung eine auf spezifische Weise synchronisierte oder orchestrierte ästhetische und audiovisuelle Erfahrung, die eine starke körperliche Reaktion hervorzurufen vermag (die Rührung, das Weinen; vgl. Williams[2] 1991, S. 2–13). Diese hat sich in verschiedenen Künsten unterschiedlich ausdifferenziert, u.a. im frühen theatralen Melodram und seinen verwandten Formen wie dem Tableau Vivant und der Attitüde, im Sensationstheater des 19. Jahrhunderts, im Schauerroman, im Stumm- und Hollywoodfilm, in Fernsehen, Kunst, Performance und digitalen Formaten.

Die diskursiven und ästhetischen Ähnlichkeiten zwischen Musikvideo und Melodrama sind offensichtlich: Beide Formen überschreiten diskursive Grenzen von Kommerzialität und Kunst, Unterhaltung und kritischer Reflexion, Originalität und Zitation. Besonders aber ihre intermediale, hybride und multimodale Form aus Musik und Handlung und die damit einhergehende Auflösung einer Hierarchie von Bild und Ton verbinden beide kulturellen Formen. Der vorliegende Beitrag widmet sich dem Verhältnis von Musikvideo und Melodrama. Dabei geht es nicht darum, einen neuen möglichen Ursprung des Musikvideos zu identifizieren, und auch nicht darum, jedes Musikvideo als Melodrama zu

---

bestimmte Formen von Oper und Tanz oder Konstellationen eines Gesamtkunstwerks. Zu medientechnischen Vorläufern und ästhetischen Praktiken vgl. u.a. Kaplan 1987, Goodwin 1992, Keazor und Wübbena 2007.

2 Williams beschreibt hier die körperliche Wirkung von melodramatischem, Horror- und pornographischem Film als bestimmte zeitlich-rhythmische und figurative Kompositionen.

definieren. Vielmehr sollen Ähnlichkeiten, Berührungspunkte und Überlagerungen zwischen dem Musikvideo und dem Melodramatischen als einer Art kulturellem Archiv der Gefühle herausgearbeitet werden. Die These lautet, dass das Musikvideo und das Melodramatische eine Form der „Audio-Vision" im Sinne Michel Chions teilen (vgl. Chion und Gorbman 2019). Der französische Theoretiker und Komponist entwickelte in *L'Audio-Vision: Son et image au cinéma* (1991) eine Theorie der Audio-Vision, die beschreibt, wie sich Bild und Ton durch die mediale Montage gegenseitig transformieren. Die Konstellation von *melos* und *drama* in Musikvideo und Melodrama erscheint insofern als „mehr als bebilderte Musik", weil bewegte Bilder und Musik sich nicht summieren, sondern sich gegenseitig transformieren und einen spezifischen affektiven Wahrnehmungsmodus ermöglichen. Musikvideos und Melodramen erzeugen, so die hier vertretene These, eine bestimmte Verräumlichung der (Zeit-)Erfahrung, ein mehrdimensionales „worlding",[3] das eine gesteigerte Aufmerksamkeit, Intensität und ein (subjektivierendes) „Genießen" umfassen kann.[4]

Diese audiovisuellen Konstellationen werden entlang von unterschiedlichen Musikvideo-Beispielen und unter Zuhilfenahme filmwissenschaftlicher, performance-theoretischer und medienkulturwissenschaftlicher Konzepte untersucht. Dabei sind es nicht (nur) die inhaltlichen oder intertextuellen Verbindungen wie sentimentale Liebes- und Leidensgeschichten, die ein Musikvideo melodramatisch erscheinen lassen, sondern die transgressive Form von Audio-Vision und die sympathetische, also mitfühlende Bewegung, wie sie insbesondere das One-Cut-Musikvideo erzeugen kann. Jene in einer Einstellung gedreh-

---

3 Ich beziehe mich hier auf Konzepte des „worlding" in Literaturwissenschaft und Filmtheorie und ihre Adaptionen in unterschiedlichen Medienformaten wie interaktiven Computerspielen. Vgl. bspw. Ryan 2001. Für Musikvideos wird das Konzept u.a. angewendet von: Macrossan 2018, S. 139. Macrossan bezieht sich auf die Theorie des „worlding" von Daniel Yacavone und bestimmt es als kohärente (Film-)Welt „which is a ‚singular, holistic, relational, and fundamentally referential reality' that possesses sensory, symbolic and affective dimensions for the audience. Film (or music video) worlds are identifiable worlds separate from our own, but connected to it through a borrowing process [...]. The audience understands the constructed nature of the world, but can relate it to the so-called ‚real' world by extension. This accounts for how Beyoncé's worlding is achieved by both her artistic and professional output (videos, concerts, media images, appearances, etc.) and the audience's knowledge of, immersion and participation in her worlding."

4 Kappelhoff beschreibt die affektive Verwicklung des Publikums in und durch den melodramatischen Film nicht als Einfühlung, Identifikation oder Illusion, sondern als ein „sentimentales Genießen", dass er sowohl psychoanalytisch (als subjektbildend) wie auch auf den Apparat Kino bezogen ausdifferenziert. Vgl. Kappelhoff 2004, S. 16.

ten Musikvideos, so etwa Massive Attacks *Unfinished Sympathy* (1991), drängen ihre für Musikvideos typischen Montagetechniken zugunsten einer Kontinuität und emotionalen Einheit der Erfahrung zurück, ohne Spiel- und Konzertfilm oder Alltagsdokumentation zu werden. Sie lassen die Affekte zwischen Bewegtbild und Musik, zwischen Innen und Außen sowie eine „Intimität" zwischen den Welten entstehen (Kavka 2008). Besonders im Zeichen einer medientechnologisch-digitalen und neoliberalen Zerstreuung der Gegenwart (vgl. Shaviro 2010) erscheint diese affektive Kontinuität des melodramatischen One-Cut-Musikvideos als ein wichtiger Aspekt und Widerspruch zugleich: Diese Videos sind selbst komponierte und artifizielle Montagen von Bild, Ton, Bewegung und Körpern, erscheinen aber als natürlich, fließend und „persönlich"; sie veranschaulichen das eigene Navigieren im multimedialen Raum. Sie markieren das Navigieren als eine „Praktik des Alltags" (Certeau 1989) und als Technologie der Identität, etwa bei Billie Eilishs mit der Handykamera gefilmtem Musikvideo *Therefore I Am* (Billie Eilish, 2020).

1 Melodramatische Audio-Vision – Über die Ästhetik und Prozesse der Bedeutung

Es ist freilich an dieser Stelle nicht möglich oder notwendig, die Geschichte, Theorie und Ästhetik des Melodramas in ihrer Gesamtheit zusammenzufassen, dennoch soll auf einige Dimensionen der melodramatischen Audio-Vision und ihrer Implikationen für die Frage nach den ästhetischen und Bedeutungsprozessen verwiesen werden. Vielfach stand das Melodrama in Kritik, nicht nur bezogen auf seine banale und (zu) expressiv erscheinende (Unterhaltungs-)Ästhetik, sondern auch mit Blick auf seine repressive und konservative Ideologie und seine ewig gestrig erscheinenden Narrative von Gut und Böse, männlich und weiblich, Ordnung und Unordnung. Gerade seine audiovisuelle Komposition wurde verurteilt, weil sie plakativ sei, vereinfache und gleichzeitig „mythisch" überhöhe: Sie führe in der performativen Wiederholung zu einer „Naturalisierung" und Totalisierung des Gezeigten, weil es seines Kontexts beraubt werde (Barthes 1964, S. 85). Bereits die literaturwissenschaftliche Forschung zum Melodrama der 1960er und 1970er Jahre, allen voran von Robert Heilman und Peter Brooks, hatte die melodramatische Erfahrungsweise oder „mode of excess" als einen transzendentalen Modus charakterisiert, als eine Konstellation von Oberflächenerscheinung und bedeutsamer Tiefe (bei Brooks bezogen auf die Romane von Honoré de Balzac und Henry James; vgl. Brooks 1994; Heilman

1968). Diese romantische Artikulationsweise und Aufladung des Gezeigten sei im Zusammenhang mit dem veränderten Menschenbild der Französischen Revolution zu sehen. Das moderne (melodramatische) Sensationstheater des 19. Jahrhunderts habe genau jenes soziale „Wissen" durch die Allegorie in Szene gesetzt. Das Melodrama mit all seinen bildhaften Momenten der bewegten Szenographie und seinen statischen Tableaux Vivants zeigte und wiederholte bestimmte Normen und Werte und schrieb sie fest. In dieser Phase der Genrebildung des Melodramas entstand auch das musikalische System von unterschiedlichen Themen, Leitmotiven, akustischen Stimmungsbildern und Psychologisierungen der Figuren, wie es sich dann in der filmischen Untermalung weiterentwickeln sollte (vgl. Schmidt 1986; Singer 2001). Noch der melodramatische Film sei von diesen unterschwelligen Narrativen und ästhetischen Verfahren geprägt und inszeniere das Soziale als Natur. Die musikalisierten Bilder des Melodramas suggerierten eher, als dass sie differenziert kommunizierten, und schrieben solche Stereotypen fest.

Umgekehrt wurde das Melodrama aber auch als Genre einer radikalen Politik des Sichtbarmachens von marginalisierten Geschichten, Menschen und Zugehörigkeiten gedeutet. Seine audiovisuelle Ästhetik wurde in der klassischen ideologiekritisch-marxistischen und feministischen Filmkritik der 1970er Jahre zum wichtigen Argument. Thomas Elsaesser, Linda Williams und andere haben das Melodrama des 20. Jahrhunderts als Genre sentimentaler Geschichtenerzählungen untersucht, in denen die Erfahrungen weiblicher Figuren im Vordergrund stünden. Sie seien aus der „persönlichen" Perspektive der Figuren erzählt, die in repressiven sozialen Strukturen eingeschlossen seien. Die Zeit- und Räumlichkeit der Filme wurde gerade in der Form der Audiovision als subjektiviert und emotionalisierend beschrieben (vgl. Butte 2014). Das Publikum erlebte, wie im Musikvideo, eine Zeit und einen Raum zwischen innen und außen, zwischen *mise-en-scène* und Imagination und Projektionen der Zuschauer*innen. Dabei spielt die Adressierung eine zentrale Rolle: Melodramen richteten sich vor allem an Frauen. Mary-Anne Doane spricht dabei vom „Desire to desire", dem vielrezipierten Konzept, das die identifizierende und empathische Relation zwischen weiblichen Heldinnen und weiblichem Publikum zu fassen versucht (Doane 1987). Die Zuschauer*innen seien gleichzeitig eingeladen, zu sehen und sich selbst zu sehen. Die „emblems of female oppression" thematisierten so das Problem weiblicher Subjektivität im Feld des filmischen Sichtbaren. Jenes Feld des Sichtbaren wäre hier allerdings als ein audiovisuelles Feld zu bestimmen. In seiner Komposition aus Visuellem und Auditivem verortet sich das Melodramatische in einem Zwischenbereich verschiedener Regime und Praktiken. Es kann sich in ihm neu verorten, eigene Räume entwerfen und

Machtbeziehungen durchkreuzen. Das klassische Hollywood-Melodrama der dreißiger bis sechziger Jahre des 20. Jahrhunderts beispielsweise schuf die Beziehungen zwischen Körper, Raum und Musik als audiovisuelle Metaphern, die das Gefühl, in der Situation gefangen zu sein, als Sinnbild für soziale Entfremdung und tatsächliche soziale und räumliche Beschränkung von Frauen für das Publikum erfahrbar machten (vgl. Elsaesser 1991). Frauen wurden in der *mise-en-scène* von bestimmten Melodramen, so etwa bei Douglas Sirk, nicht nur als betrachtete Objekte, als Schauspiel eines männlichen Blicks und durchdringender Kamerabewegung sichtbar, wie es Laura Mulvey in ihrer vielzitierten Analyse des filmischen Voyeurismus beschrieben hat (Mulvey 1975). Vielmehr wurde in der musikalischen Untermalung und dem Zusammenspiel der Audiovision auch eine Form von Widerstand hörbar, eine Überschreitung des filmischen Raums in die gesellschaftliche Realität der Zuschauer*innen. Interessant für die Beantwortung der Frage nach der Audiovision erscheint hier die Beobachtung, dass musikalische Untermalung im Melodrama niemals nur als solche bezeichnet werden kann. Es handelt sich stets um ein gleichberechtigtes Spiel beider Ebenen und Sinne, um Momente der Parallelität, einen Prozess der Über- und Untermalung durch Musik, wie im Musikvideo.

2 Musikvideo *und* Melodrama

Es erscheint zunächst naheliegend, jene Musikvideos als melodramatisch zu bezeichnen, die Filmmusik bewerben, bzw. Stücke oder so genannte „love themes", die im Kontext mit großen Film-(Liebes-)Melodramen vermarktet werden: so beispielsweise Celine Dions „My Heart Will Go On" zu *Titanic* (James Cameron 1997), Faith Hills „There You'll Be" im Kontext von *Pearl Harbor* (Michael Bay 2001) oder „Gollum's Song" von Emilíana Torrini (Peter Jackson, *Der Herr der Ringe: Die zwei Türme* 2002), in denen sich rhythmisiert-montierte Filmszenen an abgefilmte Lip-Sync-Performances der Starfiguren anschmiegen und eine Zwischenwahrnehmung oder Überschneidung verschiedener Welten (Filmwelt, Prominentenwelt, persönliche Welt) erzeugen. Diese Form von Musikvideo erscheint hochgradig artifiziell und persönlich zugleich in dem Sinne, dass das Format bereits auf die (vergangene) Filmerfahrung verweist und die persönliche Aneignung und Codierung des Liebeslieds ermöglicht. Die Fernsehwissenschaftlerin Misha Kavka hat auf einen ähnlichen Aspekt der Überschneidung von (Erfahrungs-)Welten am Beispiel des Reality-Fernsehens hingewiesen (Kavka 2008). Hier beschreibt sie, wie sich „intimate relationships" zwischen Zuschauer*in und Fernsehen entwickeln könnten, weil eine Identifikation mit Situationen (anstelle von fiktiven Figuren) entstehe. In dieser „Kontinuität“ der Welten seien Affekte weder real noch nicht-real, sondern relationale und soziale Prozesse (ebd., S. 24 und 52). Auf gewisse Weise ähnelt dies dem Konsum solcher Musikvideos: Sie zeigen eine Transformation fremder in eigene Gefühle an, ohne dass diese jemals im Eigenen aufgehen könnten. Bei Whitney Houstons Version von „I Will Always Love You“, einem der erfolgreichsten Liebeslieder der Popkultur und dem audiovisuellen Substrat des Hollywood-Films *Bodyguard* (1991), der eine „interracial romance“ inszeniert, spitzt sich diese Vermischung der Welten zu. Houston ist selbst Hauptdarstellerin des Videos zu ihrem Song und des Films und doppelt sich in der Videoperformance mit ihrer fiktiven Figur Rachel Marron. Das Studio-Setting – ein Stuhl steht im Schnee an einem See, Wind durchfährt das Haar, als wäre sie im Freien – zeigt eine Kontinuität mit einer zentralen Filmszene an und vermischt unterschiedliche Ebenen der Diegese. Das Musikvideo verkompliziert hier etwas, das in Bezug auf den Film ohnehin der spannendste Aspekt ist: nämlich das Verhältnis von Person, Star- und Filmfigur Houston, das von Starkult-Forscher*innen in ihren Analysen bezogen auf die Konstruktion von Stars und Celebrities untersucht und anhand der Formen der Fanbeziehung diskutiert wird (Dyer 1998; ders. 1979; Rojek 2009). Besonders wichtig wird diese Relation, wenn die Figur Whitney Houston in den Kontext Schwarzer Selbstrepräsentation und des US-amerikanischen Rassismus der 1990er Jahre gestellt wird.

Jene Musikvideos über melodramatische Filme zeichnen sich zwar nicht durch eine besonders reflexive oder komplexe Form der Audiovision aus. Sie stellen relativ konventionelle Formen der (über sich selbst hinausgehenden) Bebilderung von Musik vor. Musik, Film- und Performanceeinstellungen verändern sich in ihrer Synchronisierung, und das Musikvideo erzeugt eine vielschichtige audiovisuelle Hybridwelt, wirkt emotionalisierend und bindet die Aufmerksamkeit; das Filmmaterial wird de- und rekontextualisiert und erhält eine nahezu choreographische Qualität innerhalb des Gefüges, in dem Sinne, dass es durch die Musik neu rhythmisiert und verräumlicht wird, so bspw., wenn am Höhepunkt einer Gesangspassage ein kleines Ruderboot explodiert oder Flugzeuge das Bild in hohem Tempo zerschneiden. Derartige Analogien zwischen Bild und Musik erzeugen in ihrer Doppelung multisensorische, teils sogar „haptische Intensität“ und Energie, die sich auf die Wahrnehmungskörper der Zuschauer*innen überträgt, die auf diese Weise das Geschehen ‚koproduzieren‘.[5]

---

5 Hier folge ich der Film-Phänomenologie Vivian Sobchacks, die – in Referenz auf Maurice Merleau-Ponty und Edmund Husserl – beiden Aktanden der Filmerfahrung, dem Film und den

Neben solchen melodramatischen Musikvideos wären auch jene zu nennen, die das *Genre* des Melodramas imitieren, etwa Toni Braxtons *Un-Break My Heart* (1986), das als eine Art Kurzfilm aufwendig eine Liebes- und Verlustgeschichte im Hollywood-Stil inszeniert und eine Art mediales Simulacrum oder eine Wiederholung ohne Original zeigt. Oder *Tonight, Tonight* von The Smashing Pumpkins, das sich an der Schwarz-Weiß-Stummfilmästhetik und Motivik des frühen Films orientiert, offensichtlich an Georges Méliès, und tricktechnisch erzeute Settings, zeitlich verzerrte und daher historisch wirkende Gesten und Posen mit dem Sound zart-düsterer Independent-Musik, angereichert mit Orchestersounds, synchronisiert und kontrastiert. Eine Vielzahl solcher intertextuellen Verweise wäre in der Geschichte des Musikvideos zu finden; auch in fragmentarischer Form als Zitat, Re-Performance oder Sample: Madonnas Cover von Marvin Gayes *I Want you feat. Massive Attack* (1995) (s. Abb. 1) – wie auch zahlreiche andere Musikvideos von Madonna – wiederholen das Gesten- und Kostümrepertoire melodramatischer Film-Heldinnen.

Lady Gaga und Lana del Rey zitieren historische Mode, Gesten und Medienformate und verweisen dabei auf die Künstlichkeit und Gemachtheit solcher Weiblichkeitsbilder. Diese Praxis einer Zitation des Melodramas haben künstlerische und identitätspolitische Dimensionen: Die Ästhetik in Beyoncés *Countdown* (2011) beispielsweise „sampelt" berühmte Stars vergangener Zeiten (wie Audrey Hepburn und Whitney Houston), indem sie durch Beyoncé in entsprechender Pose und Mode verkörpert werden; sowie Szenen bekannter Choreographien und Kunstwerke der Postmoderne – etwa *Rosas danst Rosas* (1983) von Anne Teresa de Keersmaeker, in der melodramatische Gesten repetitiv dekonstruiert werden; oder serielle Bilder im Stil von Andy Warhol, die auf die performative und automatisierte Wiederholung von Bildern des Weiblichen verweisen, die nie neutral sein können, sondern Machtbeziehungen mit- und reproduzieren müssen. In diesem Spiel mit Verweisen aus Kunstgeschichte und Popkultur deutet sich das Verfahren einer ermächtigenden Aneignung eines kulturellen Archivs an, wie es die Carters Jahre später im Musikvideosetting des Louvre (Musikvideo zu „Apeshit", 2019) konkretisieren werden: eine den Exotismus durchkreuzende Einschreibung schwarzer Geschichte(n) ins Archiv europäischer Kultur über Verfahren des (audio-visuellen) Bilderstellens und Sich-Körperlich-Einfügens in einen „Bildschirm" medialer Repräsentationen (Kilomba 2019).

Zuschauer*innen, subjektive und objektive Qualitäten zuweist und die Filmwahrnehmung als gestalterisch und transsensoriell charakterisiert. Vgl. Sobchack 1991.

Abb. 1: Madonna feat. Massive Attack: *I Want you* (1994), Videostill.

Abb. 2: Madonna feat. Massive Attack: *I Want you* (1994), Videostill.

3 (One-Cut-)Musikvideo *als* Melodrama

Neben diesen vielfältigen Verbindungslinien zwischen Musikvideo und Melodrama in der Bild- und Motivgeschichte gibt es eine spezifische Form, in der sich beides in einer Form der Audiovision überblendet: das One-Cut-Musikvideo.

Als One-Cut-Musikvideos werden jene Ästhetiken bezeichnet, die in einer einzigen Einstellung gedreht wurden oder den technisch-vermittelten Eindruck vermitteln, sie seien es. Aus der sogenannten Plansequenz oder Horizontalmontage ergibt sich eine fortlaufende Bild- und Kamerabewegung ohne Unterbrechungen durch Schnitte und Montagen. In der Filmgeschichte wurden unzählige Experimente in Plansequenz unternommen: Sie wird als ästhetisches Mittel zur Erzeugung von scheinbarer Spontaneität, Teilhabe und Immersion, aber auch zur Desorientierung und Unvorhersehbarkeit eingesetzt (vgl. Bordwell und Thompson 2010).[6] Die Plansequenz erzeugt eine andere Form von Kontinuität als das klassische „continuity-editing", das einen klaren geometrischen Raum und die sukzessive und „naturalistisch" erscheinende Relation zwischen Orten und Personen erzeugt. Die Horizontalmontage wurde mit der portablen Videokamera als künstlerische und ästhetische Praxis etabliert und markiert einen medientechnischen Wandel bzw. einen solchen des Mediengebrauchs von „Profis" zu Amateur*innen bzw. von Konsument*innen zu Produzenten*innen.

Perspektivwechsel vollziehen sich in der Horizontalmontage subtil im Fließen, auch wenn die Aufnahme wie jede filmische aus montierten Einzelbildern besteht, die im Abspielformat und der Wahrnehmung durch die Zuschauer*innen realisiert wird. Performer*innen, Dinge und Räume „spielen", wie im Theater, durchgehend und müssen aktiv den (bewegten) Bildraum in „Auftritten" betreten und verlassen, was einen komischen Effekt haben kann. Die Beziehung von Kamera und gefilmtem Objekt kann als eine choreographische bezeichnet werden: Dynamisch und tänzerisch bewegen sich die Aktant*innen in einer sich ständig verschiebenden Relation zueinander und erzeugen eine eigene Raumschrift – und für die Zuschauer*innen eine spezifische „Raumwirklichkeit", die sich meistens in Außenaufnahmen realisiert und damit die reale mit der fiktiven Welt verschränkt. Die Ästhetik zeichnet sich durch die aristotelische Einheit von Zeit, Raum und Handlung aus. Diese Einheit beschreibt die Musikvideoforscherin Carol Vernallis in ihrer Monographie *Experiencing Music Videos* als Randphänomen (Vernallis 2004, Pos. 501). Sie betont die postmoderne Pastiche-Qualität von Musikvideos und untersucht diese als „complex system of visual and musical relations" mit zahlreichen, sich begegnenden Formen von Raum, Perspektive und Rhythmen. Dies habe, das zeigt sie vielfach auf,

6 Beispiele für entsprechende Filme finden sich neben Alfred Hitchcock, Michelangelo Antonioni und Jean-Luc Godard auch bei Gaspard Noé oder Alejandro González Iñárritu; sowie aktuell Sam Mendes' *1917* (2019).

Konsequenzen für die Frage der Repräsentation vielfältiger „Stimmen“ und Erfahrungsmodi im Musikvideo. Das geschnittene und komponierte Musikvideo stelle, so Vernallis, konventionelle Formen des Wissens und normative Darstellungsmodi (der Narration, des „naturalistischen“ Raums, von Geschlecht und Identität) in Frage und ordne audiovisuelle und soziale Räume neu (ebd., Pos. 112 und Pos. 580). Die Zuschauer*innen werden auf diese Weise für unterschiedliche „orientations“ von Körpern, Dingen und Umgebungen, so könnte man es mit Sara Ahmeds Queer-Phänomenologie beschreiben, sensibilisiert (Ahmed 2006, S. 543f.). Darin liegt insgesamt ein politisches Potential von Musikvideos.

Eine Plansequenz ohne Schnitte auf der anderen Seite organisiert den Bildraum als bewegtes Kontinuum und Momentum zugleich. Kleinste Wechsel und unerwünschte Zwischentöne werden anstelle der großen formalistischen Gesten sichtbar. Die Figuren werden nicht in Posen-Bild-Konstellationen inszeniert, sondern in einem Fluss der Bilder. Für diese Zwischenform aus bleibendem Wechsel gibt es unzählige Beispiele: Bob Dylans *Subterranean Homesick Blues* (1965), *Wannabe* der Spice Girls (1996), Radioheads *No Surprises* (1997) mit Thom Yorkes Kopf unter Wasser, die aufwendigen technischen Installationen von OK GO (um 2015), *Kieszas Hideaway* (2014), Spike Jonzes Manipulation der Performance- und Abspielzeit in Weezers *Undone – Sweater Song* (1994), Childish Gambinos Rassismuskritik in *This is America* (2018) durch referentielle Szenen und die Art und Weise der Kameraführung.[7] Ein besonders treffendes Beispiel aber bildet Michel Gondrys komplexes Spiel mit dem Layering einer panoramatisch zirkulierenden Kamera in Kylie Minogues *Come Into My World* (2001). Diese Videos, die genau jenen „Eintritt in eine Welt“ befördern wollen, spielen mit einem dreidimensionalen „worlding“ der Szenen, betonen die Konzepthaftigkeit der Performance und zeigen zugleich eine betonte Lebendigkeit und Flüchtigkeit. Sie erzeugen in der Wahrnehmung etwas, das man mit dem Entwicklungspsychologen Daniel Stern als ein „affective attunement“ bezeichnen könnte (Stern 1985). Dies beschreibt die ursprüngliche affektive Übertragung zwischen Mutter und Kind jenseits fester Bedeutung: eine Form von gegenseitigem Einschwingen, das die Fähigkeit zu fühlen fördert und intermodal funktioniert. Das „Antworten“ des Körpers mit ähnlichen Stimmungen (als Lustgewinn) kann als Interaktionsmuster mit kulturellen Artefakten wie dem Musikvideo gelten; als audiovisuelle Konstellation scheint es besonders intensiv zu wirken, da es mehrere Sinne überlagern lässt. In dieser Hinsicht wären die Bedeutung oder Aussagekraft für die Frage der Affizierung unwichtig:

7 Die Plansequenz kann hier als eine Metapher für die Kontinuität von Unterdrückung aufgrund von „Race“ verstanden werden.

Praise You (1999) von Fat Boy Slim oder *Happy* von Pharrell Williams (2013) wären in ihrer heiteren Stimmung ebenso „attuning" wie die eher traurigen Themen und Lieder in melodramatischen Figurationen.

Dennoch sollen abschließend noch einmal die konkrete melodramatische Montage und Wirkung betrachtet werden, denn auch an Affekte sind soziale und kulturelle Bedeutungen angelagert. Es gibt einige One-Cut-Videos, die sich eindeutig als melodramatisch bezeichnen ließen, so etwa Sinéad O'Connors *Nothing Compares 2U* (1990), das aus einer Großaufnahmesequenz ihres Gesichtes besteht, während sie „singt".[8] Als seltsame Zwischenform von Konzertvideo und Kunstfilm zeigt es ein „Affekt-Bild", das Gilles Deleuze neben dem Aktions- und dem Wahrnehmungsbild als eine filmische Grundkategorie konzipiert hat, das eine besondere Wahrnehmung der Zuschauer*innen hervorruft. Hier bildet sich ein Intervall zwischen dem Empfangen und Weitergeben einer Emotion, zwischen Reiz und Reaktion und erzeugt einen Bruch und eine Kontinuität zugleich.[9] Der Song und seine Inhalte („die verlassene Geliebte") vermischen sich mit dem Eindruck einer fragilen visuellen Repräsentation von Gefühlen der Performerin selbst (ein Zittern, Erröten, ein Abwenden des Blicks); diese Szene der Nähe zeigt eine voyeuristische Aggression der Kamera an.

Die Konstellation der verlassenen Geliebten, deren Leiden audiovisuell (und voyeuristisch) in Szene gesetzt wird, hat im frühen Melodrama des 18. Jahrhunderts ihren Ursprung (vgl. Butte 2014, Kap. 2). In den kurzen musikalisierten Stücken, die als audiovisuelle Monologe in Bewegung choreographiert wurden, so zum Beispiel *Ariadne auf Naxos* (Christian Brandes und Georg Benda, 1774) oder *Lenardo und Blandine* von Joseph Franz von Goez (1776), wurden die Szenen des Verlassenwerdens, die in Tragödien keinen Platz gehabt hätten oder nur kurze Auftritte gewesen wären, gedehnt und musikalisch „untermalt". Bemerkenswert ist hier, dass die Gesten genau auf die Partitur abgestimmt wurden und die Musik sozusagen das Innere der Figur „malen" sollte – vielleicht eine mögliche Datierung auch für den Beginn von Filmmusik. Anders als in der Oper, wo die Musik einen Zentralaffekt und eine Narration verkörpern und bedienen sollte sowie eine abgeschlossene Komposition bildet, zeigten die Melodramen einen nicht-narrativen, inneren Moment, der zugleich statisch und von kleinen psychologischen Transformationen gekennzeichnet war: ein Liebeslied

---

8 Vernallis hat auf den seltsamen Umstand verwiesen, dass Musikvideos trotz des Songs eine Abwesenheit des Dialogs auszeichne, einen schweigenden Ausdruck inszenierten. Dies stimmt mit der Formsprache des Melodramas überein, das den Dialog zugunsten des musikalisch-gestischen Ausdrucks zurückdrängt (vgl. Vernallis 2004, S. 171).

9 Gilles Deleuze, zitiert nach: Zechner 2006.

sozusagen, das exzessiv visuell in Szene gesetzt wurde. Diese Figuration von Musik und (bewegtem) Bild kann als eine frühe Montage von Bild und Ton vor der medialen Aufzeichnungstechnik verstanden werden; neben Partituren gab es nur Zeichnungen der Bilderfolge – vor dem Hintergrund der Entstehung einer bürgerlichen Gesellschaft und Konzepten des Sentimentalen (vgl. Butte 2014, Kap. 2). Man erprobte damit, wie die inneren Schwingungen auf die Zuschauer*innen übertragen werden könnten und diese sich auf diese Weise zu fühlenden und moralischen Wesen erziehen ließen. Gleichzeitig bot das Format eine Möglichkeit zu einem narzisstischen Genießen des (fremden) Schmerzes (Kappelhoff 2004; Heeg 2000).

Diese Konfiguration lebt im eindrucksvoll gestalteten One-Cut-Video *Unfinished Sympathy* der britischen Trip Hop-Gruppe Massive Attack aus dem Jahr 1991 weiter. In dem von Baillie Walsh inszenierten Video wird die Sängerin Shara Nelson gefilmt, wie sie durch ein Viertel von Los Angeles flaniert und „singt". Der Songtext beschreibt ebenfalls eine Trennung und eine sich daraus entfaltende innere Gefühlswelt. Die Musik setzt sich zusammen aus gesampelten Stimmelementen und einer prägenden Percussions-Linie. Es gibt ein programmiertes Schlagzeug und keine Basslinie. Die helle, schimmernd-klimpernde Atmosphäre erzeugt nicht nur ein Genießen des Klangs, sondern im Zusammenspiel mit der visuellen Szene auch eine Übertragung eines Schwungaffekts, der in der Schwebe bleibt. Das Gehen verstärkt diesen „gehaltenen" Eindruck und formt eine kontinuierliche Ästhetik des Werdens von immer wieder neuen Gefühlen. Die visuelle Qualität des Musikvideos verstärkt also den fast hypnotischen Sog. Die Ästhetik der *mise-en-scéne* erzeugt den Eindruck einer verlassenen Frau in einem gefährlichen Viertel voller Männer; Betrunkene und Biker, aber auch weniger eindeutig markierte Figuren, Statisten und zufällig gefilmte Menschen kreuzen die Szene, doch in der Dokufiktion des One-Cut-Videos bleiben sie von der Hauptfigur unbemerkt. Sie navigiert durch eine Umwelt, die durch die Bewegung der Kamera miterschaffen wird. Die Kameraführung lag in den Händen von Dan Kneece, einer der Filmer von David Lynch, mit einer Steadycam. Das Duett zwischen Kamera und Performerin ist ein subtiles: Die Anwesenheit des Kamera-Blicks wird durch die Abwesenheit des Blickes von Nelson beantwortet; die Screenshots des Videos zeigen die Unmöglichkeit an, einen perfekten fotografischen Augenblick zu erschaffen (wie es bei anderen Musikvideos durch die Pose durchaus möglich und üblich ist). Die Präsenz der Figur ist verwischt, transportiert wird die Kontinuität einer Versunkenheit in das Gefühl, das sich transgressiv durch die Musik ausbreitet.

Abb. 3: Shara Nelson in Massive Attack: *Unfinished Sympathy* (1991), Videostill.

Abb. 4: Shara Nelson in Massive Attack: *Unfinished Sympathy* (1991), Videostill.

Die Steadycam von Kneece wird in Billie Eilishs Video *Therefore I Am*, um das es abschließend gehen soll, durch eine Handycamera ersetzt und zeigt eine neue mediale Umgebung des melodramatischen Formenrepertoires an. Das von Eilish selbst konzipierte Video zeigt sie in typischer, weiter (Anti-)Mode-Statement-Kleidung in einer leeren Shopping-Mall. Sie wandert und mäandert scheinbar zufällig durch die Hallen an Geschäften und Imbissbuden vorbei, bedient sich an Essensständen und gleitet antiposierend an der Kamera vorüber, deren Filmer*in Mühe gehabt haben muss, ihr zu folgen.

Abb. 5: Billie Eilish in dies.: *Therefore I Am* (2020), Videostill.

Abb. 6: Billie Eilish in dies.: *Therefore I Am* (2020), Videostill.

Auch hier wird eine Trennung besungen, doch Eilish markiert eine Überwindung des Schmerzes, zeigt eine schräg-selbstbestimmte junge Frau, die den Schmerz transformieren kann. Die eindringliche Stimme, die Verwischung der Szenen und die Kontinuität des Folgens und Navigierens können als affektive

Transgressionen in die Welt der Zuschauer*innen gelesen werden. Sie erscheinen als eine Metapher für die alltägliche, persönliche „Praxis“[10] des Navigierens in Medienumwelten der Gegenwart, die ihrerseits von Macht- und Identitätsbeziehungen durchzogen sind. Es sind Umwelten, in die man sich selbst durch Bilder und Videos einschreibt und den Blick der Anderen vorwegnimmt bzw. in ihnen auftauchen und verschwinden kann. Besonders angesichts einer medientechnologisch-digitalen und neoliberalen Zerstreuung der Gegenwart und der zahlreichen Bewegtbild-Displays erscheint diese affektive Kontinuität des melodramatischen One-Cut-Musikvideos als neuer Darstellungs- und Erfahrungsmodus. Dieser hat sich von der fordistischen Form des Fließens in ein fraktales, heterogenes Netzwerk verschoben.[11] In seiner Schrift *Post-cinematic Affect* weist Steven Shaviro genau auf diese Transformation des Affekts in neuen Medienumwelten hin und versucht sie genealogisch und als „structure of feeling“ (Raymond Williams) zu bestimmen. Er versteht Musikvideos als spezifische Artikulationsform der Gegenwart und behauptet,

> that they give voice (or better, give sounds and images) to a kind of ambient, free-floating sensibility that permeates our society today, although it cannot be attributed to any subject in particular. By the term expressive, I mean both symptomatic and productive. These works are symptomatic, in that they provide indices of complex social processes, which they transduce, condense, and rearticulate in the form of what can be called, after Deleuze and Guattari, ‚blocs of affect‘. But they are also productive, in the sense that they do not represent social processes, so much as they participate actively in these processes, and help to constitute them
>
> (Shaviro 2010, S. 3)

10 Im Sinne von Michel de Certeau (1989). Dessen Theoretisierung von Alltagspraktiken verneint das Konzept einer passiv konsumierenden Person und versteht den*die Konsument*in als taktische*n Gestalter*in von Umwelten.

11 In seiner Studie *Post-Cinematic Affect* untersucht Steven Shaviro (2010) das Verhältnis von Ästhetik und Ökonomie in der Gegenwart und beschreibt die Formen affektiver Kontinuität innerhalb neuer Medienformate. Sie seien „Maschinen der Affekterzeugung“, aber nicht als „ideologische Super-Strukturen“, sondern als Mitte der „sozialen Produktion, Zirkulation und Distribution“. Weiter heißt es: „They generate subjectivity; and they play a crucial role in the valorization of capital. Just as the old Hollywood continuity editing system was an integral part of the Fordist mode of production, so the editing methods and formal devices of digital video and film belong directly to the computing-and-information-technology infrastructure of contemporary neoliberal finance. There's a kind of fractal patterning in the way that social technologies, or processes of production and accumulation, repeat or ‚iterate‘ themselves“ (ebd., S. 3).

Insbesondere das melodramatische Musikvideo erscheint hier als ein „bloc of affect" (ebd.), in dem zahlreiche heterogene Affektelemente nachleben und die die Gesellschaft nicht repräsentieren oder widerspiegeln, sondern die eine Einschreibefläche sind, an der alle partizipieren.

4 Schluss und Ausblick

Der Beitrag hat die formale, ästhetische und inhaltliche „Verwandtschaft" zwischen Musikvideo und Melodrama aufgezeigt und die besondere Verbindung von Bewegtbild und Musik „sichtbar" gemacht. Beide kulturellen Formen teilen ein Potential zur affizierenden Bewegung, die sich besonders stark im Genre des One-Cut-Videos formiert, dessen aktuelle Gestalt das Verhältnis von Mensch und Medienumwelten auf prägnante Weise reflektiert. Die Nachzeichnung der affektiven Wirkungen beider signalisierte eine große historische Variabilität, wobei die unterschiedlichen Bedeutungsprozesse und historischen Kontexte hier nur am Rande behandelt werden konnten. In der Zukunft sollten die Refigurationen des Melodramas auch noch einmal auf eben jene Kontexte und (sozialen) Bedeutungen hin untersucht, genauer, die Konstruktionen von Geschlecht, Klasse und „race" im und durch melodramatische Musikvideos in den Blick genommen werden. In der Inszenierung einer transgressiven Welt von (authentischer) Person und Starfigur, medialen Inszenierungsformaten und Sozialen Medien entwerfen bspw. Lady Gaga, FKA Twigs oder Beyoncé kohärente „Welten", die nicht nur das Verhältnis von Identität und Repräsentation behandeln, sondern auch die „Teilhabe" an diesen affektiven Welten durch die Fans (Macrossan 2018).

Medienverzeichnis

Abbildungen

Abb. 1: Videostill: Madonna feat. Massive Attack. 1995. *I Want You*. Regie: Earle Sebastian. https://www.youtube.com/watch?v=5Mln4XgMPmM . Zugegriffen am 26. Januar 2021.
Abb. 2: Videostill: Madonna feat. Massive Attack. 1995. *I Want You*. Regie: Earle Sebastian. https://www.youtube.com/watch?v=5Mln4XgMPmM . Zugegriffen am 26. Januar 2021.
Abb. 3: Videostill: Massive Attack. 1995. *Unfinished Sympathy*. Regie: Baillie Walsh. https://www.youtube.com/watch?v=ZWmrfgj0MZI. Zugegriffen am 26. Januar 2021.
Abb. 4: Videostill: Massive Attack. 1995. *Unfinished Sympathy*. Regie: Baillie Walsh. https://www.youtube.com/watch?v=ZWmrfgj0MZI. Zugegriffen am 26. Januar 2021.
Abb. 5: Videostill: Billie Eilish. 2020. *Therefore I Am*. Regie: dies. https://www.youtube.com/watch?v=RUQl6YcMalg. Zugegriffen am 26. Januar 2021.
Abb. 6: Videostill: Billie Eilish. 2020. *Therefore I Am*. Regie. dies. https://www.youtube.com/watch?v=RUQl6YcMalg. Zugegriffen am 26. Januar 2021.

Literatur

Ahmed, Sara. 2006. Orientations. Towards a Queer Phenomenology. *GLQ: A Journal of Lesbian and Gay Studies* 12 (4): 543–574.

Arnold, Gina, Daniel Cockney, Kirsty Fairclough und Michael Goddard. 2017. Introduction: Persistence of the Music Video from MTV to Social Media. In *Music/Video – Histories, Aesthetics, Media,* hrsg. dies., 1–13. London: Bloomsbury Academic.

Barthes, Roland. 1964. *Mythen des Alltags*. Frankfurt am Main: Suhrkamp.

Bordwell, Thomas und Kristin Thompson. 2010. *Film Art.* New York: McGraw-Hill.

Brooks, Peter. 1994. Die melodramatische Imagination. In *Und immer wieder geht die Sonne auf. Texte zum melodramatischen Film*, hrsg. Christian Cargnelli, 35–64. Wien: PVS.

Butte, Maren. 2014. *Bilder des Gefühls. Zum Melodramatischen im Wechsel der Medien*. München: Fink.

Certeau, Michel de. 1989. *Kunst des Handelns*. Berlin: Merve.

Chion, Michel und Claudia Gorbman. 2019. *Audio-Vision: Sound on Screen*. Columbia: Columbia UP.

Doane, Mary-Ann. 1987. *The Desire to Desire. Woman's Film in the 1940s.* Bloomington: Indiana University Press.

Dyer, Richard. 1979. *Stars*. London: British Film Institute.

Dyer, Richard. 1998. *Heavenly Bodies: Film Stars and Society*. London: Macmillan Education.

Elsaesser, Thomas. 1992. Tales of Sound and Fury. Observations on the Family Melodrama. In *Imitations of Life. A Reader on Film & Television Melodrama*, hrsg. Marcia Landy, 68–91. Detroit: Wayne State University Press.

Goodwin, Andrew. 1992. *Dancing in the Distraction Factory: Music Television and Popular Culture*. Minneapolis: University of Minnesota Press.

Heeg, Günther Heeg. 2000. *Das Phantasma der natürlichen Gestalt. Körper, Sprache und Bild im Theater des 18. Jahrhunderts*. Frankfurt am Main: Stroemfeld.

Heilman, Robert. 1968. *Tragedy and Melodrama. Versions of Experience*. Seattle: Washington UVP 1968.

Kapellhoff, Hermann. 2004. *Matrix der Gefühle. Das Kino, das Melodrama und das Theater der Empfindsamkeit*. Berlin: Vorwerk.

Kaplan, E. Ann. 1987. *Rocking Around the Clock: Music Television, Postmodernism, and Consumer Culture*. New York: Methuen.

Kavka, Misha. 2008. *Reality Television. Affect and Intimacy. Reality Matters*. Houndmills: Palgrave.

Keazor, Henry und Thorsten Wübbena. 2007. *Video thrills the Radio Star. Musikvideos: Geschichte, Themen, Analysen*. Bielefeld: transcript Verlag.

Kilomba, Grada. 2019. Warum uns Beyoncés und Jay-Zs Louvre-Video nicht loslässt. *monopol. Magazin für Kunst und Leben*. 9. Januar 2019. https://www.monopol-magazin.de/warum-uns-beyonces-und-jay-zs-louvre-video-nicht-loslaesst. Zugegriffen am 26. Januar 2021.

Macrossan, Phoebe. 2018. Intimacy, authenticity and ‚worlding' in Beyonce's Star Project. In *Popular music, stars and stardom*, hrsg. Stephen Loy, Julie Rickwood und Samantha Bennett, 137–152. Acton: Australian National University Press.

Meisel, Martin. 1983. *Realizations. Narrative, Pictorial, and Theatrical Arts in Nineteenth Century England*. Princeton: PUP.

Mulvey, Laura. 1975. Visual Pleasure and Narrative Cinema. *Screen* 16 (3): 6–18.

Rojek, Chris. 2009. *Celebrity (Critical Concepts in Sociology)*. London u.a.: Routledge.

Ryan, Marie-Laure. 2001. *Narrative as Virtual Reality: Immersion and Interactivity in Literature and Electronic Media*. Baltimore: Johns Hopkins University Press.

Schmidt, Johann N. 1986. *Ästhetik des Melodramas. Studien zu einem Genre des populären Theaters im England des 19. Jahrhundert*. Heidelberg: Winter.

Shaviro, Steven. 2010. *Post Cinematic Affect*. Ropley: Zero.

Singer, Ben. 2001. *Melodrama and Modernity Early Sensational Cinema and Its Contexts*. New York: Columbia University Press.

Sobchak, Vivian. 1991. *The Address of the Eye: A Phenomenology of Film Experience*. New York: Princeton University Press.

Stern, Daniel. 1985. *The Interpersonal World of the Infant*, New York: Routledge.

Vernallis, Carol. 2004. *Experiencing Music Video*. New York: Columbia University Press.

Williams, Linda. 1991. Film Bodies: Gender, Genre, and Excess. *Film Quarterly*, 44 (4): 2–13.

Zechner, Anke. 2006. Das Affektbild als Stillstand der Narration. Überlegungen zur Schlussszene von Vive l'amour – Es lebe die Liebe. In *Affekte. Analysen ästhetisch-medialer Prozesse*, hrsg. Antje Krause-Wahl, Heike Oehlschläger und Serjoscha Wiemer, 155–167. Bielefeld: transcript Verlag.

Musikvideos

Beyoncé. 2011. *Countdown*. Regie: Adria Petty.

Billie Eilish. 2020. Therefore I Am. Regie: Billie Eilish.

Bob Dylan. 1965. Subterranean Homesick Blues. Regie: D.A. Pennebaker.

Céline Dion. 1997. *My Heart Will Go On*. Regie: James Cameron.

Childish Gambino. 2018. *This Is America*. Regie: Hiro Murai.

Emilíana Torrini. 2002. *Gollum's Song*. Regie: Peter Jackson.

Faith Hill. 2001. *There You'll Be*. Regie: Michael Bay.

Fat Boy Slim. 1999. *Praise You*. Regie: Spike Jonze (als Richard Koufey).
Kiesza. 2014. *Hideaway*. Regie: Ljuba Castot/Rami Samir Afuni.
Kylie Minogue. 2001. *Come Into My World*. Regie: Michel Gondry.
Madonna feat. Massive Attack. 1995. *I Want You*. Regie: Earle Sebastian.
Massive Attack. 1995. *Unfinished Sympathy*. Regie: Baillie Walsh.
OK Go. 2015. *The Writing's On The Wall*. Regie: Aaron Duffy und Damian Kulash.
Pharrell Williams. 2013. *Happy*. Regie: Pierre Dupaquier und Clément Durou (als We Are From L.A.).
Radiohead. 1997. *No Surprises*. Regie: Grant Gee.
Sinéad O'Connor. 1990. *Nothing Compares 2U*. Regie: John Maybury.
Spice Girls. 1996. *Wannabe*. Regie: Johan Camitz.
The Carters. 2019. Apeshit. Regie: Ricky Saiz.
The Smashing Pumpkins. Tonight, Tonight. Regie: Jonathan Dayton/Valerie Faris.
Toni Braxton. 1986. Un-Break My Heart. Regie: Billie Woodruff.
Weezer. 1994. *Undone – Sweater Song*. Regie: Spike Jonze.
Whitney Houston. 1991. *I Will Always Love You*. Regie: Mick Jackson.

Filme

Bodyguard. 1992. Regie: Mick Jackson. USA: Warner Bros.
Der Herr der Ringe: Die zwei Türme. 2002. Regie: Peter Jackson. NZL/USA: New Line Cinema und WingNut Films
Pearl Harbor. 2001. Regie: Michael Bay. USA: Touchstone Pictures und Jerry Bruckheimer.

Performances

Benda, Georg und Christian Brandes. 1774. *Ariadne auf Naxos*.
Goez, Joseph Franz von. 1776. *Lenardo und Blandine*.
Keersmaker, Anne Teresa de. 1983. *Rosa danst Rosas*.

Simon Rehbach

Sport im hybriden Medium Musikvideo

Abstract: Wie der Film zeigt auch das Musikvideo eine motivische und stilistische Vielfalt der Inszenierung von Sport. Der Beitrag betrachtet dies anhand der Hybridität des Mediums. Vier Merkmale, die die Forschung beobachtet, werden exemplarisch angeführt: Das Musikvideo kombiniert Song und Clip, mehrere Bilder sowie künstlerische und kommerzielle Elemente und verwendet intermediale Referenzen. Die hybriden Merkmale der im Beitrag analysierten Werke betonen unterschiedliche körperliche Wettkämpfe und Bewegungen.

Schlüsselwörter: Musikvideo, Hybridität, Sport, Wettkampf, Inszenierung

Wie Thomas Waitz zum Sport geäußert hat, „gehen" die „regelhaften Verfahren der Bedeutungszuweisung, die sich [sic] mit Blick auf den Film etwa als Motive wirksam werden, [...] stets mit einem zu bestimmenden medialen Eigensinn einher. Sport, so zeigt sich, reizt als Objektbereich spezifische mediale Verfahren und Formen an[ ] und vermag in besonderer Weise, solche Motive zu generieren" (Waitz 2014, S. 50). Bereits am Anfang der Filmgeschichte erzeugen filmische Werke Spannung in Erzählungen über Sieg und Niederlage und bilden den Ausgangspunkt für technische Innovationen der Sichtbarmachung von Bewegungen (Sicks und Stauff 2010, S. 9). Der vorliegende Beitrag betrachtet die Darstellung des von Waitz beschriebenen „Objektbereich[s]" im Musikvideo. Anhand der Hybridität des Mediums wird analysiert, inwiefern auch das Werbemittel der Musikindustrie körperliche Wettkämpfe und Bewegungen hervorhebt und vielfältige Konzepte der Inszenierung von Sport Verwendung finden, die zu erforschen sind.[1]

1 Musikvideo als Hybrid

Seit den 1980er Jahren, so die Medienwissenschaftlerin Irmela Schneider, sind Hybridisierungen, etwa von Materialien, Codes und Modellbildungen, mehr und mehr Teil der Gegenwart (Schneider 1997, S. 56f.). Die Prozesse bezeichneten besonders im Fall von Technologien eine Effizienz- und Komplexitätserhöhung

1 Der Beitrag ist Teil des Projekts „Die mediale Inszenierung von Sport im Musikvideo", das von der Fritz Thyssen Stiftung gefördert wird.

https://doi.org/10.1515/9783110730623-012

(ebd., S. 56). Als Beispiele für die Diskussion über die Medienkunst führt Schneider zudem Studien zum Musikvideo an (ebd., S. 39f.), das laut John Corbett „a hybrid of radio and record jacket" ist (Corbett 1994, S. 40, zitiert nach Schneider 1997, S. 40). Bereits zuvor ist die Hybridität des Mediums nicht nur von Wolfgang Preikschat (Preikschat 1987, S. 152f., zitiert nach Schneider 1997, S. 40) thematisiert worden. So schreibt Peter Wollen, dass das auf dem Sender MTV Verbreitung findende Musikvideo Eigenschaften der Postmoderne veranschauliche, die Avantgarde, Massenmedien, Alltagskultur und neue Technologien kreuze (Wollen 1986, S. 167). Sie reiße auch Genregrenzen ein, das Musikvideo weise Elemente von Live-Performance, Film und Fernsehen auf, verknüpfe Programm und Werbung und hybridisiere das Mode-Event (ebd., S. 167f.). Des Weiteren sei die Kunst der Postmoderne eklektisch und historistisch, Clips nähmen zum Beispiel in Pastiches Bezug auf andere Werke (ebd., S. 168f.). Die Überlegungen von Wollen dokumentieren, dass verschiedene Merkmale des Musikvideos zur Beschreibung der unterschiedlichen Darstellungsweisen von Sport beleuchtet werden können, wenngleich auch andere Medien als Hybride aufzufassen sind.

Wie Axel Schmidt und Klaus Neumann-Braun dargelegt haben, sind nach dem Ende der Blütezeit von MTV mehrere Institutionen der Distribution und Kanäle vorhanden, über die das Musikvideo rezipiert wird; hierzu gehören etwa Online-Portale, bisweilen mit Fernsehsendern verbundene Webseiten, Internetseiten von Interpret*innen und Mobiltelefone (Schmidt und Neumann-Braun 2010, S. 81f.). Die Autoren konstatieren, dass auch Webclips mediale Grenzen auflösen: Oftmals verfremden oder mixen sie bestimmte Inhalte, werden von TV-Sendern zusammengeschnitten, übernehmen eine Ästhetik, zeigen Aufnahmen von Live-Konzerten oder bebildern Klingeltöne (ebd., S. 81). Noch immer ist Werbung eine Funktion von Musikvideos, die ebenfalls eine Kunstform sind, Liedtext, Musik und Bilder verbinden (Keazor und Wübbena 2011, S. 18f.) und „auf die gesamte visuelle Alltags- und Kunstkultur [rekurrieren], wie sie sich u.a. aus Cartoons, Videospielen, Werbung, Filmen und Kunstwerken speist", und „sich immer wieder auch auf andere Clips beziehen können" (ebd., S. 435). Obendrein finden intermediale Bezugnahmen auf das Fernsehen statt (ebd., S. 171–219). Der Distributionsort wird selbst in einer Zeit von YouTube häufig thematisiert (Rehbach 2017; Rehbach 2018; Rehbach 2019).

Zugleich sind auf dem Portal andere Videos online. Viele publizierte YouTube-Werke bilden Sport ab: Sie machen die Attraktivität der Körper von Athlet*innen anschaulich, halten lustige und bizarre Ereignisse wie Pannen fest und präsentieren Amateur*innen- oder professionelles Material, das häufig überarbeitet oder neu kontextualisiert wird (Stauff 2009, S. 236). Wenngleich einige Videos von Nutzer*innen Musik enthalten, liegt der Fokus im weiteren Verlauf

auf der Darstellung von Sport in Clips der Musikindustrie, die das Publikum gegenwärtig vor allem im Internet rezipiert.

2 Darstellung von Sport im Musikvideo

Um aufzuzeigen, welche unterschiedlichen Bedeutungen das Musikvideo dem Sport zuschreibt, betrachtet der Beitrag vier hybride Merkmale des Mediums hinsichtlich der motivischen und stilistischen Vielfalt der Inszenierung von körperlichen Wettkämpfen und Bewegungen.

2.1 Song und Clip

Ein erstes Merkmal der Hybridität ist die Kombination von Song und Clip. So referiert gelegentlich bereits die Musik auf Themen des Sports (McGuinness 2009, S. 187f.), zudem gebrauchen Künstler*innen in ihren Arbeiten Tonaufnahmen von Fans und Klänge spezifischer Sportarten. Wird ein Clip zur Vermarktung des Liedes produziert, verweisen oftmals auch einzelne Bilder auf das sportliche Geschehen. In *Heaven Is a Halfpipe* (2000) von OPM leiten Geräusche eines Skateboards den Song ein. Die Band singt über eine Sportart, in der sich ein eigener Lebensstil entwickelt hat und Musik der subkulturellen Identität dient (ebd., S. 188). Während der Performance blicken die Mitglieder von OPM in die Höhe, wo sie mehrere Skateboardfahrer in einer Halfpipe beobachten. Zeitlupenaufnahmen verschiedener Tricks betonen den Spaß am Sport, der Ton und Text zu entnehmen ist.

Im Gegensatz zu *Heaven Is a Halfpipe* stellen andere Werke den Hergang einer Sportveranstaltung dar. Häufig ist auch in diesen Clips eine körperliche Darbietung zu sehen, die dem Klang des Liedes einen bildlichen Ausdruck verleiht. Eine Vielzahl von Interpret*innen tanzt zu ihrem Song, bisweilen kämpfen sie um den Sieg in einem Wettbewerb. Stellt das Video eine kompositorische Sportart dar, lässt es das Publikum häufig wissen, dass das zugrundeliegende Lied innerhalb der Handlung gespielt wird. Dies umfasst auch Werke, die keine musikalische Performance eines*einer Sängers*Sängerin visualisieren. Beispiele für die narrative Darstellung eines audiovisuellen Sportgeschehens sind Sofia Coppolas Auftritt als Gymnastiksportlerin in *Elektrobank* (1997) von The Chemical Brothers, die nicht abgebildet werden, und der Eiskunstlauf von Robbie Williams zur eigenen Liebesballade in *She's the One* (1999) (Keazor und Wübbena 2011, S. 289). In

Eiskunstlauf und Rhythmischer Sportgymnastik bildet die Musik einen ausschlaggebenden Teil des Wettkampfs (Harman et al. 2009, S. 85). Dass selbst Aufnahmen nicht-kompositorischer Sportarten manchmal den Ton umsetzen, belegt *Hello* (2010) von Martin Solveig und Dragonette. Im Mittelpunkt des Clips steht ein Tennisspiel des DJ Solveig mit seinem Kollegen Bob Sinclar. Einige Schläge der aufsehenerregenden Ballwechsel sind auf den Takt des Hits geschnitten; das Video lässt das Publikum erkennen, dass ein mediales Produkt vorliegt, das sich von der Übertragung eines realen, musikalisch begleiteten Wettkampfs unterscheidet (Rehbach 2018, S. 175–177).

Eine wichtige Funktion von Sportbildern ist die Schilderung von Teilen eines Liedtextes, der weder von einem Turnier noch von einem*einer Athleten*Athletin handelt. Während „die Gefühlsausbrüche im Sportfilm sehr klar definierte Momente und Gründe [haben]“ und „[g]erade dieser Schematismus [...] es den Filmen allerdings auch möglich [macht], Sieg und Niederlage und die damit einhergehenden Emotionen für eine Thematisierung nichtsportlicher Sachverhalte zu benutzen, also ihre Bedeutung zu verschieben“ (Sicks und Stauff 2010, S. 19), verwendet das Musikvideo – mitunter den Klang unterstützende – Aufnahmen von Freude oder Trauer, Konzentration, Entschlossenheit, körperlicher Aufopferung oder Angst während des Wettkampfs. „Nicht selten enden Sportfilme, in denen es zunächst scheinbar nur darum geht, hart für den Sieg zu trainieren, mit einer Niederlage (*Rocky*), die dann aber als ein Sieg im Feld des ‚außersportlichen‘ Handlungsverlaufs erscheint“ (ebd.), betonen Kai M. Sicks und Markus Stauff. Deutlich wird dies in mehreren Clips von *Because We Can* (2013) der Band Bon Jovi, in denen ein Protagonist in einem Boxkampf zwar zu Boden geht und verliert, aber die Liebe einer Frau für sich gewinnt.

Die ausgewählten Musikvideos führen vor Augen, dass das Medium unterschiedliche Konzepte der Darstellung von Sport aufweist. Bezüglich des Verhältnisses von Song und Clip ist herauszuarbeiten, inwiefern sportartspezifische Motive, stilistische Verfahren, Texte und Töne gebraucht werden und sich bestimmte Referenzen bis heute verändert haben.

2.2 Clip-Gestaltung

Ein zweites Merkmal der Hybridität bezieht sich auf die Clip-Gestaltung. Denn häufig präsentiert das Musikvideo auf mehreren verschachtelten Ebenen – zum Teil durch Überblendung oder Überlagerung – oder auf nur einer Ebene die Performance des Stars und weist zugleich eine Narration auf (Pape und Thomsen 1997, S. 205–209). „Des öfteren wird die Performance in eine Situation eingebettet, die eine Geschichte impliziert“ (ebd., S. 208), bemerken Winfried Pape und

Kai Thomsen. Folglich können neben einer filmischen Handlung auch Bilder eines gesanglichen und tänzerischen Auftritts Bezug auf Sport nehmen. Bereits im Film „gibt [es] weder [...] eine dominante Emotion, die durch das Genre stimuliert wird, noch lässt sich [...] eine einheitliche visuelle Identität durch Landschaften, Utensilien und Kleidung ausmachen. Dies ergibt sich schon aus dem Umstand, dass der Sportfilm ganz unterschiedliche Sportarten zum Gegenstand hat" (Sicks und Stauff 2010, S. 12f.). Zugleich „gelten mitunter Filme als Sportfilme, deren Handlungen sich (beispielsweise) um Bergsteigen oder Skateboarden drehen, um Sportarten also, die sich hinsichtlich ihrer Organisation, ihres Körperbildes und ihrer kulturellen Verortung vom kommerziellen Leistungssport maßgeblich unterscheiden" (ebd., S. 13). Das Musikvideo weist ebenfalls mehrere Konzepte der Inszenierung auf, die sich zudem aus der gestalterischen Vielfalt des hybriden Mediums ergeben. Während im Film „Sportpraktiken" manchmal „lediglich als dramatische, spektakuläre Nebeneffekte eingebaut sind" (Gugutzer 2017, S. 233), enthalten viele Clips zwischen den Performance-Sequenzen des Stars auch Ansichten schneller, kraftvoller oder eleganter Bewegungen. Sie visualisieren keinen Wettkampf, sondern die Darbietung des Songs und gewinnen durch Sportbilder, die mit positiven Emotionen verbunden sind, die Aufmerksamkeit des Publikums, so etwa das bereits erwähnte Werk *Heaven Is a Halfpipe* von OPM.

Manchmal referiert lediglich der Auftritt des*der Interpreten*Interpretin auf Sport. Dies machen Clips deutlich, die an einem Wettkampfort spielen, allerdings keine Eindrücke sportlicher Betätigungen vermitteln. Nicht nur Stadien dienen als Schauplatz. So ist etwa in *Smells Like Teen Spirit* (1991) von Nirvana die Halle einer Schule mit Basketballkörben zu sehen. Auch eine Gruppe von Cheerleaderinnen erscheint. Ihr Tanz ist allerdings nicht Teil eines Sportereignisses, sondern der Performance der Grunge-Band vor zahlreichen Schüler*innen. Wie Ken McLeod herausgearbeitet hat, bildet Cheerleading selbst einen athletischen Wettkampf und wird in mehreren Videos in Szene gesetzt (McLeod 2011, S. 62–76). Zudem erläutert er, dass die Anforderung an die physische Fitness von Interpretinnen gestiegen sei, sich in der Bewerbung der Körper und in Clips widerspiegele und Werke wie *Physical* (1981) von Olivia Newton-John Übungen mit Musik mischen würden (ebd., S. 69f.).

Beispielhaft für ein Musikvideo, das die Performance des Songs mit einem Turnier narrativ verbindet, ist *Ready 2 Go* (2011) von Martin Solveig feat. Kele. Solveig tritt in der Pause eines Fußballspiels im Stade de France auf. Er hat ein Mikrofon entwendet und singt am Mittelkreis zum Playback seines neuen Songs. Geräusche von Zuschauer*innen steigern die Authentizität der Aufnahmen. Anschließend flüchtet Solveig und wird vom Sicherheitspersonal fortgebracht. Diese mehrere Minuten längere Clip-Version des Musikvideos widmet sich auch den Vorbereitungen zu der nicht genehmigten Darbietung. Sie bildet die Episode einer fiktionalen Serie, die Unternehmungen des Interpreten und seines Managers schildert (Rehbach 2018, S. 177).

Wenngleich *Ready 2 Go* nicht nur die Performance des Interpreten vorführt, vermitteln vor allem Clips über Athlet*innen umfangreiche Sportkenntnisse. Wie ein Kurzfilm mutet etwa *Broken Arrows* (2015) von Avicii an. Eine Texteinblendung teilt mit, dass das Musikvideo durch eine wahre Geschichte inspiriert ist. Es referiert auf einen Sieg von Dick Fosbury. So wird ein Hochspringer präsentiert, der erst einen Erfolg hat, als er die neue Technik des Flops verwendet. Der Clip stellt einzelne Augenblicke, etwa den für den Goldmedaillengewinn wichtigen Sprung über die Latte, heraus, schneidet sie allerdings nicht in Gesangssequenzen dazwischen. Er montiert die Leichtathletikmotive zu einer sportbezogenen Handlung, die die Zuversicht verdeutlicht, die sich im Lied von Avicii artikuliert.

Die Clip-Gestaltung zeigt verschiedene Bezugnahmen auf körperliche Wettkämpfe und Bewegungen. Inwiefern sich die Zusammensetzung von Musikvideos aus Performance-Darstellung und Erzählung hinsichtlich des Einsatzes von Sportreferenzen unterscheidet, bleibt weiteren Studien überlassen.

2.3 Kunst und Kommerz

Ein drittes Merkmal der Hybridität ist die Verknüpfung künstlerischer und kommerzieller Elemente. Wie im zurückliegenden Kapitel bereits dargelegt wurde, bringt das Musikvideo mehrere Bilder zusammen. Das Medium weist manchmal kreative und beziehungsreiche Inszenierungen von Sport auf, etwa im Clip *Take Me Out* (2004) von Franz Ferdinand, der in Gestalt einer Collage Ausdrucksformen von Konstruktivismus, Dadaismus und Surrealismus gebraucht und in Abständen Punchingbälle und einen Kampf zwischen zwei Boxern aus Papier veranschaulicht (Keazor und Wübbena 2011, S. 374–376). Da die Werke der Musikindustrie ein Werbemittel sind, stellt sich zudem die Frage, welchem wirtschaftlichen Zweck Darstellungen von Sport dienen. So halten Henry Keazor und Thorsten Wübbena fest, dass ein „Sportler-Setting [...] traditionellerweise in der Popmusik gerne herangezogen wird, um – siehe z.B. Robbie Williams im Clip zu ‚She's the one' [...] und ‚Supreme' [...] – den Star attraktiv zu machen" (ebd., S. 289). Als Athlet*in exponiert der Star seine*ihre Kraft, Geschicklichkeit, Ausdauer, Eleganz, Fairness oder andere Eigenschaften, die das Publikum in Staunen versetzen. Oftmals ist eine sexualisierte Präsentation nicht nur des*der Interpreten*Interpretin gegeben. So bringt Saul Austerlitz an, dass Musikvideos wie *Dirrty* (2002) von Christina Aguilera feat. Redman und *Call on Me* (2004) von

Eric Prydz die Grenze zur Softcore-Pornografie verwischen würden (Austerlitz 2007, S. 194).

Darüber hinaus sind gelegentlich erfolgreiche Sportler*innen gemeinsam mit dem*der Sänger*in zu sehen. Sie erinnern häufig an Testimonials, die auf ein gegenwärtig erhältliches Produkt aufmerksam machen, unterhalten, durch ihr sympathisches Image einen positiven Übertragungseffekt auf das Produkt auslösen, das Vertrauen des Publikums in das Produkt festigen und glaubwürdig erscheinen sollen (Schierl und Schaaf 2007, S. 297f.). Ein Beispiel ist der Clip *Jam* (1992), in dem Michael Jackson seinen Titel performt und dabei Michael Jordan begegnet. Das Video veranschaulicht, dass bekannte Athlet*innen nicht nur als Rival*innen auftreten, sondern auch ihre Zuneigung gegenüber dem*der Musiker*in zum Ausdruck bringen.

Ein besonderes Konzept kommerzieller Darstellungen im Musikvideo ist die Werbung für eine Sportveranstaltung. So werden zum Beispiel im Marketing von Fußball-Turnieren Songs eingesetzt, die das Ereignis feiern und in der Regel nur vorübergehend in den Hitlisten zu finden sind (McGuinness 2009, S. 181). Clips zur UEFA-Europameisterschaft offenbaren, dass Videos auf die Rezeption des Wettbewerbs verweisen, sich die Wahrnehmung von Sport allerdings von der Live-Berichterstattung im Fernsehen unterscheidet (Rehbach 2020, S. 298). Exemplarisch für Werke zur FIFA-Weltmeisterschaft lässt sich *Live It Up* (2018) von Nicky Jam feat. Will Smith und Era Istrefi anführen. Das Musikvideo zeigt begeisterte Fernsehzuschauer*innen und Stadionbesucher*innen, herausragende Torschüsse, dramatische Fouls und Teams, die den WM-Pokal in den Händen halten; die Musiker*innen beschreiben den Traum, Sieger des in diesem Jahr ausgetragenen Turniers der Männer in Russland zu sein, sie spielen gemeinsam mit Ronaldinho Fußball und bieten ihren Song dar. Wie eine Reihe von Werken, die im Vorfeld medialer Großereignisse herausgebracht werden (Rehbach 2018, S. 196; Rehbach 2020, S. 298), greift *Live It Up* auf im Fernsehen ausgestrahltes Material zurück, ruft TV-Höhepunkte ins Gedächtnis und vervielfacht sie in eigenen Bildern sportlicher Betätigung und fernsehender Rezipient*innen. Der Clip visualisiert anders als die bisherigen Beispiele ein Lied, das ein Verband ausgewählt hat, um eine noch stattfindende Weltmeisterschaft anzupreisen.

Die unterhaltsame Mischung aus Tanzdarbietung und Basketballspiel in *Jam* und die Präsentation einst live gesendeter TV-Aufnahmen in *Live It Up* bestätigen eine künstlerische Experimentierfreude und mehrere kommerzielle Verwendungen des Musikvideos. Es ist zugleich herauszuarbeiten, inwiefern das Medium innovative Bilder von körperlichen Wettkämpfen und Bewegungen anbietet und welche verschiedenen Zielsetzungen der Bezugnahme auf Sport in der Geschichte von Clips der Musikindustrie entstanden sind.

2.4 Intermedialität

Die Übernahme von bereits in der Vergangenheit übertragenen Fernsehaufnahmen ist verbunden mit einem weiteren Merkmal von Hybridität. So setzt das Musikvideo verschiedene intermediale Referenzen ein. Wenngleich auch Samples sportlicher Begebenheiten im Song verwendet werden, lassen sich im Clip häufig Verweise auf Werke anderer Medien beobachten. Oftmals vergegenwärtigen die Darstellungen historische Entwicklungen, unterstützen die Nostalgie des Liedes oder erzeugen Komik. In *Supreme* (2000) fährt Robbie Williams im Jahr 1969 in Autorennen gegen Jackie Stewart, der Clip verbindet Spielfilm und Dokumentation, gebraucht nachbearbeitete Bilder und referiert durch einen Splitscreen vor allem auf *Grand Prix* (1966) von John Frankenheimer (Keazor und Wübbena 2011, S. 190f.). Auch andere Videos setzen sich aus vorhandenen Aufnahmen zusammen, verwenden Anspielungen und ahmen die Ästhetik eines Mediums nach. Einige Bezugnahmen bewerben andere Produkte, die Sport thematisieren. So werden in *Juntos (Together)* (2015) von Juanes Sequenzen aus dem Film *McFarland, USA* (2015) gezeigt, in dem Sportler für die Crosslauf-Meisterschaft in Kalifornien trainieren.

Verfügen Sportfilme häufig über „eine besondere ästhetische Inszenierung [...], die sich teils der sportlichen Fernsehberichterstattung verdankt, diese aber durch ungewöhnliche Einstellungen erweitert“ (Sicks und Stauff 2010, S. 28), werden in Musikvideos Wettkämpfe bis heute ebenso als Fernsehübertragung in Szene gesetzt. So erwecken manche Clips, etwa *Hello* von Martin Solveig und Dragonette, den Eindruck einer realen Live-Sendung, greifen jedoch stellenweise auf gestalterische Techniken zurück, die die Illusion stören (Rehbach 2018, S. 175–177). Dies lässt sich exemplarisch anhand von *Dangerous* (2014) von David Guetta feat. Sam Martin aufzeigen. Das Lied handelt von einer Gefahr, die im Clip ein Autorennen zum Ausdruck bringt. „I don’t know where the lights are taking us / But something in the night is dangerous“, singt Martin verzweifelt, während Guetta am Lenkrad sitzt und gegen einen von James Purefoy gespielten Fahrer antritt. Nachdem der DJ in der Rolle des Piloten ein Interview gegeben und sich die Fernsehausstrahlung bereits oberflächenästhetisch in einem Senderlogo und hervortretenden horizontalen Scan-Linien manifestiert hat, werden Geschwindigkeit, Rundenanzahl und Autotemperaturen eingeblendet. Die schnell geschnittene Abfolge einzelner Momente des Rennverlaufs, kunstvolle Übergänge zwischen den Sequenzen und Bilder einer vor dem Gesicht der Piloten aufgebauten Kamera verleihen dem Ereignis eine zusätzliche Dynamik, die sich mit einem Musikvideo, nicht aber mit einer Live-Berichterstattung in Verbindung bringen lässt.

Intermediale Referenzen auf Sport enthalten eine Vielfalt von Inhalten und Ästhetiken und erfüllen unterschiedliche Funktionen. Die Nachahmung von Sport im Fernsehen kann die Illusion erzeugen, dass das Musikvideo über ein Medium verbreitet wird, das in der Zeit von Online-Portalen nur noch selten genutzt wird, um Clips zu rezipieren. Zu analysieren ist, welches Wissen Zitate und Anspielungen artikulieren und inwiefern sie sich mit der Entstehung des Internets und neuer Angebote verändern.

3 Schlussbetrachtung

Der Beitrag hat die wenig untersuchte Darstellung von Sport im Musikvideo anhand der Hybridität des Mediums erörtert. Vier Merkmale sind exemplarisch behandelt worden: Das Musikvideo kombiniert Song und Clip, mehrere Bilder sowie künstlerische und kommerzielle Elemente und verwendet intermediale Referenzen. Geht man den Verknüpfungen nach, ergeben sich verschiedene Spielarten von Konzepten der Inszenierung von Sport, die näher untersucht werden können.

Wie Robert Gugutzer und Barbara Englert ausführen, sind Sportfilme gesellschaftlich relevant; sie zeigen Held*innen, die über ein hohes Identifikationspotential verfügen können, und reflektieren die Wirklichkeit (Gugutzer und Englert 2014, S. 12). Sie gestalten eine „weitreichende und wiederkehrende Transformation dessen, was Sport ‚ist' oder zu sein scheint"; so „[ist] ‚Sport im Film' [...] etwas anderes als Sport außerhalb des Films – seine Emergenz, sein Erscheinen, aber auch seine Evidenz – etwa als Sinnbild – folgen eigenen Regeln und Prozessen, die zugleich von einer sublimen Eigenlogik des Gegenstandsbereichs Sport geprägt sind" (Waitz 2014, S. 39). Sport im Musikvideo unterscheidet sich nicht nur von Sport außerhalb der Medien, sondern auch von Sport im Film und in der Fernsehberichterstattung, obschon das Musikvideo Motive, Szenografien und narrative Techniken von Film und Fernsehen übernimmt und verändert und für Experimente genutzt wird (Keazor und Wübbena 2011, S. 171). Der Beitrag hat die Relevanz herauszuarbeiten versucht, das hybride Medium in Bezug auf den Sportfilm zu analysieren. So weist die Darstellung von körperlichen Wettkämpfen und Bewegungen im Musikvideo eine motivische und stilistische Vielfalt und mehrere Beziehungen zu Film und Fernsehen auf, die es in weiteren Arbeiten zu erforschen gilt.

Medienverzeichnis

Literatur

Austerlitz, Saul. 2007. *Money for Nothing: A History of the Music Video from the Beatles to the White Stripes*. New York u.a.: Continuum.

Gugutzer, Robert und Barbara Englert. 2014. Einleitung: Der Sportfilm als verkanntes Genre. In *Sport im Film. Zur wissenschaftlichen Entdeckung eines verkannten Genres*, hrsg. dies., 11–24. Konstanz: UVK.

Gugutzer, Robert. 2017. Sport im Film. In *Gesellschaft im Film*, hrsg. Markus Schroer, 230–263. Köln: von Halem.

Harman, Glenn S., Sonia Bianchetti Garbato und David Forberg. 2009. Music and Figure Skating. In *Sporting Sounds: Relationships between Sport and Music*, hrsg. Anthony Bateman und John Bale, 85–98. London u.a.: Routledge.

Keazor, Henry und Thorsten Wübbena. 2011. *Video thrills the Radio Star. Musikvideos: Geschichte, Themen, Analysen*. Bielefeld: Transcript.

McGuinness, Mike. 2009. ‚Friday Night and the Gates Are Low': Popular Music and Its Relationship(s) to Sport. In *Sporting Sounds: Relationships between Sport and Music*, hrsg. Anthony Bateman und John Bale, 179–192. London u.a.: Routledge.

McLeod, Ken. 2011. *We Are the Champions: The Politics of Sports and Popular Music*. Farnham u.a.: Ashgate.

Pape, Winfried und Kai Thomsen. 1997. Zur Problematik der Analyse von Videoclips. In *Step across the border. Neue musikalische Trends – neue massenmediale Kontexte*, hrsg. Helmut Rösing, 200–226. Karben: CODA.

Rehbach, Simon. 2017. Die nostalgische Reflexion des Fernsehens im Musikvideo. In *Just Little Bits of History Repeating. Medien / Nostalgie / Retromanie*, hrsg. Pablo Abend, Marc Bonner und Tanja Weber, 285–299. Münster: Lit.

Rehbach, Simon. 2018. *Medienreflexion im Musikvideo. Das Fernsehen als Gegenstand intermedialer Beobachtung*. Bielefeld: Transcript.

Rehbach, Simon. 2019. Musikfernsehen im Musikvideo. Zur Medienkritik von *Mr. MTV* (2014). *ffk Journal* 4: 155–168.

Rehbach, Simon. 2020. Wettkampfbilder im Musikvideo. Zur Ästhetik von Clips zur UEFA-Fußball-Europameisterschaft. *ffk Journal* 5: 287–300.

Schierl, Thomas und Daniela Schaaf. 2007. Der Einsatz von Sportlern als Testimonials in der Werbung. In *Handbuch Medien, Kommunikation und Sport*, hrsg. Thomas Schierl, 294–309. Schorndorf: Hofmann.

Schmidt, Axel und Klaus Neumann-Braun. 2010. Concerning the Transition of the Reception of the Music Video due to a Change in the Politics of Distribution of the Music Video- and the Music(-TV-)Market. In *Rewind, Play, Fast Forward. The Past, Present and Future of the Music Video*, hrsg. Henry Keazor und Thorsten Wübbena, 77–87. Bielefeld: Transcript.

Schneider, Irmela. 1997. Von der Vielsprachigkeit zur „Kunst der Hybridation". Diskurse des Hybriden. In *Hybridkultur. Medien, Netze, Künste*, hrsg. Irmela Schneider und Christian W. Thomsen, 13–66. Köln: Wienand.

Sicks, Kai M. und Markus Stauff. 2010. Einleitung. In *Filmgenres. Sportfilm*, hrsg. dies., 9–31. Stuttgart: Reclam.

Stauff, Markus. 2009. Sports on YouTube. In *The YouTube Reader*, hrsg. Pelle Snickars und Patrick Vonderau, 236–251. Stockholm: National Library of Sweden.

Waitz, Thomas. 2014. Die filmische Produktivität des Sports. In *Sport im Film. Zur wissenschaftlichen Entdeckung eines verkannten Genres*, hrsg. Robert Gugutzer und Barbara Englert, 37–51. Konstanz: UVK.

Wollen, Peter. 1986. Ways of Thinking about Music Video (and Post-Modernism). *Critical Quarterly* 28 (1/2): 167–170.

Musikvideos

Avicii. 2015. *Broken Arrows*. Regie: Julius Onah.

Bon Jovi. 2013. *Because We Can*. Regie: Fisher Stevens.

Christina Aguilera feat. Redman. 2002. *Dirrty*. Regie: David LaChapelle.

David Guetta feat. Sam Martin. 2014. *Dangerous*. Regie: Jonas Åkerlund.

Eric Prydz. 2004. *Call on Me*. Regie: Huse Monfaradi.

Franz Ferdinand. 2004. *Take Me Out*. Regie: Jonas Odell.

Juanes. 2015. *Juntos (Together)*. Regie: Niki Caro.

Martin Solveig feat. Kele. 2011. *Ready 2 Go*. Regie: Tristan Séguéla und Martin Solveig.

Martin Solveig und Dragonette. 2010. *Hello*. Regie: Tristan Séguéla und Martin Solveig.

Michael Jackson. 1992. *Jam*. Regie: David Kellogg.

Nicky Jam feat. Will Smith und Era Istrefi. 2018. *Live It Up*. Regie: Yasha Malekzad.

Nirvana. 1991. *Smells Like Teen Spirit*. Regie: Samuel Bayer.

Olivia Newton-John. 1981. *Physical*. Regie: Brian Grant.

OPM. 2000. *Heaven Is a Halfpipe*. Regie: David Slade.

Robbie Williams. 1999. *She's the One*. Regie: Dom & Nic.

Robbie Williams. 2000. *Supreme*. Regie: Vaughan Arnell.

The Chemical Brothers. 1997. *Elektrobank*. Regie: Spike Jonze.

Filme

Grand Prix. 1966. Regie: John Frankenheimer. USA: Metro-Goldwyn-Mayer, Douglas & Lewis Productions, Joel Productions, John Frankenheimer Productions und Cherokee Productions.

McFarland, USA. 2015. Regie: Niki Caro. USA: Mayhem Pictures und Walt Disney Pictures.

Rocky. 1976. Regie: John G. Avildsen. USA: Chartoff-Winkler Productions.

Carol Vernallis

Wer braucht schon Musikdokumentationen, wenn es TikTok und Carpool Karaoke gibt?

Abstract: Dieser Beitrag stellt auf provokante Weise die Frage, was klassische Musikdokumentarfilme ihrem Publikum angesichts einer immer spektakulärer, bunter und fragmentierter werdenden Medienwelt heute noch bieten können – und ob dieses Format durch neue Inszenierungsformen auf Plattformen wie YouTube und TikTok nicht bereits obsolet geworden ist. Dabei werden beide Formen in den Blick genommen – sowohl der klassische Musikdokumentarfilm als auch die neuen Formen popkulturell-medialer Selbst- und Fremddarstellung von Stars in sozialen Medien und auf On-Demand-Videoplattformen. Es wird aufgezeigt, wie diese neuen Formate den spezifischen gesellschaftlichen Erfordernissen und Funktionen des Starkultes angepasst sind.

Schlüsselwörter: YouTube, TikTok, On-Demand Video, Influencer, Musikdokumentarfilm, Starkult

Wer braucht schon Musikdokumentationen, wenn es TikTok, Vogues *73 Questions* und *Carpool Karaoke* gibt? Und wenn wir schon dabei sind, brauchen wir überhaupt noch Popstars? Mit Vergnügen widme ich meine Zeit den Tanzeinlagen, lip sync-Videos und Animationen zu Musikschnipseln, die von TikTok-Prosument*innen erstellt werden. Die Dokumentation *Jawline* zeigt, wie sich unser Erleben musikalischer Darbietungen verändert hat. Der Film folgt der Laufbahn von YouTube-Influencern und ihren gigantischen Fangemeinden. Diese jungen Männer (ich glaube nicht, dass dort viele Frauen dabei sind) touren durch das Land und halten Konzertveranstaltungen von einer Größe wie durchschnittlich bekannte Musiker*innen ab. Sie tanzen und legen ein paar Platten auf der Bühne auf, aber ihre eigentliche Anziehungskraft liegt in ihrer Schönheit und den ermutigenden Botschaften an ihre Fans: „Denke positiv", „Du bist schön", „Lass Dich von niemandem unterkriegen". Zwischen den Stücken stellen die Fans dann lustige Dinge mit den Stars an, überziehen sie beispielsweise mit Toilettenpapier und Sahne. Diese Szenen gleichen Live-Konzerten in klassischen Musikdokumentationen, doch es gibt einige Unterschiede, die in diesem Beitrag herausgearbeitet werden sollen.

Hier noch ein Beispiel dafür, wie sich die gefilmte musikalische Darbietung verändert hat: Ich verbringe eine Menge Zeit damit, mir Musikvideos anzuschauen, deshalb bin ich in Sachen Popkultur mittendrin. Aber natürlich stellen

https://doi.org/10.1515/9783110730623-013

die meisten dieser Clips nicht mehr nur die Live-Auftritte in den Vordergrund, und ich sehe sie wohl auch nicht wegen der Diven an – bei Musikvideos geht es mir mehr um die ästhetische Erfahrung von strukturiertem Klang in Verbindung mit strukturiertem Bild. Ergänzendes Material verfolge ich tendenziell auch, zum Beispiel wenn Harry Styles in einer Late-Night-Talkshow auftritt (dem Anschein nach abseits der Interviewkulisse, live auf der Bühne, aber mit Sicherheit zu einem Arrangement aus der Konserve, selbst wenn es nur die Begleitmusik ist), oder Videos von Troye Sivan auf YouTube, in denen er darüber spricht, wie er sich Make-up aufträgt. Diese Clips sind weit von Stadionkonzerten und traditionellen Musikdokumentationen entfernt.

Die Darstellung von Musiker*innen auf YouTube kann platt wirken. Häufig handelt es sich bei diesen Clips nicht um Musikvideos, sondern um Interviews, Live-Auftritte und so weiter. Und auch wenn sich diese Clips auf die Stars konzentrieren, so vertrete ich den Standpunkt, dass sie zugleich eine auffallende Ästhetik aufweisen. Diese drückt sich häufig in beinahe makellosen Umgebungen, Requisiten und Soundtracks aus, mit denen sich die Darsteller*innen auf unerwartetste Weise präsentieren. Außerdem bilden diese Clips Netzwerke intertextueller Beziehungen. Viele von uns verbringen viel Zeit auf YouTube, wodurch unsere Vorstellungen von Musiker*innen, Regisseur*innen und Schauspieler*innen nach und nach weitere Schattierungen annehmen. Die Spanne von großen Hollywood-Produktionen zu den intimen, manchmal von Prosument*innen erstellten Arbeiten (wie in diesem Beitrag beschrieben) hilft dabei, den Medienwirbel zu erfassen und zuzuordnen.

Dieser Beitrag bemüht sich, beides abzubilden: sowohl die nahezu kürzesten Formen bewegter Medien als auch die Aktualisierungsrate, mit der sich der Medienwirbel dreht – nämlich schnell. Auch wenn das Thema unüberschaubar erscheint, ergab sich für mich eine glückliche Fügung: Ich wurde zu einem Vortrag über Musikdokumentationen nach Deutschland eingeladen. Während der Recherchen zu diesem Thema, begann ich darüber nachzudenken, wie althergebrachte, langformatige Musikdokumentationen sich von dem unterscheiden, was gerade im Netz stattfindet. Eben diese Möglichkeit eines geschickten Framings – Plattformen, Genres, Technologien und sozioökonomische Veränderungen im Verhältnis zur Musikdarbietung – bot einen Einblick in die breitere Medienlandschaft unserer Gegenwart. Die Vorbereitung des Vortrages fühlte sich zunächst entmutigend an. Langformatige Musikdokus ergeben zusammengenommen einen großen Korpus, und obwohl ich einige gesehen hatte, von *Woodstock*, *Sympathy for the Devil* bis hin zu *Amy* und *Homecoming*, war es herausfordernd, diese Inhalte nun noch einmal anzuschauen. Die meisten davon sind so lang wie Spielfilme. Ich weiß nicht, wie es Ihnen geht, aber ich widme meine Zeit lieber Filmen und Streaming-Serien. Also begann ich die Herausforderung so anzugehen, wie jeder Internetjunkie es heutzutage tun würde: indem ich Trailer von Musikdokumentationen ansah und Top-50-Listen las (*Vulture* hat eine ziemlich gute; vgl. Murray 2019). Und dann eine weitere glückliche Fügung: Mitten im Projekt entdeckte ich, dass bisher nur wenig zu Musikdokumentationen geschrieben wurde – Phil Auslander (vgl. 2008; 2018), Benjamin Harbert (vgl. 2018) und Susan Fast (vgl. 2013) –, das war es dann aber auch schon. Angesichts des weiten, unerforschten Feldes tat ich mir weiter keinen Zwang an. Ich würde auf meine eigenen Erfahrungen und Einsichten aufbauen, mit geschichtlichem Bewusstsein, aber konzentriert auf das Jetzt.

Bald entwickelte ich eine Theorie dafür, weshalb ich die Musikdokumentationen alter Schule oft wenig befriedigend finde: Es gibt keine Diegesis. Die einzelnen Elemente sind zersplittert, das Material ist Flickwerk, und manches davon ist besser als anderes. Mal treten die Stars selber auf, dann glasig dreinschauende Manager*innen, die Schwester, der Stiefvater oder irgendwelche anderen berühmte Musiker*innen, die den Star schätzen. Nicht selten werden die Protagonist*innen der Dokus aufrecht auf Stühlen sitzend gezeigt, den Kopf leicht zur Seite gewandt und dabei abwesend, da sie sich ja Mühe geben, ein zurückliegendes Erlebnis authentisch wiederzugeben. Dann sehen wir vielleicht eine Straße vor uns, man ahnt, wohl aus dem Fenster eines Tourbusses zu schauen, wobei nicht klar wird, wohin wir überhaupt fahren. Dann wird zurück zu Bildern vom Star hinter der Bühne oder inmitten von Fans oder von Zeitungsartikeln geschnitten. Völlig unzusammenhängend! Um Struktur zu schaffen, sind diese Filme häufig von biographischen Meilensteinen oder zeitlichen Abschnitten abhängig: die Scheidung, der Niedergang durch Drogen, der geplatzte Vertrag, der Grammy. Oder von einer Chronologie: das erste Jahrzehnt, das zweite und so weiter.

Wir sind gezwungen, uns zu fragen: Inwiefern weicht eine Dokumentation von den uns bekannten Schemen ab, aber auch, inwiefern richtet sie sich danach? Ab welchem Moment geht die Dokumentation eigentlich so richtig los?

Heutzutage wirken zweistündige Musikdokumentationen wie das Nebenprogramm zu den populäreren Angeboten auf Netflix – weniger großzügig budgetiert, seltener angesehen und an ein weitaus älteres Publikum gerichtet. Im nächsten Jahr wird es neue Dokumentationen über Billie Eilish, Justin Bieber, Rihanna und Taylor Swift geben, und zieht man den Konkurrenzgeist und die Ressourcen dieser Künstler, die sich alle an Beyoncé messen müssen, in Betracht, wird wahrscheinlich mindestens einer dieser Filme richtig gut werden. Dennoch höre ich nicht auf, mich zu fragen, ob hingebungsvolle Fans nicht etwas Ähnliches zusammentragen können, indem sie sich durch Instagram,

YouTube-Clips und Fan-Blogs klicken. Diese Medien sind ebenso Flickwerk, das dennoch als ein Ganzes gedacht werden kann.

Ich vertrete den Standpunkt, dass wir das heutige Modell bevorzugen sollten, auch wenn sowohl die eher traditionelle Form als auch das heutige internetorientierte Erlebnis ihre Stärken haben. In jedem Augenblick weist es eine höhere Dichte und tiefergehende Zusammenhänge auf, und es betrifft Ästhetiken, die Fans, das Leben der Künstler*innen, bis hin zu Genrezuordnungen und Plattformen. Unter anderem werde ich die Möglichkeit untersuchen, dass wir Stars nicht mehr auf die gleiche Art benötigen wie bisher. Natürlich ist der Einfluss der berühmtesten Sterne am Pophimmel (Rihanna, Ariana Grande, Justin Bieber u.a.) groß, aber neben ihnen entwickeln sich allerhand andere Konstellationen. Viele davon haben unsere Wahrnehmung, wer als Musik-Künstler*in und was als „musikalisch" gilt, über die Grenzen von Genres, Medien und Plattformen hinweg verändert. Filmstars und Regisseur*innen wirken umgekehrt in ihren kurzen YouTube-Clips wie Musiker*innen. Viele YouTube-Inhalte, von den Aufnahmen von Studiosessions bis hin zu „Making-of"-Musikvideos, wirken musikalisch. Manchmal überqueren Musik-Künstler*innen die Grenzen von Genres auf YouTube; Dua Lipa hat beispielsweise jüngst eine fünfminütige Sitcom im Nostalgiestil der 60er Jahre veröffentlich. Es gibt einen Schwarz-Weiß-Clip, in dem Justin Bieber über seine Tätowierungen spricht, und es gibt Gattungen, in denen Stars sporadisch auftauchen können, angefangen bei Vogues *73 Questions* bis hin zu *Carpool Karaoke*. Solche Talkshows hat es immer schon gegeben, aber sie waren bisher in einem viel höherem Maße geplant und choreographiert. Und natürlich gibt es die YouTube-Cover von unbekannten Amateur*innen, die am charmantesten von Teenager-Duos im schulpflichtigen Alter umgesetzt werden, und dann die TikTok-Clips, in denen „normale Leute" in ihren Badezimmern, Schlafzimmern und Treppenhäusern auftreten. In jeder weiteren Sekunde übertreffen diese Formate die meisten Musikdokumentationen.

Bevor ich fortfahre, möchte ich anmerken, dass die Arbeit an traditionellen, langformatigen Musikdokumentationen und aktuellen Kurzinhalten befreiend war. Ich bin wahrscheinlich eher dazu geneigt, neidisch auf erfolgreiche Popmusiker*innen zu sein, als die meisten anderen, auch wenn sich die Leser*innen vielleicht hier doch wiedererkennen. Ich war Musikerin, Komponistin und Videofilmerin, bevor ich Wissenschaftlerin wurde, ein Wandel, über den ich nicht nur erfreut bin. Selbst jetzt gehe ich auf eine gewisse Weise davon aus, dass das Leben einer erfolgreichen Künstlerin am besten ist. Im Reich der Gefühle und Gesten zu leben und so viel von sich nach außen zu tragen – ich stellte mir vor, wie ich einen Kreislauf aus meinen Affekten, Regungen und meiner Vorstellungskraft im Austausch mit der Welt auf eine Weise schaffen würde, die mir herrlich erscheint. Ich war mir der Einschränkungen, die damit einhergehen, stets bewusst. Warum hat sich das Wissen über diese Unwägbarkeiten nicht stärker durchgesetzt? Ich weiß, dass nur wenige Menschen eine Karriere im Musikgeschäft über ein mittleres Alter hinaus aufrechterhalten können, und noch weniger werden überhaupt erfolgreich. Ein Großteil der Anstrengungen von Künstler*innen ist einem stummen Zustand der Repetition über lange Zeiträume gewidmet. Würden Sie lieber mit Musiker*innen oder Wissenschaftler*innen Ihre Zeit verbringen? Ich bevorzuge Wissenschaftler*innen. Musikdokumentationen zu untersuchen hat mir dabei geholfen zu erkennen, welch deprimierenden Effekt der Neid sowie eingeschränkte Möglichkeiten auf mein Leben gehabt haben, und meine jetzigen Lebensumstände mehr zu schätzen.

Eine Weltanschauung in Bezug auf bestimmte Vorstellungen von Persönlichkeit hat dieses Projekt ebenfalls geprägt. Ich glaube, dass unser Selbst aus mehreren Teilen zusammengesetzt ist und das jeweils andere Teile unseres Selbst sich von unterschiedlichen Umständen, an denen wir teilhaben, berufen fühlen und von diesen geprägt werden. Diese Multiplizität ist in langformatigen Musikdokumentationen besonders deutlich. Die Persönlichkeit von Musiker*innen im Alltag wird häufig so dargestellt, als seien sie unseresgleichen; diese Darstellung untermauert meine eigene Erfahrung in Begegnungen mit Schauspieler*innen und Regisseur*innen. Diese Seite des Selbst zeigt sich in Szenen, in denen Stars rumhängen, während Make-up aufgetragen wird, oder wenn sie auf einen Anruf warten. Dann gibt es ein zweites Selbst, das mit dem Musikmachen beschäftigt ist. Dieses zweite Musiker*innen- und Künstler*innen-Selbst erscheint häufig in einem erhabenen Zustand, durchdrungen von Freude, Konzentration und im Flow. Häufig überlappt dieses Selbst sich nur wenig mit den anderen. Während die Schilderungen eines zwei- oder mehrfach geteilten Selbst am freimütigsten in den neuesten Dokumentationen vorgebracht werden (wie jenen über Taylor Swift oder Justin Bieber), bevorzuge ich frühere, die das erst stärker herauskitzeln müssen, wie die Dokumentationen über Amy Winehouse, Kurt Cobain und Lady Gaga. Bei diesen scheint das Künstler*innen-Selbst der Musiker*innen unfähig zu sein, andere Teile des Selbst zu trösten. In *Five Foot Two* sehen wir Lady Gaga auf dem Rasen außerhalb eines Studios stehen, sie beschreibt ihren Wunsch nach einem Partner und ihren Drang, erwachsener zu werden. Sie wirkt an dieser Stelle nicht besonders einzigartig, einsichtsvoll oder eloquent. Dann betritt sie das Studio, umarmt ein paar Menschen, greift sich das Mikrofon, beugt sich zurück und schmettert, scheinbar aus dem Nichts, bei voller Lautstärke: „Hey Girl!!". Zuschauer*innen könnten verleitet sein, sich zu fragen: „Wo kam denn *das* her?" Bald danach schon sehen wir, wie sie sich von Schmerzen geplagt auf einer Couch ausstreckt oder in einer Küche sich darüber beschwert, dass sie keinen Liebhaber hat, während sie von Begleiter*innen umgeben ist.

Die Cobain-Dokumentation funktioniert ähnlich, wenn auch mit leichten Abweichungen. Psycholog*innen, Musikwissenschaftler*innen, Medientheoretiker*innen und Philosoph*innen haben unsere Aufmerksamkeit darauf gelenkt, wie die Handlungen einer Person oder ein Moment im Kino, ein Lied oder ein Roman durch verschiedene Umstände und Ursachen geformt werden, von denen aber eine einzige Primärursache nicht ohne Weiteres herausgearbeitet werden kann. Bei Cobain gibt es Hinweise auf einige mögliche Ursachen für seine Leiden: Zurückweisung durch Familienangehörige, Depression, ADHS, Magenschmerzen oder Heroin. Demgegenüber steht seine Musik, die so ein wunderschöner Balsam ist, ihn aber anscheinend nicht wärmend umhüllen kann. Ich glaube, manche Stars können sich wirklich wunschlos glücklich schätzen, aber das sind wahrscheinlich die wenigsten. Ist es Beyoncé? Oder Rihanna? Laut Jon Caramanica (2019) hat Rihanna ein außergewöhnlich gutes Leben. Das könnte auch für Harry Styles gelten. Viele Stars stammen aus der Mittel- oder Arbeiterschicht, mit Vergangenheiten, die sie möglicherweise nicht hinter sich lassen können und die viele Menschen ähnlich erlebt haben. Das heißt, dass vielleicht etwa 3 Prozent der stilprägenden Elite ein eindeutig beneidenswertes Leben haben.

Dass auch Popstars große Bürden tragen, kann eine Erleichterung (oder ein Grund zur Schadenfreude) für die Zuschauer*innen darstellen. Viele dieser Dokumentationen, insbesondere jene über Frauen, betonen Schmerz und Verletzung. Nochmal: Warum wir Künstler*innen so häufig leiden sehen, ist schwierig herauszuarbeiten. Lady Gaga hat Fibromyalgie und Ariana Grande eine posttraumatische Belastungsstörung (von einer Schießerei in Manchester). Justin Bieber leidet an chronischem Pfeifferschen Drüsenfieber und Lyme-Borreliose, Taylor Swift hat eine Essstörung. Beyoncé entwickelt Präeklampsie und muss knapp 30 Kilogramm abnehmen – aber sie hat Hunger (OK! Magazine 2014). Cobain, Winehouse, Elton John und Miles Davis hatten alle mit Drogen zu kämpfen. Das Maß der Schwierigkeiten, mit dem wir als Durchschnittsbevölkerung konfrontiert sind, ist inakzeptabel hoch. Aber das der Stars, als Bevölkerungsgruppe, scheint höher zu sein – wobei natürlich die einen nicht wichtiger sind als die anderen.

Könnten Popstars eine Art Grubenvögel in der Kohlenmine sein? Stressfaktoren, denen sie durch ihre Arbeit und ihre Umgebung ausgesetzt sind, gleichen unseren in verstärkter Form verlangen folglich einen hohen Preis von ihnen. Stars sind eine hochsensible Bevölkerungsgruppe. So gefühlsbegabt und empfindsam sie sind, so sind sie womöglich auch dünnhäutiger (die Dokumentation

27: Gone Too Soon macht ein Feature daraus); man könnte annehmen, auch anfälliger für Krankheiten. Ein Stressfaktor können die komplexen beruflichen Feinheiten und Fallstricke der Gegenwart sein. Es gibt nur wenige Plätze an der Spitze, und die einzige Art und Weise, einen solchen zu erreichen, ist durch unermüdliche Arbeit, unterstützt durch einen Stab fähiger Assistent*innen. Jede PR-Maßnahme ist von Bedeutung. Viele Künstler*innen wollen sich ihren Fans nahe fühlen; sie fühlen sich ihnen gegenüber verantwortlich. Und, wie Swift in ihrer *Americana*-Dokumentation bemerkt: Die Fans können dich einfach abservieren. Die Zustimmung und Liebe der Fans zu hegen muss einen enormen Druck verursachen, besonders in Zeiten des Internets (die Dokumentationen über Bieber, Gaga und Swift widmen sich in Teilen der ‚Pflege' der Fans). Im Kontrast zu dieser Intensität steht die Eintönigkeit. In Warteräumen hinter der Bühne mit Visagist*innen, Schleimer*innen und Kostümdesigner*innen abzuhängen, die ständig an einem rumhantieren und auf einen einwirken wollen, scheint kein so tolles Leben zu sein (das spielt sich in Gaga's *Five Foot Two* häufig ab). Ist diese Eintönigkeit im Kontrast zu jener Intensität besonders toxisch? Andererseits überspitzen langformatige Dokus möglicherweise die Kluft zwischen Vergnügen, Langeweile und Unpässlichkeit. Regisseur Dave Meyers erzählte mir, dass seine Musikvideos den Star immer für einen Moment in einer niedergeschlagenen Position zeigen, damit gewöhnliche Leute sich hineinversetzen und mitfühlen können. Vielleicht ist es so, dass aktuelle Dokumentationen, einschließlich derer über Swift und Bieber, die Aufmerksamkeit auf diese Gegensätze lenken – die Freuden der Pop-Auftritte, samt der Vorbereitungen, gegenüber den Prüfungen, die Künstler*innen ertragen müssen. Andernfalls würde die Zuschauer*innen zu sehr der Neid überkommen.

YouTubes kurze, audiovisuell dichte Clips, besonders wenn sie vom Produktionsteam eines Stars kuratiert sind, untersuchen diese Stressfaktoren weniger ausgiebig als langformatige Dokumentationen. Das könnte daran liegen, dass die Monumentalität und das Ausmaß der Emotionen in so kurzen Formaten nicht funktionieren. Im Sinne der langformatigen Dokus, finde ich, ist dieser Stoff gut erfassbar und geeignet, um darüber nachzudenken.

Was *kann* man von eher traditionellen, langformatigen Dokumentationen lernen? Die Erkenntnis, die wir von heutigen, stark kuratierten, kurzen Web-Materialien gewinnen können, ist beinahe ausnahmslos gegenwartsorientiert und in einem bestimmten Rahmen festgelegt. Für geduldige Betrachter*innen hingegen kann etwas Aufschlussreiches aus Dokumentarfilmen hervorgehen, die eine langfristige Perspektive einnehmen, insbesondere wenn sie vom Ende eine Karriere ausgeht. *Miles Davis: Birth of the Cool*, beispielsweise, zeigt Aspekte des Trompeters, die nicht in den Memoiren und Biographien stehen. Eine Off-

Stimme macht die Klänge und Bilder noch ergreifender. *Birth of the Cool* vermag es, eine neue Sensibilität für die Verletzlichkeit von Davis' Sound zu erzeugen. Das zusammengestellte Konzertmaterial zeigt an einer Stelle, an der die Band-Mitglieder nacheinander improvisieren, wie Davis, der sich bis zu diesem Zeitpunkt zurückgehalten hatte, gegen Ende des Sets plötzlich ein zusammenfassendes Solo spielt, das die einzelnen Improvisationen aneinanderwebt. Einige private Angelegenheiten von Miles kannte ich nicht, etwa, dass er zweien seiner Söhne nichts von seinem Erbe hinterlassen hat (es wird vermutet, dass er sie als zu kritisch ihm gegenüber empfand). Oder es ist einfach nur die Art, wie die Dokumentation sich vor den Haustüren einer ganzen Reihe von Orten, an denen er lebte, herumtreibt, in Malibu, New York und Paris. Wir können uns Davis in diesen Gebäuden vorstellen, diese Vorstellung neben dem übrigen Material in der Dokumentation platzieren, um dann daraus einen besseren Eindruck dafür zu bekommen, wer er war.

Es gibt noch einen weiteren Grund, aus dem langformatige Dokumentationen besonderes Lob verdient haben. Vielleicht, weil die meisten davon gesonderte Mittel und Ressourcen aufgewendet haben, um das Leben von einzelnen Künstler*innen darzustellen, finden die meisten langformatigen Dokumentationen eigene Wege, sich auf das jeweilige Material einzustimmen. Jede vermittelt eine einzigartige audiovisuelle Ästhetik. Im Miles-Davis-Film sind die Gesichter der Interviewten im Profil und wie auf einer Medaille aufgenommen zu sehen, die Bilder der nächsten Szene werden jeweils im Hintergrund überblendet. Ihre Gesichter lösen sich dann darin auf: Hier fungieren die Sprecher*innen als eine Art Portal oder Übergang. In Bezug auf Davis ist das geschickt, denn er war selbst geheimnisvoll und verschlagen. Die Cobain-Dokumentation hingegen besteht aus einer Mischung aus naturgetreuen Rotoskopien (ähnlich Richard Linklaters *Waking Life*) und eher ungehobelten Animationen seiner Zeichnungen und Skizzen. Dies greift auf nette Weise mit Cobains prosumerhaften, autoerotischen Reden auf Kassettenrecordern und Kritzeleien in Notizbüchern ineinander. Jenn Nkirus *Black to Techno* besteht aus einer wundervollen Mischung aus Hochkultur, Anleihen an Matthew Barney und Straßendokumentationen – was die Technokultur Detroits widerspiegeln soll. Die kurzen „Making-of"-Clips auf YouTube, Ausschnitte aus Talkshows sowie Preisverleihungen lassen selten die Arbeit von einzelnen Regisseur*innen erkennen oder heben auf den Stil ab, obwohl sie das könnten.

Das alles ist jedoch kein Vergleich zu den kurzen, audiovisuell intensiven Clips im Internet. Für träumerisch veranlagte und überzeugte Fans hat Miley Cyrus' Musikvideo zu „Slide Away" mit jedem Moment mehr zu bieten als eine langformatige Musikdokumentation. Wir können uns sogar den Off-Kommentar traditioneller Dokumentationen dazu vorstellen. Was zu sehen ist, weist Parallelen zu dem Moment in Miley Cyrus' Karriere auf, als sie aus den Hollywood Hills nicht mehr herauskommt und auf zu vielen Partys zu viele Drogen nimmt. Ihre zehnjährige Beziehung ist zerbrochen und ihr ehemaliger Partner zurück in Australien. In dem Musikvideo vermittelt uns der multisensorisch und hochemotional durchwobene Inhalt diese Information. Ein Teil der Erzählung wird durch den Liedtext überliefert, der in manchen Momenten hervorsticht und in anderen wieder zurücktritt. Durch die aktuellen Musikproduktionstechniken geprägt, unterscheiden sich diese Lieder von früherem Pop. Es ist heutzutage üblich, dass Studioproduzent*innen an Tracks herumbasteln, während Stars ein- und ausgehen und Geschichten über die neuesten Ereignisse ihres Lebens und ihre Gefühle sowie Melodiestücke und Textfragmente anbieten, was dadurch möglich wird, dass sie währenddessen unablässig alles in ihr Handy singen und tippen. Die Musiker*innen können dabei die Aufmerksamkeit auch auf das lenken, was ihnen an den einzelnen aufgezeichneten Elementen gefällt und was nicht – und sie hören ganz genau hin. Dieser kollaborative und synkretische Prozess erlaubt es Musiker*innen, Lieder persönlicher zu gestalten und ihnen den eigenen Stempel aufzudrücken (und als Star kassieren sie Tantiemen – vielleicht geht es am Ende doch hauptsächlich ums Geld).

Ich vermute, es könnte von Vorteil sein, Künstler*innen und Produzent*innen gleich von Beginn an hermetisch abzuriegeln. Einige Stars, allen voran Beyoncé, sind beispielsweise dazu übergegangen in Ihre Texte Rätsel und Hinweise für Fans einzubauen, die Details über Ereignisse in ihrem Leben genauer beschreiben. Das lässt die Lieder wie Super-Autobiographien wirken. Miley Cyrus' Liedtexte, etwa: „We're not seventeen, we're grown now" [‚Wir sind keine siebzehn, wir sind jetzt erwachsen'], verweisen auf ihre Ehe: die Zeile „slide away, back to the Ocean" [‚gleite fort, zurück ins Meer'] verrät, was sich wirklich abspielte. Ihr Verflossener geht zurück nach Australien, um zu surfen. Es gibt noch etwas: Das Video zeigt Cyrus zeitverschoben in einem sich erst nach und nach erschließenden Kontext und ermuntert uns dazu, die Reaktionen auf ihre Umgebung mitzuverfolgen, wie etwa den Pool und die verstreuten Alkoholleichen auf ihrem Anwesen in Hollywood. Gleichzeitig hören wir ihre Stimme von der ursprünglichen Aufnahme, dadurch wird die Vorstellung von zwei verschiedenen Zeitebenen angeregt. Uns ist bewusst, dass Cyrus sich in einem bestimmten Zustand befunden hat, als sie das Lied geschrieben und aufgenommen hat. Nun nehmen wir sie durch das Auge der Kamera wahr. Während sie lippensynchron zum Playback singt, stellen wir vielleicht Vermutungen darüber an, was sie jetzt über ihren Song denkt, im Zusammenhang mit ihren ursprünglichen Erfahrungen damit. Es gibt mehrere Zeitebenen. Die Komposition der Bilder und deren Abfolge im Kontrast zur Musik sind hinreißend. Das Video vermittelt eine Stimmung, die eine langformatige Musikdokumentation nicht imstande wäre, sie ähnlich wirksam einzufangen.

Es gibt noch Zusatzmaterial zu berücksichtigen. Cyrus hat „Slide Away“ an verschiedenen Veranstaltungsorten live aufgeführt, eine Praxis, die viele Künstler*innen gerne wahrnehmen. Ebenso habe ich mir viele Aufführungen im Preisverleihungs-Stil von Dua Lipas Lied „Don't Start Now“ angesehen. Aufmerksame Zuschauer*innen werden bemerken, dass Choreographie und Arrangement durchgehend gesetzt sind und Lipas Gesang sich kaum ändert. Hingegen unterscheiden sich Kostümierung, Requisiten und Beleuchtung von Veranstaltung zu Veranstaltung, die so zueinander in Verhältnis gesetzt werden können (es gibt eine atemberaubende Performance für die MTV-Video Music Awards, die nur aus Farbe zu bestehen scheint). Das scheint Methode zu werden. In ihrem Musikvideo „Bring on the Pain“ treten BTS vor einem großen Beton-Aquädukt auf; später, als sie ihr Stück erneut in der Jimmy-Fallon-Show spielen, treten sie dazu in der Grand Central Station auf (menschenleer – also wurde der Clip höchstwahrscheinlich in den frühen Morgenstunden gedreht). Als Produzent*in könnte man versucht sein, einfach technisch einen Hintergrund gegen einen anderen zu tauschen, die Gesten, die Positionierung im Raum und das Timing bilden eine nahezu exakte Wiederholung. Die einzelne Darbietung, die über mehrere Wiederholungen beständig gleich bleibt, könnte ein gutes Leitbild für uns sein. Können wir im Job und in der Liebe auch so eine solide Nummer abziehen? Sind wir ebenso gewandt und flexibel? Häufig gibt es aber auch audiovisuelle Formen, bei denen völlig neue Wege beschritten werden. BTS treten auch bei James Cordens *Carpool Karaoke* auf. Während die meisten Bühnenauftritte von „Bring on the Pain“ große Inszenierungen mit vielen Tänzer*innen in rigide arrangierter Formation zur Schau stellen, blicken die jungen Männer hier wehmütig aus Cordens Autofenster und singen Melodiezeilen miteinander, als würden sie ein Mikrofon herumreichen. In Miley Cyrus' Live-Shows können wir den Song und die Beziehung der Band dazu auf eine andere Weise kennenlernen.

Cyrus' Darbietung von „Slide Away“ bei den VH1 Awards ist eher ein Aufbruch zu Neuem als eine Wiederholung. Atemberaubend, in schwarz-weiß gedreht, in einem eher auf das Wesentliche reduzierten, akustisch gefärbten Arrangement (mehrere Violinist*innen spielen). Cyrus singt mit Reibeisenstimme und Südstaaten-Akzent, sie hat Country-Rock in der Stimme (das Musikvideo dagegen war poppiger). Die Bühne ist düster und skizzenhaft – das Licht zeichnet Linien, die wie die Ränder eines Pools anmuten, und der schwarzspiegelnde Boden, der die Lichtstrahlen reflektiert, schimmert wie gefährlicher

Teer oder Gift, nicht wie Wasser. Die Kulisse wirkt bedeutsam und ernst. Wirkt die Preisverleihung getragener, weil sie erst nach dem Musikvideo aufgenommen wurde? Warum möchte Cyrus das Lied und die Kulisse so auf das Wesentliche reduziert haben, und warum der Wechsel von Pop zu Rock'n'Roll und Country? Welches Zeitgefühl vermittelt jeder einzelne Auftritt? Sollen wir annehmen, dass das Ende einer engen Beziehung mit der Zeit zu einem immer größeren Verlust wird? Vorhin habe ich erwähnt, dass das Musikvideo zu „Slide Away" mehrere Zeitebenen suggeriert. Dieser zusätzliche Auftritt fügt noch ein paar mehr hinzu. Was bedeutet das?

Ich habe mit dem Ansehen von Musikvideos angefangen und dann, dem Sog von YouTube folgend, zugehörige Preisverleihungen, Talkshows und Konzertauftritte ausfindig gemacht, auf der Suche nach einer geringfügig anderen Geste der Musiker*innen, nach einer Veränderung im Arrangement oder einer anderen Hintergrundkulisse. Ich empfinde mich als zu alt dafür. Ich glaube, ich bin kein Fan (ich mache nicht jedes Detail über das Leben eines Interpreten ausfindig – wenngleich ich begeistert über Katy Perrys Schwangerschaft bin, eine Neuigkeit, die sie durch ein Musikvideo mitteilte). Ich weiß, dass Ariana Grandes Fans wollen, dass sie schwanger wird (das war Thema bei *Carpool Karaoke*). Das geht langsam in die Gefilde des *People Magazine* über, die ich normalerweise nicht betrete.

Neben der Intertextualität, die sich zwischen Musikvideos und Preisverleihungen und Talk-Shows etabliert hat, sind mehrere Kurzgattungen hilfreich, um ein Gefühl für musikalische Darstellung zu bekommen, die im Wettstreit mit langformatigen, traditionellen Dokumentationen stehen. Es gibt die Gattung der von Fans verfassten Zusammenschnitte, in der jede Lebenslage eines Stars – ihre Zickigkeit, herrische Art oder Schäbigkeit – zu einem neuen Clip zusammengeschnürt wird. Die Abrufzahlen für solche Clips können hoch sein (Beyoncés „Beyoncés Shadiest/Top Bossiest Moments" hatte zum Beispiel zum Zeitpunkt des Verfassens dieses Beitrags 2,5 Millionen Aufrufe). Ich nehme an, dass diese vom zuständigen Management gebilligt wurden, da nur einige wenige davon Millionen von Klicks erreichen. Diese Clips zeigen eine andere Vorstellung dessen, was es heißt, Mensch zu sein. Beyoncés herrschsüchtige Momente zeigen Ähnlichkeiten in Bezug auf Kontext und Tonart. Es scheint, als könnte das Wesen einer Person anhand von Verhaltenstypen in einzelne Teile aufgegliedert werden; innerhalb jedes abgegrenzten Teils können leichte Abweichungen auftreten. Diese Zusammenschnitte brechen das Selbst in Stücke und zergliedern seine Verbindungen.

Der*die leidende Künstler*in ist ein altbekannter Topos (denken wir an Sarah Bernhardt und Bessie Smith), obgleich Leiden selten in den vorgenannten

Zusammenschnitten auftauchen, die sich den eher weniger akzeptierten Attitüden und Verhaltensweisen der Stars widmen. Üblicherweise rühren die Leiden einer Künstlerin von einer miesen Liebesbeziehung, von Familie oder bösem Management und enden häufig in einer Abwärtsspirale aus Alkohol und Drogen. Ich frage noch einmal, wie notwendig ist dies für unser Vergnügen? Taylor Swift zeigte neulich ihre Schwielen an den Händen, und ein Reporter aus New York fragte sie, ob ihre Finger jemals bluten würden. Ein bemerkenswerter Moment in Lady Gagas *Five Foot Two* zeigt sie vor Schmerzen ächzend auf der Couch. Sie diskutiert die große Anzahl ihrer Betreuer*innen, etwas, wie sie anmerkt, worauf die meisten von Leid Betroffenen nicht zurückgreifen können; einer von ihnen massiert ihre Schläfen.

Eines der irritierendsten Interviews von Swift ist eines, das sie mit Jimmy Fallon geführt hat. Fallon merkt an, dass sie sich gerade einer Lasik-Operation unterzogen habe, was sie bestätigt. Er teilt Taylor dann mit, dass ihre Mutter ihm einen Clip gegeben habe, den er gerne abspielen würde. Er fragt, ob das in Ordnung sei. Taylor stimmt zu, und unversehens schalten wir zu Taylor ohne Make-up, ihr Gesicht ist geschwollen und tränenverschmiert. Mit Bandagen und Schutzbrille über den Augen fällt es ihr nicht leicht, sich im Haus ihrer Eltern zurechtzufinden. Sie steht in der Küche, bittet ihre Mutter um eine Banane und leistet sich einen Emotionsausbruch, als die Frucht, die ihr gereicht wird, matschig ist. Sie tastet sich mit ihrer Mutter im Schlepptau den Flur entlang, während ihre Mutter ihren Abgang mit dem Handy festhält. Anschließend kriecht Taylor unter ihre Bettdecke. War manches davon gestellt? Warum würde ihre Mutter dabei mitmachen? Warum sollte das lustig sein? (Das Publikumsgelächter ist zu hören.) Taylors Pullover ist Ton in Ton mit dem Gelb und Braun der Banane, es ist alles ein bisschen suspekt. Swift erschien vorher wirklich überrascht, als Fallon ein Beweisstück von der Operation ankündigt. Ganz ähnlich einem Musikvideo widersprechen die finalen Augenblicke des Clips denen früherer (wie setzt man Taylors Schock ins Verhältnis zu der wohl vorsorglichen Zustimmung und sorgfältigen Planung?). Vieles von dem ist verwirrend.

Wie vermutlich viele Menschen, schaue auch ich gerne *Carpool Karaoke*, besonders dann, wenn meine Lieblings-Stars auftreten. Die Machart der Show hat mich nie hinters Licht geführt. Die Szenen im Auto scheinen auf einem Tieflader oder vor einem Green-Screen gedreht worden zu sein – es muss mehr dazugehören, als wirklich herumzufahren. Die Stars sind zu teuer, um einen Autounfall zu riskieren (die meisten großen Filmstars führen ihre Stunts nicht selber aus – sie sind zu schwierig zu versichern). Zudem wäre es einfach unverantwortlich, so zu fahren. Corden sagt nie: „Oh nein, ich hätte fast das Auto gerammt!“ Das unnatürlichste Merkmal von *Carpool Karaoke* ist aber das Lachen vom Band, nicht der Tieflader. Bei Sitcoms lachen wir zusammen mit einem imaginären Studiopublikum, das gleich neben den Kameras sitzt. Wo sollten wir all die lachenden Zuschauer*innen dieser Show platzieren – auf der Motorhaube? Ich frage mich, wie das Lachen vom Band bearbeitet sein müsste, um der Akustik im Inneren des Autos zu entsprechen.

Vieles am Konzept von *Carpool Karaoke* ist geschickt erdacht. Die Beengtheit des Innenraums eines Autos führt Künstler*innen und Interviewer näher zusammen, als Talkshows das tun (ein Effekt, der dadurch verstärkt wird, dass eine Kamera die Leute weiter voneinander entfernt aussehen lässt, als sie eigentlich sind). James Naremore hat die gekünstelten, performativen Aspekte von Talkshows beschrieben: Merkmale wie die Körperhaltung sind wesentlich unnatürlicher als im Alltag: Achten Sie besonders darauf, wie Stars mit ihren Händen herumfummeln, den Oberkörper ausrichten, die Köpfe neigen. *Carpool Karaoke* hat eigene Modi der Präsentation. Künstler*innen beugen sich in einer Art hinüber zu den Getränkehaltern, die darauf abzielt, natürlich zu wirken, selbst wenn die Stars Sicherheitsgurte angelegt haben (Madonna parodiert dies, indem sie unter dem Gurt herauskrabbelt und ihren Hintern schwingt, der dabei den gesamten Bildschirm ausfüllt). In anderen Momenten schauen Interviewer und Gast nach vorn, scheinen aber immer noch verbunden. Und natürlich fährt Corden nicht immer. Das Auto hält in regelmäßigen Abständen, und er nimmt beide Hände vom Lenkrad, selbst wenn das Auto sich noch bewegt. Vieles davon hat seinen Reiz. Es steckt eine Qualität der Privatheit und Intimität in dem Vor- und Wegbewegen der Personen (nicht unähnlich der Erfahrung in einer Zoom-Konferenz oder der Arbeit vor dem Computermonitor). In einem Auto kann die Wahrnehmung intim und vertraut sein, häufig hat man eigene Gedanken oder hält wenig tiefgründige Schwätzchen mit Freund*innen oder hört Musik. Die Show anzuschauen ist fast so, als wäre man mit jemandem zusammen, der im Badezimmer singt (– sogar ein bisschen peinlich). Ein paar Sendungen kosten diese Albernheit voll aus (Corden und Britney Spears zum Beispiel ulken und albern gehörig herum). Manche Situationen in der Öffentlichkeit können uns eine ähnlich vertrauliche Zugänglichkeit gewähren. Ich liebe es zum Beispiel, Leute beim Verlassen eines Museums zu beobachten; deren benommener Gesichtsausdruck stammt daher, dass sie so lange einen konzentrierten, nach außen gewandten Blick eingenommen haben, und ich kann mir unvermittelt einen ungebetenen Blick auf sie erschleichen. *Carpool Karaoke* macht dies ebenfalls möglich.

Die Gäste einiger Sendungen blühen gänzlich neu auf. Ich mag besonders die Episoden mit Ariana Grande, Billie Eilish und Miley Cyrus. Sie können singen! Angeblich wird die Show mit Miniaturkameras aufgenommen, die an die

Fenster des Autos festgeklebt werden. Doch wieso sind die Aufnahmen so gut und warum die Stimmen so klar? Es stimmt, das Corden hervorragend harmonisch begleitend singt – er ist auch ein guter Darsteller, dennoch ist das alles etwas erstaunlich. Die Dreharbeiten zu *Carpool Karaoke* umfassen einen ganzen Tag, und es wird viel geschnitten. Es wird bestimmt auch ein gutes Stück in der Postproduktion aufgehübscht, trotzdem wirken die Showeinlagen bemerkenswert. Die Künstler*innen sind begeistert und lebhaft, man merkt, dass sie ihre Musik lieben, und die gute Chemie zwischen den Stars und Corden, das „Call and Response", ist geradezu greifbar. Und wo sonst würden wir das sehen? Vielleicht hilft das Dahinfahren des Autos zusammen mit dem Schwung der gesungenen Lieder – ein doppeltes Gefühl von Bewegung – dabei, dies zutage zu fördern. In vielen Sendungen steigt Corden für einen Moment aus dem Auto aus, um das Studio, das Zuhause des Stars oder ein Café zu besuchen, oder er hält das Auto an, um die Hände mit seinem Gast zu halten oder ein Geschenk anzunehmen (Justin Bieber schenkt ihm eine Rose; Ed Sheeran und er stopfen sich mit Pralinen voll). Häufig kommen Corden die Tränen.

Diese intensiven Momente sind wahrscheinlich dazu bestimmt, eine Nähe zwischen Fans und dem Star herzustellen, jedoch in anderer Weise als langformatige Dokumentationen. Sie ermöglichen es uns, wie ich erwähnt habe, Neid und Mitleid zu verspüren. In den langformatigen Dokus gibt es häufiger diesen Moment: Backstage, mit einem künstlichen Hintergrund, Assistenten und einer Kamera, und ein ausgewählter Fan darf kurz zum Star kommen und ihn umarmen. Der Star ist vielleicht ein bisschen gerührt, aber die Interaktion ist in erster Linie aus der Ferne mit einem Teleobjektiv gedreht und fühlt sich distanziert an. Bei *Carpool Karaoke* jedoch können wir in Großaufnahme sehen, wie sich der jeweilige Star auf Corden und umgekehrt in einer stark vorhersehbaren Art bezieht. Corden mag Adele wirklich, das können wir sehen; Harry Styles und Ed Sheeran auch. Diese Gänsehautqualität ergibt sich häufig, wenn Corden mit seinen Gästen singt, aber zum Teil sind auch vor-musikalische Momente ergreifend, wie, wenn beide Stars gemeinsam tief Luft holen, bevor das Lied beginnt (obwohl wir in diesem Kontext Corden nicht als Star auffassen sollen, und es gibt häufig Scherze darüber). In *Carpool Karaoke* dient Corden als stellvertretender Fan und er erhält die Möglichkeit, dem Star direkt zu sagen, was uns auf der Zunge brennt. Auf diese Weise schließt Corden den Kreis für uns.

Sam Smiths achtminütige YouTube-Dokumentation über die Arbeit an der Choreographie für „How Do You Sleep?" ist ein wundervoller Forschungsgegenstand. In Zeitlupe springen Smith und die Tänzer*innen hervor und zeichnen die Zeilen des Liedes nach. Daran lässt sich etwas wunderschön Musikalisches feststellen. Das Video ist fantastisch: Wenn man hergehen und eine Auflistung von Höhepunkten machen würde, die im Netz zu finden sind, wäre dies einer davon. Smith teilt zudem intime Details über sein Verhältnis zu seinem Körper mit und darüber, schwul zu sein, aber auch wie die Proben waren, was er am Regisseur bewundert und was die beiden durch ihre Zusammenarbeit zu erzielen wünschen. Der kurze Clip ist prallvoll mit Inhalt. Er ist viel dichter, als dies in einer Dokumentation möglich wäre, und ich bin sicher, dass der Blick aus der Sicht des Tanzes dabei hilft.

Vogues *73 questions* könnten als die in jedem Moment am meisten Neid erzeugenden Clips von allen angesehen werden. Wir besuchen das Zuhause oder ein etwas weniger privates Domizil des Stars; manchmal, zur Abwechslung, ist auch das Zuhause eines Familienmitglieds, das bisher noch nicht in die Öffentlichkeit getreten ist, zu sehen. Uns wird Zutritt gewährt. Der Star taucht auf und ist geistreich, aufgeweckt, herzlich und hinreißend schön – jenseits von dem, was wir uns vorgestellt haben. Wir folgen dem Star in einer einzigen Einstellung durch Haus und Garten. Die Räume sind atemberaubend. Alles ist minutiös aufeinander abgestimmt, dass Requisiten, wie Spielzeug, Partner*innen oder ein Elternteil genau in dem richtigen Moment aufkreuzen, an dem der Star uns auf dieser Tour gerade führt. Diese Clips sind Hybridformen zwischen Musikvideos und Musicals. Der Rhythmus der Fragen des Interviewers, manche langsam und träge gestellt, andere wie eine schnelle Salve, die Bewegungen der Stars, das Auftauchen der Requisiten und die attraktiv wechselnden Hintergründe ergeben zusammen eine Musikalität wie ein Musical. Eine Parallele zu *Carpool Karaoke* ist, dass das persönliche Gespräch in Kombination mit der Bewegung Intimität und einen Flow zulässt. *73 Questions* ist eine Musikdokumentation *en miniature*.

Als Beispiel kann die Folge mit Troye Sivan dienen: Er holt uns zu Beginn des Clips an der Tür ab. Wir betreten seine Küche und erfahren von seinen australischen Wurzeln, was sich in seiner Erzählung mit den Erlebnissen auf Welttourneen verzahnt. Er macht einen Espresso, den er zu uns hoch reicht – er und wir stellen uns vor und machen uns bereit für eine Reise. Als nächstes treten wir in das Wohnzimmer, treffen seinen Lebensgefährten und lernen seinen Hund kennen, der nah an Troye auf der Couch sitzt. Wir stellen uns vor, wie diese Liebesbeziehung wohl ist, während die drei vor uns perfekt, wie für ein Familienporträt, posieren. Als nächstes wechseln wir in das Schlafzimmer, während Troye Gegenstände zusammenträgt (wir nehmen an, dass er so seine Sachen packt). Er spricht über seine T-Shirts, während er sich daran macht, seine Kindheit, die er mit uns in Erzählungen teilt, und seine jetzige Häuslichkeit zugunsten einer zukunftsorientierten Karriere hinter sich zu lassen. Draußen erfahren wir von seinem Manager etwas über seine neuesten Erfahrungen mit dem Liederschreiben. Ein kleines Detail, wie etwa ein Gespräch über die Badewanne im Garten (ein Hauch schicker Protzerei), kann eine ganze Bandbreite von Fantasien entfachen. Wie ist das, wenn Troye Musik in neuen Umgebungen wie in Hotelzimmern und auf Skype kreiert oder Zeit mit berühmten Leuten wie Rufus Wainwright und Ariana Grande verbringt? Die Badewanne scheint uns dabei zu helfen. Dann bewegen wir uns auf den hinteren Teil des Grundstücks zu, und der Clip verändert sich etwas, das traditionell inszenierten Auftritten ähnlicher ist. Der Interviewer befragt Troye zu seinen Erfahrungen mit dem Modeln und dieser zeigt, was er kann. Er stolziert der Kamera entgegen, entlang der Kante der Betonterrasse, die den Pool umrandet. Wie so häufig bei *73 Questions*, wird auch Troye herausgefordert, den Clip mit einer besonderen Showeinlage zu beenden: Der Interviewer fordert ihn auf, angezogen in den Pool zu springen (wir hatten schon eine Unterhaltung über Sonnencreme, weil Troye helle Haut hat). Er macht das souverän und ohne Zögern. Damit haben wir eine komprimierte Erzählung über Troye Sivans Lebenserfahrungen und -geschichte, aber wir haben auch jeden einzelnen Augenblick mit ihm verbracht, mit einer Menge audiovisueller Spannung noch dazu. Eine Mini-Dokumentation! Wer braucht das Langformat?

Medienverzeichnis

Literatur

Auslander, Philip. 2008. *Liveness: Performance in a Mediatized Culture*. London u.a.: Routledge.

Auslander, Philip. 2018. *Reactivations: Essays on Performance and Its Documentation*. Ann Arbor: University of Michigan Press.

Caramanica, Jon. 2019. Is Rihanna's 'Visual Autobiography' a Triumph or a Tease? *The New York Times*. https://www.nytimes.com/2019/10/14/style/rihanna-visual-autobiography.html. Zugegriffen am 27. Oktober 2020.

Fast, Susan. 2013. U2 3D Concert Films and/as Live Performance. In *Taking it to the Bridge: Music as Performance*, hrsg. Nicholas Cook und Richard Pettingill, 20–36. Ann Arbor: University of Michigan Press.

Harbert, Benjamin H. 2018. *American Music Documentary: Five Case Studies of Ciné-Ethnomusicality*. Middletown, CT: Weseleyan University Press.

Murray, Noel. 2019. The 50 Best Music Documentaries of All Time. *Vulture*. https://www.vulture.com/article/best-music-documentaries-ever.html. Zugegriffen am 23. Oktober 2020.

OK! Magazine. 2014. 10 Celebrities Who've Openly Revealed How Much They Weigh. *Stylecaster*. https://stylecaster.com/how-much-does-beyonce-weigh/. Zugegriffen am 6. November 2020.

Videoclips und Musikvideos

BTS. 2020. *ON*. Regie: Yong Seok Choi.

Corden, James [The Late Late Show with James Corden]. 2016a. Madonna Carpool Karaoke. *YouTube*. https://www.youtube.com/watch?v=Sx2PfL2ekTY. Zugegriffen am 2. November 2020.

Corden, James [The Late Late Show with James Corden]. 2016b. Britney Spears Carpool Karaoke. *YouTube*. https://www.youtube.com/watch?v=pSd9hiBGoE0. Zugegriffen am 2. November 2020.

Corden, James [The Late Late Show with James Corden]. 2017a. Miley Cyrus Carpool Karaoke. *YouTube*. https://www.youtube.com/watch?v=9k6S9v0FKzI. Zugegriffen am 2. November 2020.

Corden, James [The Late Late Show with James Corden]. 2017b. Ed Sheeran Carpool Karaoke. *YouTube*. https://www.youtube.com/watch?v=ckdsJ-LaCvM. Zugegriffen am 2. November 2020.

Corden, James [The Late Late Show with James Corden]. 2018. Ariana Grande Carpool Karaoke. *YouTube*. https://www.youtube.com/watch?v=_8ZDK_E5p84. Zugegriffen am 2. November 2020.

Corden, James [The Late Late Show with James Corden]. 2019a. Billie Eilish Carpool Karaoke. *YouTube*. https://www.youtube.com/watch?v=uh2qGWfmESk. Zugegriffen am 2. November 2020.

Corden, James [The Late Late Show with James Corden]. 2019b. Adore You. Harry Styles. *YouTube*. https://www.youtube.com/watch?v=BaXSVFZifro. Zugegriffen am 2. November 2020.

Corden, James [The Late Late Show with James Corden]. 2020. BTS Carpool Karaoke. *YouTube*. https://www.youtube.com/watch?v=T4x7sDevVTY. Zugegriffen am 28. Oktober 2020.

Corden, James [The Late Late Show with James Corden]. 2020. Justin Bieber Carpool Karaoke. *YouTube*. https://www.youtube.com/watch?v=1Ts9_XOHFuw&t=31s. Zugegriffen am 2. November 2020.

Fallon, Jimmy [The Tonight Show Starring Jimmy Fallon]. 2019. Taylor Swift Reacts to Embarrassing Footage of Herself After Laser Eye Surgery. *YouTube*. https://www.youtube.com/watch?v=IZ_SFbaysHk. Zugegriffen am 28. Oktober 2020.

Fallon, Jimmy [The Tonight Show Starring Jimmy Fallon]. 2020. BTS Performs „ON“ at Grand Central Terminal for The Tonight Show. *YouTube*. https://www.youtube.com/watch?v=MZh-w2nysuI. Zugegriffen am 2. November 2020.

GQ. 2016. Justin Bieber Gives the Story Behind His Tattoos | Tattoo Tour | GQ. *YouTube*. https://www.youtube.com/watch?v=4GS0Ybdm_Zw. Zugegriffen am 28. Oktober 2020.

Miley Cyrus. 2019. *Slide Away*. Regie: Alexandre Moors.

MTV. 2019a. Dua Lipa – „Don't Start Now“ Live | MTV EMA 2019. *YouTube*. https://www.youtube.com/watch?v=WHQ0F2Aa7Oc. Zugegriffen am 28. Oktober 2020.

MTV. 2019b. Miley Cyrus Performs „Slide Away“ | 2019 Video Music Awards. *YouTube*. https://www.youtube.com/watch?v=e80tK8DHVtM. Zugegriffen am 28. Oktober 2020.

SAM SMITH. 2019. Sam Smith - How Do You Sleep? (Behind The Scenes). *YouTube*. https://www.youtube.com/watch?v=stGzYl-fTxg. Zugegriffen am 28. Oktober 2020.
video tube. 2016. Beyonce Shadiest/Top Bossiest Moments Beyoncé. *YouTube*. https://www.youtube.com/watch?v=BMTnqQQOUiA. Zugegriffen am 28. Oktober 2020.
Vogue. 2018. Troye Sivan's Epic No Makeup-Makeup Routine | Beauty Secrets | Vogue. *YouTube*. https://www.youtube.com/watch?v=rTOJZUQAwW8. Zugegriffen am 2. November 2020.
Vogue. 2019. 73 Questions With Troye Sivan | Vogue. *YouTube*. https://www.youtube.com/watch?v=9FhyKC6wQso. Zugegriffen am 28. Oktober 2020.
Vogue. 2020. Dua Lipa Stars in Her Own Sitcom | Vogue. *YouTube*. https://www.youtube.com/watch?v=aO_76YhBymM. Zugegriffen am 28. Oktober 2020.

Filme und Serien

27: Gone too soon. 2018. Regie: Simon Napier-Bell. GBR: Premiere Picture/SEIS Capital.
Amy: The Girl Behind the Name. 2015. Regie: Asif Kapadia. GB: Film4.
Black to techno. 2019. Regie: Jenn Nkiru. GBR: Frieze Magazine u.a.
Cobain – Montage of Heck. 2015. Regie: Brett Morgan. USA: HBO Documentary Films, 2015.
Gaga: Five foot two. 2017. Regie: Chris Mourkabel. USA: Netflix.
Gloria Bell. 2018. Regie: Sebastián Lelio. USA: Fabula und Filmnation Entertainment, 2018.
Homecoming – A film by Beyoncé. Regie: Beyoncé Knowles-Carter. USA: PRG.
Jawline. 2019. Regie: Liza Mandelup. USA: Hulu.
Justin Bieber: Seasons. 2020. Regie: Michael D. Ratner und Joe Termini. USA: Bieber Time Films/OBB Pictures/Scooter Braun Films.
Marriage Story. Regie: Noah Baumbach. 2019. USA: Netflix.
Miles Davis: Birth of the cool. 2019. Regie: Stanley Nelson. USA: Eagle Rock Entertainment/ Firelight Pictures.
Mindhunter. 2017–2019. Idee: Joe Penhall. USA: Netflix.
Once Upon A Time In Hollywood. 2019. Regie: Quentin Tarantino. USA: Columbia Pictures.
Parasite. 2019. Regie: Bong Joon Ho. SKR: Barunson E&A u.a.
Taylor Swift: Miss Americana. 2020. Regie: Lana Wilson. USA: Tremolo Productions.
The Rolling Stones – Sympathy for the Devil. 1968. Regie: Jean-Luc Godard. GB: Cupid Productions.
Waking Life. 2001. Regie: Richard Linklater. USA: Fox Searchlight Pictures.
Woodstock. 1970. Regie: Michael Wadleigh. USA: Wadleigh-Maurice Ltd.

Teil V: **Anhang**

Beiträger*innenverzeichnis

Ann-Kathrin Allekotte M.A. ist wissenschaftliche Mitarbeiterin am Institut für Medien- und Kulturwissenschaft an der Heinrich-Heine-Universität in Düsseldorf. Sie studierte Medien- und Kulturwissenschaft sowie Medienkulturanalyse an der HHU sowie an der UC Davis, USA und an der Universiteit Utrecht, Niederlande. In ihrer Promotion beschäftigt sich Ann-Kathrin Allekotte mit dem Musikvideo als Möglichkeitsraum für alternative, subversive Narrative und Politisierungsprozessen in Social Media.

Dr. Renate Buschmann hat einen Lehrstuhl für digitale Künste und Kulturvermittlung an der Universität Witten/Herdecke inne. Von 2008 bis 2019 hat sie als Direktorin die Stiftung imai in Düsseldorf zu einer internationalen Institution für die Erforschung von Medienkunst ausgebaut. Insbesondere hat sie sich mit Fragen der Erhaltung, Archivierung, Präsentation und des Vertriebes von Video- und Medienkunst beschäftigt. Währenddessen hatte sie regelmäßige Lehraufträge an Universitäten und Fachhochschulen (Heinrich-Heine-Universität Düsseldorf, Hochschule Düsseldorf, Hochschule Niederrhein, Curatorial Summer School an der Universität von Malta). Zusätzlich arbeitet sie als Autorin und Kuratorin im Feld der zeitgenössischen Kunst.

Dr. Maren Butte ist seit 2016 Juniorprofessorin für Theaterwissenschaft / Performance Studies am Institut für Medien- und Kulturwissenschaft der Heinrich-Heine-Universität Düsseldorf. Zuvor war sie wissenschaftliche Mitarbeiterin am Forschungsinstitut für Musiktheater der Universität Bayreuth (2015), Post-Doc im SFB 626 „Ästhetische Erfahrung im Zeichen der Entgrenzung der Künste“ an der Freien Universität Berlin (2011–2014) und im Forschungsschwerpunkt "Bildkritik / eikones“ an der Universität Basel (2006–2009). Sie promovierte zur audiovisuellen Ästhetik des Melodramas (2014) und forscht aktuell zu performative Praktiken zwischen den Künsten und zwischen Kunst und (Medien-)Alltag und in digitalen Technologien.

Dr. Dieter Daniels ist seit 1993 Professor für Kunstgeschichte und Medientheorie an der HGB Leipzig. Er hat u.a. über Marcel Duchamp, John Cage, Fluxus, Medienkunst und Medientheorie publiziert. Außerdem hat er 1984 die Videonale Bonn gegründet und Ausstellungen u.a. im Museum Ludwig Köln, am ZKM Karlsruhe, im HMKV Dortmund und im Kunstmuseum Bonn kuratiert. Von 2017 bis 2020 war er Fellow am Gutenberg Forschungskolleg (Johannes Gutenberg Universität | Kunsthochschule Mainz) und erarbeitete zusammen mit Jan Thoben den *Transdisciplinary Video Theory Reader*.

Dr. Kathrin Dreckmann ist akademische Studienrätin am Institut für Medien- und Kulturwissenschaft der Heinrich-Heine-Universität Düsseldorf. Ihre Promotion mit dem Titel *Speichern und Übertragen. Mediale Ordnungen des akustischen Diskurses. 1900–1945* ist im Jahre 2017 im Fink-Verlag erschienen. Ihre Forschungsschwerpunkte sind neben den Acoustic Studies und Pop Studies in Ost und West, Popkultur und Popgeschichte, Theatralität sowie audiovisuelle Inszenierungen von Pop/Punk und Bühne zwischen Medienkunst und Musikvideo.

Dr. Dorota Filipczak war Leiterin der Abteilung für kanadische, intermediale und postkoloniale Studien am Institut für Anglistik der Universität von Łódź. Zuletzt leitete sie das Projekt *Word,*

Sound and Image: Intertextuality in Music Videos, dass durch das nationale Wissenschaftszentrum Polens gefördert wurde.

Dr. Michael Fleig ist seit 2012 wissenschaftlicher Mitarbeiter am Lehrstuhl für Medienwissenschaft der Universität Regensburg. 2018 hat er dort mit einer Arbeit, die das Werk von Michel Gondry untersucht und im Spannungsfeld der Analog/Digital-Theorie verortet, promoviert. Außerdem ist er seit 2010 Mitveranstalter der Internationalen Kurzfilmwoche Regensburg und schreibt Filmkritiken für die Plattform critic.de.

Naomie Gramlich M.A. hat Kunstgeschichte, Geschichte und Kultur der Wissenschaft und Technik sowie Europäische Medienwissenschaft studiert. Seit Oktober 2017 lehrt sie am Institut für Kunst und Medien der Universität Potsdam, wo sie auch ihre Dissertation unter dem Arbeitstitel „Dekoloniale Medienökologien. Über kritische Geographien und postkoloniale Archivordnungen der Kupfer-Mine in Tsumeb" verfasst. Zusammen mit Marie-Luise Angerer ist sie Co-Herausgeberin der Anthologie *Feministisches Spekulieren. Genealogien, Narrationen, Zeitlichkeiten* (2020). Ihre Forschungsinteressen umfassen feministische Methodologie, Queere Pop- und Medienkulturen sowie ökologische und materielle Fragen in der anti-, post und dekolonialen Theorie.

Dr. Simon Rehbach ist Mitarbeiter am Institut für Kommunikations- und Medienforschung der Deutschen Sporthochschule Köln. Er studierte Studium der Medienwissenschaft und promovierte an der Universität zu Köln. Seine aktuellen Forschungsschwerpunkte sind Intermedialität, Ästhetik des Musikvideos, Nostalgie und Medien, mediale Inszenierung von Sport.

Dr. Anna Schürmer ist Medienkulturwissenschaftlerin und Musikjournalistin. Ihre Dissertation *Klingende Eklats. Skandal und Neue Musik* erschien 2018 bei Transcript. Derzeit ist sie wissenschaftliche Mitarbeiterin am Institut für Medien- und Kulturwissenschaft der Heinrich-Heine-Universität Düsseldorf. Ihre Forschungsschwerpunkte liegen im Bereich Auditive Kulturen und Sound Studies, Störpotentiale des Akustischen (Noise, Rauschen, Interferenzen), Historische – und (Neue) Musik-Avantgarden, Ästhetische Skandale/Eklats, Posthumanismus vs. Anthropozän.

Carol Vernallis Ph.D. ist Affiliated Researcher für Musikwissenschaft an der Stanford University und Visiting Professor an der University of California, Berkeley. Ihre Forschungsgebiete liegen im Feld der audiovisuellen Ästhetik sowie im Bereich von Digitaler Technologie, Filmmusik, YouTube, Populärkultur und Pop-Musik. Sie ist Mitherausgeberin des *Oxford Handbook of New Audiovisual Aesthetics* (2013) sowie des *Oxford Handbook of Sound and Image in Digital Media* (2013). Carol Vernallis ist Mitglied des Editorial Board des Journal of Popular Music Studies.

Dr. h.c. mult. Peter Weibel Peter Weibel ist künstlerisch-wissenschaftlicher Vorstand des ZKM | Zentrum für Kunst und Medien in Karlsruhe sowie Direktor des „Peter Weibel Forschungsinstituts für digitale Kulturen" an der Universität für angewandte Kunst Wien. Seine vielfältigen Aktivitäten als Künstler, Kurator und Nomade zwischen Kunst und Wissenschaft zeichnen ihn als zentralen Akteur der europäischen Medienkunst aus. Er war Professor für Video und Digitale Kunst an der State University of New York/Buffalo (1984–1989), Gründungsdirektor des Instituts für Neue Medien der Städelschule in Frankfurt/Main (1989–1994),

Österreichs Kommissär der Biennale von Venedig (1993–1999) und Chefkurator der Neuen Galerie Graz (1993–1998). Er leitete u.a. die Ars Electronica in Linz (1986–1995), die Biennale von Sevilla (BIACS3, 2008) sowie die 4. Moskau Biennale für zeitgenössische Kunst (2011). Publikationen u.a.: *Enzyklopädie der Medien*. 6 Bde. Ostfildern, seit 2015.